G3인도,
코끼리의시간

G3인도,
코끼리의 시간

초강대국 인도의 두 얼굴

정인채 지음

인문공간

PROLOGUE

1부 힘의 원천_ 강한 인도
1장 다양성의 힘

2장 아픔의 내공(아프니까 인도)

2부 힘의 발휘_ 경제 초강대국 인도

3장 증오는 나의 힘?

4장 기초의 가능성

3부 힘의 조정_ 대국의 거짓말

5장 대국의 거짓말

EPILOGUE

G3 인도 코끼리와의 만남,
초강대국 인도의 두 얼굴 마주한 시간

"인도의 코끼리는 좀 특별했다. 어딜 가나 아기 몸에 코끼리 머리를 한 신상과 그림이 보였다. 신으로서 신성함 못지않게 일상 곳곳에 스며들어 있었다. 말로만 듣던 인도의 종교에 대해 서툴게나마 이해할 수 있는 단서를 얻은 듯했다."

신호에 멈춰 서자, 눈앞으로 아수라장이 펼쳐진다. 거리 위로 사람과 차량은 물론 들개나 소, 원숭이 같은 동물이 정신없이 뒤엉켜 있다. 오토릭샤 뒷좌석이 가득 차 앞쪽 릭샤 왈라의 안장에 비스듬히 꾸겨 앉았는데[1], 무심코 고개를 돌려 보니 곁에 큰 코끼리가 한 마리 서 있다. 차선 변경이라도 하려는 듯 꼬리를 찰싹이며 어느새 다가와 펄럭이는 귀로 깜빡이를 켜고 있다. 착각일 수 있지만 언뜻 눈이 마주친 느낌이다. 염소 떼가 도로 위를 무단 횡단하고 길가에서 소싸움이 벌어지며 원숭이가 농구 시합을 마친 중학생처럼 수돗물을 마시는 마당에 코끼리쯤이야…… 하려다 입이 다물어지지 않는다. 이건 새롭다.

"에이, 설마요." 인도에 오기 전, 도로 위를 코끼리가 마구 걸어 다닌다고 하길래 반신반의했다. 하지만 의문은 싱거울 만큼 쉽게 풀렸다. 에둘러 은유적으로 표현한 것이 아니었다. 그렇다면 선뜻 믿기 어려웠던 다른 이

---

1 오토릭샤는 인도의 흔한 대중교통 수단으로 삼발이 오토바이 택시고, 릭샤 왈라는 이것을 모는 운전기사다. 자전거 릭샤는 페달릭샤라고 부른다.

야기도 과장된 풍문은 아니란 얘기다. 그래도 놀라서 뒷걸음칠 생각은 없다. 오히려 구미가 당긴다. 한 걸음 더 가까이 다가가 보고 싶다.

코끼리는 굳이 대꾸할 필요 없다는 듯 눈을 끔뻑인다. 곧 신호가 바뀌고, 빠르게 가속한 오토릭샤는 코끼리로부터 거리를 둔다. 마치 경외한다는 느낌이다. 물론 기억은 왜곡되기 마련이고 코끼리 입장도 한번 들어봐야겠지만, 그것이 세기말, 내가 기억하는 코끼리와의 첫 만남이다.

그때 비로소 결심이 섰던 것 같다. 초행이고 적응할 겸 며칠 델리에 머물며 좀처럼 떠날 엄두를 못 내고 있었는데, 슬슬 용기를 내기로 했다. 갈 길이 멀었다. 마음 깊은 곳에서 둥둥 진군의 북소리가 들려오는 듯했다. 그때부터 얼마나 긴 여정으로 이어질지 당시로는 상상조차 못 했지만, 최초의 계획은 인도를 한 바퀴 도는 것이었고 후회를 남기지 않으려면 더 지체할 시간이 없었다.

다음 행선지는 우선 자이푸르였다. 델리에서 가깝고 여행 바이블(론리플래닛)의 맨 앞에 '골든 트라이앵글(델리-자이푸르-아그라 일대를 삼각형으로 이은 지역)'의 추천 여정으로 묶어 놓았으니, 이론의 여지 없는 필수 코스였다. 그 자체로 볼거리가 풍성했고, 라자스탄[2]으로 나아가는 길목이기도 했는데, 그곳에서는 코끼리를 타 볼 수도 있었다. 언덕 위 금빛으로 물든 암베르 포트까지 코끼리를 타고 올라가는 장면을 상상해 보았다.

어디서나 영물로 통해도 딱히 코끼리에 집착했던 건 아닌데, 인도의 코끼리는 좀 특별했다. 어딜 가나 아기 몸에 코끼리 머리를 한 신상과 그림이

---

2 라자스탄주(州)의 주도다.

그림1 인도 여행의 기본, '골든 트라이앵글'.

보였다. 신이지만 범접할 수 없는 대상으로 여기는 것이 아니라 일상 곳곳에 스며든 모습이 인상 깊은데, 말로만 듣던 인도의 종교에 대해 서툴게나마 이해할 수 있는 단서를 얻은 듯했다.

아기 몸에 코끼리 머리를 한 신의 이름은 가네샤[3]다. 인도인의 삶이 곧 종교고 정신세계(사상과 철학)의 바탕을 이루니, 그것을 일별이라도 하는 것이 중요하고, 그 방대한 세계를 제대로 다루려면 더 멀리 거슬러 올라가야 할 것이지만, 일단 미뤄두고 그 탄생 비화부터 살펴보면 매우 흥미롭다.

그는 원래 힌두교의 주신(브라흐마, 비슈누, 시바의 삼신) 가운데 하나인 파괴의 신 시바와 그의 사랑하는 아내 파르바티 사이에 태어난 자식(정확히는 그 몸통)이다. 그런데 공사다망한 시바가 출장을 다녀온 사이 일이 꼬여 버렸다. 목욕 중인 어머니를 지키던 아이는 아버지의 얼굴을 알아보지 못하고 건방지게 굴다가, 그만 시바에 의해 목이 달아나고 말았다. 성마른 시바는 아기의 머리를 멀리 던져 버렸고, 뒤늦게 이 사실을 알게 된 파르바티는 억장이 무너지며 외쳤다.

"당장 내 아이를 돌려줘!"

그러니 소문난 사랑꾼 시바도 별수 없었다. 아기의 목은 어디로 날아갔는지 모르겠고, 아내는 자꾸 다그치니 얼른 가까이 지나가던 코끼리의 머리를 베어 아기의 몸에 얹혔다. 그렇게 탄생한 신이 바로 가네샤다.

가네샤는 지혜와 학문의 신으로 통한다. 또 부와 행운을 가져오기에

---

3   시바와 파르바티 사이에 난 자식으로 코끼리 얼굴을 한 아기 몸의 신.

가족이 만사형통하기를 바라는 마음으로 현관 곁에 그를 모셔 놓은 집이 적지 않다. 크고 작은 신상과 탱화는 물론 건물의 상호나 벽에 그려 넣거나 작은 피규어로도 흔히 볼 수 있는데, (나중의 일이지만) 인도에서 일하며 머물던 당시, 앞집의 은행원과 윗집의 건설업자도 그를 모셨다. 진지한 숭배 대상만이 아닌 일상에 깃든 신이다. 일상적 종교 생활은 인도 모든 곳에서 목격되지만, 특히 가네샤와 같은 신으로부터 더욱 실감하게 되는 것이다.

그런 의미에서는 때로 인도로 향하며 "코끼리를 올라타자!"라고 호기롭게 외치는 것이 과연 옳은지 고개를 갸웃하게 된다. 물론 좋은 의도로 하는 말이다. 거대한 인도를 코끼리로 비유해 그 큰 기회의 등에 오르자는 것이고, 오래전 누군가 그랬듯 코끼리를 타고 힌두쿠시산맥을 넘어 거침없는 발걸음으로 인도로 향하자는 것이다. 다만 인도의 관점에서 보면 코끼리는 가네샤를 떠올리게 만든다. 일상적으로 숭배하며 도처에 머무는 신이므로 등에 올라타는 건 좀 불경스럽게 느껴진다.

그보다는 그에게서 지식을 얻고, 지혜를 구하며, 행운을 빈다면 좋겠다. 그것이 좀 더 인도로 향하는 사람다워 보인다. 호기롭게 인도로 떠난 사람은 많다. 그러나 그보다 먼저 필요한 건 그곳을 알고, 그곳의 방식을 깨닫는 일이다. 그리고 약간의 행운이 따라야 한다.

그러므로 그 시작을 가네샤와 함께한 것만큼 상서로운 일은 없다. 처음 코끼리를 마주하며, 주저하던 발걸음을 재촉했다. 각오가 섰다. 인도는 넓은데, 주저하지 말고 가능한 한 많이 봐 둬야 했다.

여러분이 인도(라는) 코끼리와 마주할 때, 필요한 지식을 바탕으로 지혜롭게 대처하며 모든 행운이 따르길 바라는 마음으로 이 글을 시작해 본다.

그림 2 시바 일가(왼쪽부터 시바, 가네샤, 파르바티).

그림 3 길거리에서 마주친 인도 코끼리.

1부

힘의 원천 – 강한 인도

1장
다양성의 힘

그런 질문을 받는다. "왜 인도인가?"

다소 말문이 막히고 만다. 할 말이 너무 많아 어디서부터 시작해야 할지 막막하거나, 이제는 '왜' 보다 '어떻게'라는 질문을 던져야 맞을 것 같다. 그러므로 다시 왜 인도냐고 묻는다면, 거꾸로 이런 화두를 꺼내고 싶다. "인도가 아니면 또 어딜까요?" 세계는 넓고 할 일은 많지만 결국 도모하지 않을 수 없는 곳이 있다. 인도만이 아니라, 인도 역시 향해야 한다.

인도는 어느덧 세계의 중심에 서 있다. 불과 십여 년 전만 해도 과연 기회는 언제 오냐고 했는데, 지금 인도는 순식간에 미국, 중국에 이은 G3 진입을 목전에 둔 경제 대국으로 올라섰다. 넓은 국토와 14억 인구라는 외형적 요소는 단순히 가능성과 잠재력의 알파가 아니라, 최근 돋보이는 국가 발전 및 경제 성장[1]과 더불어 반드시 미래를 함께해야 할 베타가 되어 가고 있다. 남아시아를 대표해 왔던 정치·외교적 위상 또한 최근 미국과 중

---

[1]   7% 이상의 높은 경제 성장률을 꾸준히 유지하고 있다.

국의 대립으로 그 전략적 중요성이 더욱 커지며 감마로 작용하고 있다.[2]

이제 시작이라고도 볼 수 있다. 일찍이 무한의 영(0)이 가진 의미를 간파한 나라답게 거침없이 달리기 시작한 인도는 앞으로 세계의 중요한 한 축을 차지하며 알파, 베타, 감마에 이어 델타, 엡실론, 제타, 시그마, 그리고 오메가로도 이어질 가능성을 가지고 있다. 경제 지표상의 흐름도 그렇다. 한때 빈국의 이미지에 머물러 있었으나, 2016년만 해도 반토막에 불과했던 1인당 GDP는 이미 3,000달러를 넘어섰고, 이제는 가장 꾸준한 경제 성장률을 보이는 곳으로 주목받고 있다. 물론 풀어야 할 숙제는 여전히 많다. 그 성장 속에는 (우리가 인지하거나 모르는) 명암이 존재한다. 그럴지언정, 명실상부 인도는 무굴 제국 이후 다시금 전성기를 맞이하고 있다고 볼 수 있는데, 새삼 여느 때보다 뜨거운 관심으로 달라진 위상을 느낀다. 이 또한 인도가 누릴 수 있는 최절정기는 아니다. 성장점이 많이 남아 있다.

최근 인도에 대한 우리의 높은 관심은 상대적으로 그동안 거침없었던 중국의 진격이 무뎌진 탓이기도 하다. 지금껏 더 가깝고 용이하며 즉각적인 기회가 있었다는 점에서 중국을 편애(?)할 수밖에 없었다면, 서로의 꿈이 유별하다는 것을 알게 된 이상, 대책을 고민하게 되고, 그 과정에서 인도에 주목하는 것은 매우 당연하다.

사실 인도(의 기회)는 늘 거기 그 자리에 있었다고 본다. (식민지 시대 수탈의 결과) 근현대에 이르러 다소 피폐해진 모습을 보였을 뿐, 인류가 교류를

---

2   2023년 남아시아 국가로는 최초로 G20 회의를 개최했다.

시작한 거의 모든 시대, 인도는 늘 탐스러운 매력을 발산했고, 반드시 가야 할 곳으로 주목받았다. 그러므로 왜냐는 질문은 알고 보면 모두가 거듭 되풀이한 것일 뿐이다. 그 질문에 대한 답의 제시는 이미 알렉산더(알렉산드로스), 나디르 샤, 바베르와 빅토리아 여왕이 했고, 마르코 폴로, 오도릭, 이븐 바투타가 했으며, 정화, 바스쿠 다가마, 콜럼버스(는 잘못 찾아갔다)뿐 아니라 그밖에 이름 모를 무수한 사람들도 했다.

　이는 곧 인도의 역사이기도 하다. 아주 오랜 옛날, 유목민(아리아인)들이 방황을 마치고 북인도에 정착(농경 문화)해 기존 토착 문명과 조화를 이룬 것을 토대로 그 기본적인 모습과 형태가 자리 잡았다. 아랍 상인들은 일찍이 인도와 거래를 텄고, 알렉산더는 힌두쿠시를 넘어 북인도로 진군했으며, 중앙아시아의 술탄은 그곳에서 약탈한 재물로 권력을 유지했다. 그러다 아예 정착했으며, 그 결실로 제국의 원대한 꿈을 이룬 것이 무굴 제국이다.

이러한 과정 속에 탐험가와 이야기꾼이 만든 인도에 대한 환상이 더해져 유럽은 인도(가 가진 것들)를 탐했다. 중국 또한 일찍이 인도로 상단(15세기 초 정화의 원정)을 보냈다. 그 시대의 일대일로(一帶一路)나 다름없는 항해 시대('대'항해 시대라는 말은 더 이상 쓰지 못하겠다)에 이르러 일확천금의 꿈이 부풀어 올랐고, 중계 거래를 건너뛰어 러브콜을 보낸 끝에 마침내 아랍 상인을 밀어낸 자리에서 직거래 창구를 열기 시작했다. 기독교와 이슬람 간에 충돌이라는 종교적 명분도 있었지만 이처럼 인도 무역 패권을 두고 일어난 치열한 이권 다툼이야말로 두 세계 간에 지금껏 이어지는 갈등의 씨앗 중 하나라고 볼 수 있다. 결국 치열한 머니 게임, 인도의 후추 등 향신료와 보석, 중국의 차나 이슬람의 커피 등은 오늘날의 극비 기술로 국가의 이익을 보장하는 핵심 상품이었다.

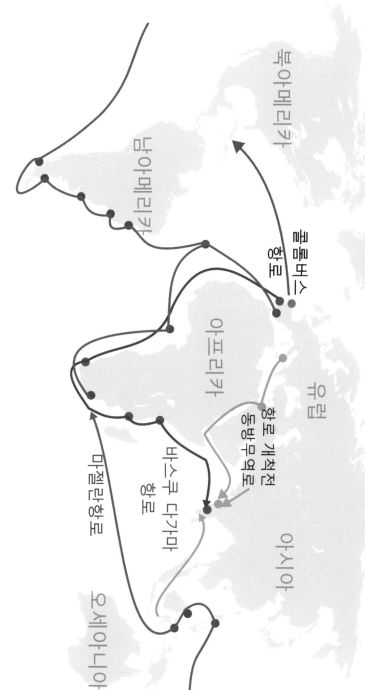

그림4 기존 무역로와 항로의 개척.

북아메리카

남아메리카

아프리카

유럽

아시아

오세아니아

콜롬버스
항로

마젤란항로

바스쿠 다가마
항로

항로 개척전
동방무역로

당시만 해도 찾아오는 손님(바이어)을 마다하지 않던 인도였지만, 시장을 독점하기 위해 뺏고 빼앗기는 경쟁이 이뤄지며 상황은 점차 험악해졌다. 볼품없는 대가로 거위의 알을 얻으려던 유럽은 아예 거위를 차지하고 싶어 했다. 배를 가진 거의 모든 나라가 달려들어 거점을 만들고 거위의 배를 가르려 했다. 그 결과 모두가 알다시피 식민지 시대가 열렸다.

그리고 인도에서 (그리고 아메리카 대륙 등 전 세계 식민지에서 동시다발적으로) 이뤄진 그 치열한 이권 다툼의 최종 승자는 바로 세상에 드리운 그림자가 너무 커 해가 지지 않던 나라, 국가 후원의 무역 상사(동인도 회사)를 앞세운 작은 섬나라의 여왕이었다.

미인 팔자가 사납듯 돌이켜 보면 인도는 이처럼 늘 시련을 겪었다. 하지만 그 고난을 항상 극복해 왔다는 점도 주목해야 한다. 고대의 역사적 사실을 바탕으로 인도 사상의 정수를 담으며 평생 인도인의 삶을 관통하는 이야기(대서사시)의 주요 테마부터 고난의 극복에 초점을 두고 있다는 사실을 기억해야 한다.

흔히 세상 모든 것이 여기에 있고 여기에 없는 것은 세상에도 없다고 표현하는 <마하바라타>는 고초를 겪던 형제들이 온갖 역경 속에 정당한 권력을 되찾는 과정을 그리고, 그 일부로 인도 사상의 정수로 여기는 <바가바드기타>는 골육상잔의 비극 속에 뼈아픈 결단을 내려야 하는 순간에 포커스를 맞춘다.[3] <라마야나> 역시 계모와 배다른 형제에게 밀려 유배를 떠난 왕자가 온갖 위기를 극복하고 돌아와 위대한 왕이 되는 과정을 그린다.

---

3 행동의 결과에 집착하지 말고 주어진 일을 행하라(친인척, 한때 가까웠던 지인이라도 주저 없이 정의를 행하라)고 한다.

그림5 마하바라타(바가바드기타)_크리슈나로부터 깨달음을 얻는 아르주나.

그림6 라마야나_람(라마)의 아내 시타를 납치하는 라반.

차근히 살펴보면 대개의 신화와 설화도 이야기의 골자는 크게 다르지 않다. 시련의 연속이다. 하지만 이야기의 방점은 결국 그 극복에 찍혀 있다.

비교적 가까운 역사의 흐름 또한 다르지 않다. 이슬람, 식민지 시대⋯⋯. 고난의 연속이었다. 하지만 바꾸어 말해 이제는 극복과 반등의 챕터로 넘어왔다. 지난 반세기 다소 지지부진했던 인도가 잠시 PTSD(외상 후 스트레스 장애)를 앓았다면, 최근의 약진은 그 시련의 챕터를 꾹꾹 눌러 쓰고 다음 챕터로 향한다는 기대를 품게 만든다. 불굴의 역사라기보다는 굴하더라도 시간이 지나면 모든 건 인도에 수렴된다. 하나의 '변수'가 인도의 모든 것을 바꿀 수 없고 그 '변수'마저 하나의 자양분으로 삼는 특유의 정체성, 이것이야말로 인도의 저력이다. 노스트라다무스가 아닌 이상 누구도 다음 챕터를 예언할 순 없지만, 이것이 우리가 희망과 기대를 가지고 인도를 바라보는 이유일 것이다.

구구절절 덧붙일 말은 많으나 각설하고, 인도는 무성하게 자란 그곳의 나무를 떠올리면 된다. 바로 뿌리를 위에 두고 가지를 아래에 두어 거꾸로 자라는 반얀나무인데, 거대한 뿌리가 얽히고설켜 숲처럼 이어지는 모습이 흡사 인도와 닮았다. 인류 문명의 한 축을 이루는 문화적 토양 위에 이후 유입된 다양한 세계 문화(다른 뿌리)를 풍성하게 아우르며 지금에 이른다. 시대를 막론하고 당대 강성했던 세력은 그들의 주류 문화와 함께 인도를 향했고, 인도는 거대한 그늘 안에 그 모두를 수렴했다. 숲처럼 보이지만 한 그루의 나무, 영화 <아바타>의 생명수(홈 트리), 붓다(석가모니)와 같은 성인들은 그 아래에서 깨달음을 얻었고[4], 알렉산더와 같은 침략자들도 그 아래 모여 쉬어 갔다. 하물며 오늘날 공상 과학(SF) 영화 감독에게도 영감을 준다[5].

이래선 너무 인기 맛집이라며, 들어갈 자리가 없을까 걱정할 필요는 없다. 자리는 늘 있다. 오고 또 간다. 무엇보다 고무와 같은 그 유연성과 내구성에 주목해야 할 것 같다. 그렇다면 개괄적인 역사 흐름에 따른 그 문화적 변천사 또한 좀 더 들여다보지 않을 수 없다.

인도(인디아)는 그 이름의 유래대로 인더스 문명[6]의 발생으로부터 출발한다. 이후 아리아인(유목민)의 유입과 함께 인도 문화는 어느 정도 지금의 기본적인 모양새를 갖추기 시작하는데, 단순히 소수의 유목민이 기술의 우세(마차의 기동력)를 바탕으로 농경 문화에 정착하며 일방적으로 원주민(토착민)을 밀어낸 것이 아니라, 다수의 토착민과 공존하며 오늘날 문화(토속 신앙과 융합된 종교 사상과 철학, 기본적인 계급 사회 체계)의 중요한 토대를 이루었다. 여기에 지리적 환경 및 조건에 따라 각 지역이 다양한 모습(가령 혼혈의 북인도와 원주민의 남인도 등)으로 발전했고, 이것이 인종, 언어, 종교 등 온갖 다양성을 포괄하는 오늘날 인도의 뼈대를 이룬 것이다.

또한 인도는 아주 오래전부터 외부와의 교류가 빈번했던 곳이다. 일찍이 아랍 세계와의 교류(상거래)도 활발했고, 이를 통해 풍문을 전해 들은 서쪽의 사람들 또한 인도에 대한 꿈을 꾸었다. 알렉산더의 인도 원정이 그렇다. 물론 기록으로 미화해 부풀린 면이 있고, 현실은 북인도를 전전하다가 퇴각해야 했던 용두사미의 진군으로 인도 정복과는 거리가 멀었을뿐더러

---

4 인도의 벵골보리수가 곧 반얀나무(반얀트리)다.
5 영화 <아바타>의 제목 자체가 인도의 화신 사상인 아바타르에서 비롯된 것이다.
6 나일강 유역의 이집트 문명, 티그리스와 유프라테스강 유역의 메소포타미아 문명, 중국 황하 유역의 황하 문명과 더불어 한때 인류 4대 문명의 발상지로 불렸다.

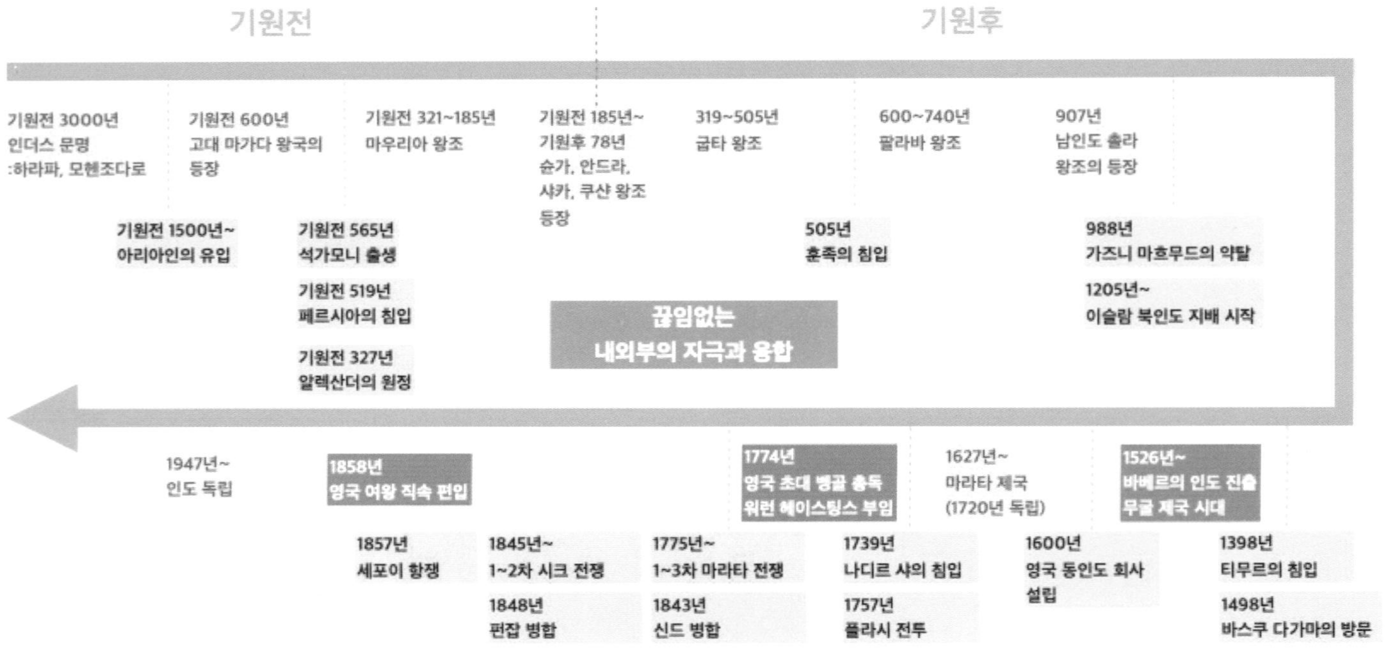

기원전

기원후

기원전 3000년
인더스 문명
:하라파, 모헨조다로

기원전 600년~
고대 마가다 왕국의
등장

기원전 321~185년
마우리아 왕조

기원전 185년~
기원후 78년
숭가, 안드라,
사카, 쿠산 왕조
등장

319~505년
굽타 왕조

600~740년
쫄라베 왕조

907년
남인도 쫄라
왕조의 등장

기원전 1500년~
아리아인의 유입

기원전 565년
석가모니 출생

기원전 519년
페르시아의 침입

기원전 327년
알렉산더의 원정

505년
훈족의 침입

988년
가즈나 마흐무드의 약탈

1205년
이슬람 북인도 지배 시작

바라타의 천대로 알려진 공백기

1526년~
바베르의 인도 진출
무굴 제국 시대

1398년
티무르의 침입

1498년
바스쿠 다가마의 방문

1774년
영국 초대 벵골 총독
워런 헤이스팅스 부임

1627년~
마라타 제국
(1720년 독립)

1600년
영국 동인도 화사
설립

1739년
나디르 샤의 침입

1757년
쫄라시 전투

1858년
영국 여왕 직속 편입

1857년
세포이 항쟁

1845년~
1~2차 시크 전쟁

1775년~
1~3차 마라타 전쟁

1848년
편잡 병합

1843년
신드 병합

1947년~
인도 독립

그림7 융합의 역사

결국 그 자신의 최후로 이어지는 원정이었지만, 그보다는 좀 다른 의미에서 주목하는데, 바로 동서양 문화의 만남이다.

인도의 종교 문화에도 일정 부분 영향을 끼쳤다. 신상 숭배의 문화가 그렇다. 신상을 즐겨 만들던 그리스가 아니었다면 숭배의 풍경은 지금과 달랐을지도 모른다. 불교의 부처상 또한 마찬가지인데, 원래 붓다는 신상 숭배를 원치 않았다. 종교 미술뿐 아니라 또 다른 의미에서도 흥미로운 영향이 있었다. 바로 정복과 통일의 야망에 눈뜨게 했다는 점이다. 이제 와서 입증할 순 없는 일화지만, 인도 최초의 통일 국가인 마우리아 왕조의 시조 찬드라 굽타가 어릴 적 알렉산더와 대면하며 그 이상을 품게 되었다고 한다.

한편 이슬람과는 진득한 인연을 맺었다. 처음에는 사원 파괴와 약탈 등을 일삼다가 점차 똬리를 틀고 앉아 종교적 탄압과 함께 이슬람으로의 개종을 장려하거나 강제해 인도 입장에서는 눈에 다크 서클이 짙어지기 시작한 시점이었다. 그러나 아무리 이슬람이라도 인도를 맘대로 바꾸기에는 한계가 있었다. 어느 정도 융통성을 발휘했다. 뿌리 깊은 종교 문화를 감안할 때, 채찍질만으로는 반감이 커졌고 타협점을 찾아 당근을 내밀 때도 있었다. 인도 이슬람 시대의 황금기라고 할 수 있는 무굴 제국 시대에도 반대 세력은 무력으로 강하게 응징하는 한편, 그러지 않는 이상 화친을 맺어 연대하는 길을 모색했다. 그것이 넓은 땅을 효율적으로 지배하는 합리적인 방법이었다.

식민지 시대도 마찬가지였다. 바스쿠 다가마가 후추 종자를 원하자, 종자는 가져가도 인도의 날씨까지 가져갈 수 없다고 했던 말이 유명한데, 의미를 크게 확장해 영토는 취해도 영혼은 가질 수 없다는 말은 인도를 탐하는 모든 이들에게 해당할 것이다. 바위처럼 단단한 껍질 속에 새로운 성분을 계속 흡수하는 혼합 향신료, 심지어 아픔까지 과거의 모든 것을 잊지 않고 품은 것이 오늘날 인도라는 의미다.

자, 또 누군가 다시 질문한다. "그래서…… 왜 인도입니까?"
그러면 이번엔 거꾸로 이렇게 되물을 것이다. "왜 아니겠습니까?"

인도에 대한 세상의 관심이란 새로울 게 전혀 없다. 한동안 탈탈 털어 간 서구의 시각에서 인도는 유별난 종교 문화를 가진 빈국이고 도와줘야 할 대상이며 자신을 구세주라는 듯 묘사하지만, 조금만 들여다봐도 무언가 잘못되었다는 것을 알 수 있다. 인도에 가서 득을 본 것은 결국 그들이었다. 처음 희망(?)봉을 넘어 인도 가는 뱃길을 찾은 바스쿠 다가마가 가져간 볼품 없는 물건들을 보고 토후국의 왕은 눈살을 찌푸렸다. 딱히 거래할 만한 것이 없었다. 하지만 이후 너도나도 인도로 뛰어들며 수완과 계략을 발휘하자 입장은 점차 뒤바뀌게 된다.

아무튼 베스트셀러가 다시 주목받는 셈인데, 최근의 관심이란 잠시 잊고 있던 유행의 복고나 다름없다. 보호 지역으로 묶어 둔 숲이 다시 울창해지니, 왜냐는 질문은 새삼스럽다. 오히려 고민하며 묻는다. 어떻게 한 걸음 더 진전시켜야 할까. 혹은 하이데거가 말했듯 인간의 본질은 질문의 형태를 취하기 때문에 질문 그 자체가 이미 하나의 해답이라고 해야 할지도 모르겠다. 인도라는 것은 이미 알고 있으니까, 자꾸 왜냐고 묻는다. 늘 거기에 있고 가야 하니까.

자꾸 주저할 이유는 있다. 멀리서 보고 듣는 소식과 일부의 경험담에 고개를 갸웃한다. 그럼에도 거침없이 향하는 사람이 있지만, 누군가는 망설이며 주저한다. 중국과 비교할 만하다. 쉽게 말해 인도에 대해서는 중국의 기회를 대할 때와 같은 의욕과 적극성이 보이지 않는다. 출장으로 비유하자면, 중국은 다들 별말 없이 가지만 인도는 서로 가라며 미룬다. 중국의 장점이라면 익숙하다는 것이다. 가깝고 유사점이 많으며 생활할 만한 환경이다. 반면 인도는 아직 멀고 낯설며 적응이 필요하다. 사실 기회의 실체란 어디든 가 봐야 알지만, 중국과 달리 인도는 더디며 처음부터 꼼꼼히 따져야 할 점이 많아 보인다. 마치 입문자에게 진입 장벽이 높은 셈이다. 공을 들여 노하우를 쌓아야 한다. 그에 비해 중국은 (숱한 변수에도) 당장 손을 뻗으면 닿을 만하게 보인다. 여러 정황상 아직 무르익지 않아 보이는 인도보다 우선 중국이고 인도는 다음이 된다.

　개발 도상의 측면에서 인도가 좀 더 더디고 무르익지 않은 데에는 여러 가지 이유가 있지만, 우선 더 길고 어두운 터널을 빠져나온 까닭이라고 할 수 있다. 10세기부터 시작된 이슬람의 침입은 무굴 제국 시대에 황금기를 구가했고 그 이후 곧바로 식민지 시대가 이어졌으니, 이 모든 시기를 거쳐 힌두의 계보를 잇는 오늘날 인도의 부활은 더딜 수밖에 없다. 구체적인 계획과 전략의 실패를 직접적인 이유로 들 수 있으나, 그 또한 긴 혼란을 수습하고 힘을 하나로 모으는 과정에서 야기된 시행착오이기도 하다.

　특히 동트기 전이 가장 어두웠다. 독립 이후, 인도는 다소 어두운 시기를 보내야 했다. 오죽하면 인도 영화사에 대표적 조류를 표현하는 말 중에 '성난 젊은이(앵그리 영맨)의 시대'가 있을 정도다. 굳이 영화에 빗대어 표현하는 이유는, 마침 인도의 20세기가 꼭 그러했기 때문이다. 잘 풀리지 않아 잔뜩 화가 나 있었다.

영화는 좋은 참고 자료가 되어 줄 것이다. 흔히 문화는 세태를 반영하며 당시 시대적 상황을 보여 준다고 하는데 인도 영화야말로 바로 그렇다. 인도는 대표적인 영화의 나라이기도 하다. 대중문화를 대표하는 장르로써 시대적 흐름과 궤를 같이하며 성장했는데, 가만 보면 그 발전사는 마치 지나온 인도의 길을 고스란히 보여 주는 듯하다.

1895년 뤼미에르 형제가 '시네마토그래프'를 공개한 이듬해, 뤼미에르 형제가 만든 세계 최초 영화 <열차의 도착(Arrival of Train)>이 인도의 서쪽 관문 봄베이(지금의 뭄바이)를 통해 인도 주재 영국인들을 대상으로 상영되었다. 그것이 인도에 영화가 처음 소개된 계기인데, 한국 영화사도 100년이지만, 인도는 영화의 시작부터 같이한 셈이다.

이후 20세기 초 무성 영화, 최초의 장편 영화, '춤과 노래'를 가미한 최초의 유성 영화 등의 과정을 차례로 거쳐 독립 이후 인도 영화는 우울한 현실과 마주했다. 50년대에는 사실주의(네오리얼리즘)를 통해 그 상황을 고스란히 반영하며 일찍이 작품성을 세계적으로 인정받기도 했는데, 60년대에는 코미디 신파를 통해 그마저도 '웃프다'는 것을 보여 주었다. 그 무렵 인도 영화에 뮤지컬적 요소가 하나의 특징으로 자리 잡았고, 발리우드[7]의 기틀 또한 마련되었다.

그다음의 70~80년대가 바로 앞서 언급한 '성난 젊은이의 시대'다. 이 시기 사회에 대한 불신과 좌절로 화가 잔뜩 난 영화 속 젊은이들은 거칠고 반항적인 영웅으로 등장해 부패한 시스템 대신 정의를 구현했다. 마치 서

---

7   힌디어와 영어로 제작되는 인도의 주류 상업 영화다.

부극이나 사무라이 활극과 같은데, 인도 영화 가운데 여러 장르를 뒤섞은 마살라 영화[8]의 특징 또한 이때 자리 잡았다. 웃고 울다가 피를 흘리며 싸우고 다시 사랑하고 춤추며 노래하는 정서는 생각보다 인도의 많은 것을 보여 준다.

마찬가지로 왜 영화관에 구름 떼와 같은 인파가 몰려들고, 춤판과 다름없으며, 영화 스타는 마치 신처럼 떠받들어지는지도 이해할 만하다. 비록 영화 속일지라도 답답하고 척박한 현실의 삶을 위무하고 상상 속의 로망을 실현하며 스트레스의 분출구로 삼아 카타르시스를 느끼는 것이다. 덕분에 '성난 젊은이의 시대'는 인도 영화의 상업적 성공에 있어 시발점이 되었고, 그 시대의 (지금은 올드) 스타는 지금껏 국민 배우로 칭송받고 있다.

그리고 이제 인도는 세계 2위 규모의 영화 시장이다. 세월이 흘러 옛 정취의 단일관은 사라지고 거대 자본의 멀티플렉스로 전환되어 가며 팬데믹을 계기로 OTT(Over-the-top) 시장 또한 치열해지고 있으나, 인도 영화관은 여전히 상대적으로 저렴한(일일 소비 수준에 부응하는) 푯값을 유지하는 서민의 유흥 공간이기도 하다. 흥행 보증 수표의 다양한 외화가 수입되는 상황에서도 자국 영화가 늘 흥행을 주도하는데, 각종 휴일과 명절(축제) 기간이 특수다. 특히 신화와 역사를 소재로 한 영화나 드라마는 공전의 흥행을 기록하기도 하지만, 반대로 그 해석이 사실을 곡해하면, 뼈도 추리기 어려울 만큼 엄청난 비난을 받는다. 검열도 존재하는 등 민감성을 드러내는데, 영화의 파급력은 다른 대중문화로 이어져, 선공개한 수록곡의 성공이 곧 영화 흥행의 바로미터인 동시에 인기 대중음악으로 수익의

---

8   인도의 혼합 향신료 마살라처럼 여러 장르를 한데 버무린 영화다.

중요한 일부를 차지하기도 한다. 다만 총선과 같은 선거 기간은 주류 상업 영화의 개봉을 피하는데, 다름 아닌 선거가 한 편의 영화나 다름없다는 점에서 정치에 대한 대중의 관심이 어느 정도인지 엿볼 수 있다.

영화 이야기만으로도 끝이 없겠지만, 여기서 우리가 방점을 두어야 할 부분은 당시 젊은이들을 성나게 만들었던 이유일 것이다. 요컨대 잔뜩 화가 날 만했다. 계층 간 이동이 거의 불가능한 경직된 사회에 빈곤은 대물림되어 빈부의 격차는 갈수록 커지는데, 불합리와 부패는 만연했다. 바닥을 뚫고 내려가듯 희망이 보이지 않는 암울한 시기였고, 이러한 사회에 대해 환멸과 분노를 느꼈다.

　물론 누가 일부러 그런 국가를 구상했을 리는 없다. 독립은 기쁘지만, 이후 인도의 내부 사정은 복잡했다. 혼란 속에 이슬람 주도의 파키스탄이 분리 독립하고도 인도는 여전히 하나의 이상적 개념 속에 묶인 무수한 개별적 요소의 집합체였다. 다양한 이해 관계에 얽힌 지역, 토후국의 힘과 권한을 하나의 인도에 녹여 내는 것은 큰 숙제였다. 통합을 우선하되 자치권의 보장도 필요했는데, 정치는 중앙 정부와 지방 정부로 힘을 분산하되 조화를 이루기로 했다.[9] 각각의 토후국은 통치 권력을 내려놓는 대신 경제력을 유지했는데, 결국 지역 유지나 지주로 기득권과 영향력을 행사하게 되었다.

발 빠른 산업 구조의 개편을 꾀했으나 상황이 녹록지 않았다. 새롭게 국가가 태동하는 과정에서 이해관계는 복잡하고 목소리는 다양하며 끄는 말

---

[9]　연방 공화제를 채택한 인도는 상·하원 양원제로 형식상 대통령은 존재하나 실질적으로는 행정 수반인 총리가 국가를 이끈다.

도 많았는데, 나름의 개혁과 개발 모델을 추구하더라도 중앙 정부를 중심으로 조직적이고 통일성 있는 강력한 성장 드라이브를 걸기 어려웠다. 거대한 땅에 분산된 힘의 한계, 우선 올바른 방향으로 제대로 힘을 모으는 것이 중요했다.

그런 의미에서 인도 초대 총리 자와할랄 네루는 후과를 남겼다고 하겠다. 그가 추구한 경제 정책을 두고 비판하는 시각인데, 네루는 소련이 추구한 중앙집권적 계획 경제 모델을 모방해 국가 주도의 중공업 위주 경제 발전을 구상했다. 신속한 산업화와 공업화를 통해 낙후한 농촌을 빠르게 개혁하고 빈곤을 극복하고자 했던 것인데, 인도의 여건을 고려한 선택이었다고는 하나, 결과는 실패였다.

또한 중앙과 지방의 정책은 균형과 효율성, 일관성을 갖추지 못했고, 지역 간 정책 중복으로 인해 역량을 불필요하게 소모했으며, 시행된 정책은 유의미한 보폭을 보여 주지 못한 채 제자리에 표류하며 답보 상태에 머물거나 유명무실해졌다. 그 결과 1차 산업에 발이 묶였고, 낙후된 산업과 더불어 인도는 빈국으로 전락하고 말았다. 왜 그렇게 되었냐의 이유나 답을 모르는 것이 아니라 주어진 여건이 그랬다. 요컨대 네루에게도 다 계획이 있었다. 다만 실패하기 전까지는 말이다.

그러한 상황에서 농촌 빈곤 문제는 가중될 수밖에 없었다. 국가 산업의 중심 이동이 더딘 가운데 당시 농업은 전체 경제 인구 중 대부분이 종사했고 그 과실은 고루 합당하게 분배될 수 없는 구조였다. 농가의 소득은 턱없이 낮은 수준으로 대부분이 지주에게 고리의 빚을 내어 생계를 이어 나가는 소작농(전답을 빌려 쓰고 수확한 농작물의 일부까지 낸다)이었기 때문인데, 빈곤의 굴레를 벗어나기 어려운 구조로 별도리 없이 가난을 대물림했다. 상황은 지금도 크게 달라지지 않았다. 현지에서 일어난 사건을 하나 인용하자면, 신혼에 더 나은 삶을 위해 대출을 받아 경작 토지를 넓혔다가 흉년이 들어 순식간에 파산하고 아까운 목숨을 버린 일이 있다. 그런 일은 비일비재하게 발생하고, 이는 인도 농촌 사회의 어두운 면을 단적으로 보여준다.

"진작 토지 개혁을 해야 했던 것 아닌가."

당연한 반응이다. 대대적인 개혁이 필요했지만, 그 근본적인 구조를 일시에 뒤집기 어려운 이유 또한 있었다. 여기서 독립 당시의 상황을 다시 돌아볼 필요가 있다. 독립 당시 인도는 562개의 토후국이 존재했다. 토후국의 숫자 자체에 의미를 두기보다는 그처럼 인도 전역에 점재한 지방 세력, 다양한 이익 집단이 존재했다는 것에 주목해야 한다. 이들을 하나의 인도에 수렴하는 데에는 상응하는 대가가 필요했다는 의미다.

이들은 서로 협력 또는 경쟁하고 크고 작은 규합을 이루며 오랜 시간 인도 땅에 자리 잡아왔다. 물론 이들 모두가 아우성치듯 분열되어 독립과 건국에 대해 각기 다른 목소리를 냈다는 의미는 아니다. 하나의 대전제로써 통합된 국가로 나아가고자 했다. 다만 그 대의를 실현하자면 양보와 합의가 필요했다. 즉, 각각의 토후국은 고유의 영토와 지배권을 내려놓고 인도에 귀속되는 대신, 각 지역의 유지 혹은 지주로서 경제권을 유지하며 영향력을 행사하게 되었다. 바꾸어 말해 오늘날 농촌 지역의 지주 또한 그 후손과 다를 바 없는데, 정치적으로 그들의 지지와 영향력이 필요한 상황에서 반발을 가져올 만한 극적인 개혁은 말처럼 쉽지 않다. 처음부터 개혁을 외쳤으면 이탈하려 들었을 것이요, 지금부터 개혁을 외쳐도 표심이 출렁일 것이니, 셈법은 복잡하다.

민심의 향방도 마찬가지다. 이제는 도시 이주, 핵가족 증가 및 SNS의 영향 등으로 개개인의 판단이 표심에 반영되는 경우가 많아졌다고는 하나, 기본적으로 인도의 정치는 마을 공동체 단위로부터 출발한다는 점에 주목할 필요가 있다. 각 공동체 단위로 선거 운동과 로비가 이뤄지고 해당 공동체의 이익에 따라서 지지하거나 지지를 철회하기도 하는데, 정책의 입안과 시행은 그 공동체에 끼치는 영향을 고려하지 않을 수 없다.

그럼 어쩌란 말이냐며 과거를 탓하고 있을 수만은 없다. 농업은 결국 14억 인구의 밥상을 책임지는 문제다. 자급자족의 수준은 된다지만, 한 해 가뭄이 들면 물가가 들썩이고 서민 경제가 휘청이며 민심이 흔들린다. 하지만 기계화를 통한 대규모 생산 등 농업의 현대화는 더딜 수밖에 없다. 소규모 단위 농가와 인력에 의존하는 방식은 생산 효율이 떨어지고 농가의 소득 또한 저조하지만, 여전히 인구의 절반가량이 농업에 종사해 다수의 일자리 및 생존권과 직결되니, 자칫 극렬한 반대에 부딪힐 수 있어 섣불리 건드릴 수 없다.

농촌 문제는 현재는 물론 미래의 인도에 있어 중요한 이슈다. 정책은 계속 입안된다. 지속해서 보완 정책이 나온다는 것은 거듭 고심하는 난제라는 의미지만, 근본적인 개혁이 이루어지지 못하는 까닭에 각종 정책은 쏟아져 나와도 극적인 변화를 기대하기는 어려운데, 선거 때마다 정치 이슈로 부각되지만, 완전한 해결 여부는 미지수다.

한편 농촌의 고민은 도시 빈곤의 문제와도 이어진다. 농촌 이탈 인구가 일거리를 찾아 도시로 향한 것인데, 이는 도시 외곽의 슬럼화를 야기했다. 빈곤에서 벗어나고자 도시로 스며들었으나, 특별한 기술 없이 일당의 허드렛일을 하는 인구가 빈민가를 이뤘는데, 당장의 생계에 매달리다 보니 의무 교육마저 포기하는 경우가 적지 않았고, 교육을 받지 못하니 신분 변화를 위한 최소한의 기회마저 잃었으며, 소득 차이에 따른 빈부 격차가 갈수록 커진 결과 빈곤을 대물림하는 악순환으로 이어졌다. 게다가 사회의 온기가 미치지 못한 곳은 각종 범죄가 암약하기 마련이었다. 범죄는 조직화하고 위법 행위(금과 생필품 등의 밀수)는 횡행했다. 음지에 머물던 범죄가 양지로 나와 영화 등 엔터테인먼트 사업에 가담하기도 했던 것은 발리우드 드림의 숨겨진 악몽이다.

이와 같은 사회 문제의 해결은 요원한 가운데, 노골적으로 만연했던 사회 부조리와 부정부패는 사회에 대한 염증을 느끼게 했고 그 불신과 불만은 곧 분노로 표출되었는데, 그것이 바로 당시 젊은이들이 성난 이유였다.

1-3   아수라장의 종교 세계

매도 먼저 맞는다고 하는데, 성난 인도를 언급한 김에 단골로 언급되는 다른 문제도 미리 눈앞에 펼쳐 두는 것이 바람직할 것 같다. 바로 끊임없이 반복되는 종교 갈등이다. 과거에서 비롯된 뿌리 깊은 적대감이 지금까지 이어지는데, 더욱이 최근엔 힌두 근본주의의 강세로 한층 예민해졌고, 언뜻 하루도 바람 잘 날 없어 보인다.

그러면 "거긴 참 종교가 문제다."라는 반응이 돌아오기 쉽다. 다만 즉각적인 판단에 앞서 인도의 종교에 대해 일별할 여유를 가질 수 있으면 좋겠다. 거기에 인도에 대한 많은 단서가 담겨 있다. 단지 외면할 경우, 우리의 인도 이야기 역시 거기서 막다른 골목에 이를 수 있다. 미처 본론을 꺼내기도 전에 끝나고 마는 고백과 같다.

이런 관점은 팔이 안으로 굽듯 옹호와 변명의 인상을 줄 수 있어 대개는 "네 뭐, 그렇죠."라며 그냥 입을 닫고 말지만, 조심스럽게 이야기를 꺼내는 이유는, 인도에서 종교는 문제가 아닌 '해답'인 까닭이다. 감히 세 치 혀를 놀려 단도직입적으로 밝혀 두자면, '문제'로 보이더라도 막상 우리가 왈가왈부할 수 있는 부분은 없다.

반면 '문제'가 아닌 '해답'이라는 관점에서 접근하면 이야깃거리는 많아진다. 인도에 대한 화두를 진전시킬 수 있는 것이다. 무엇보다 인도는 종교 그 자체(종교의 나라)고, 종교는 사실상 인도 이해의 만능 키워드라고 할 수 있다. 영화가 인도의 대표적인 대중문화라면, 인도의 문화는 곧 종교이기도 하다. 하루 일과가 종교에서 시작해 종교로 끝나 일상생활이 곧 종교인데, 종교를 빼놓고 인도를 논하기란 사실상 불가능하다. 좀 거칠게 표현해 보자면, 힐난이나 부정에서 멈추는 순간 우린 그 자리에 얼어붙고 만다. 반대로 종교를 아는 만큼 인도의 윤곽은 좀 더 뚜렷해진다.

① 역사의 각색에서 출발한 종교

주지하는 바와 같이 인도의 종교는 다양하다. 오늘날 인도는 힌두교가 다수를 차지하는 가운데, 이슬람교, 시크교, 자이나교, 불교 외에 기독교까지 모두 찾아볼 수 있다.[10] 과거 힌두교가 약 60%, 이슬람교가 20~30%대를 차지했던 것에 비해 점차 힌두교 중심 국가의 본색을 강하게 드러내고 있다고 할 수 있으나, 그럼에도 여전히 넓은 국토에 걸쳐 세계의 거의 모든 종교를 한목에 살필 수 있는 '세계 종교 공존의 표본'이라고 할 만하다.

하지만 이 또한 일반적인 서술에 불과하다. 여기까지는 애피타이저, 이제부터 메인 코스다. 간추리기 어려운 것을 요약한다는 우를 범하며 서

---

10 힌두교도가 약 80%를 차지한다. 이슬람교는 14%, 시크교와 기독교가 2%, 자이나교와 불교가 각각 1% 미만이다.

술하자면, 인도의 주류 종교이자 다신교인 힌두교는 이미 그 자체로 다수의 종파에 수많은 신을 섬기며 하나의 거대한 세계를 이루고 있다. 원주민의 토착 신앙에 유입된 아리아인의 종교관이 조화를 이루며 기본 체계를 갖추었는데, 그로 인해 탄생한 것이 곧 인도의 경전 <베다>다.

<베다> 가운데 최초의 결집서는 <리그베다>[11]다. <리그베다>는 아리아인의 정착 과정을 배경으로 종교, 사상, 사회, 문화 등 당대 상황을 운문(시) 형식으로 담고 있는데, 여러 가문에 흩어져 있던 것을 가문별로 모아 하나로 묶어 놓았으니, 인도의 정신적 뿌리를 이루는 찬가부터 이미 '패밀리 비즈니스'였던 셈이다. 이를 신의 비중에 따라 다시 아그니(불의 신, 가정의 번영을 상징), 인드라(비의 신, 전쟁의 신), 그 밖에 나머지 신들에 관한 찬가 순으로 정리하고 있는데, 그 내용과 성격은 주로 사제의 종교의식과 관련되지만, 종교와 무관한 시가도 포함되어 있고 포함되어야 할 모든 종교적 내용을 포괄한 것도 아니므로 단지 종교적 이유로 결집했다고 보지 않는다. 가령 찬가와 더불어 당시 종교의식에 가미된 무희의 율동이 곧 오늘날 인도의 전통 예술 및 대중문화(영화)에 등장하는 춤과 노래의 기원이기도 하다.

또한 <리그베다>는 중요한 역사 기록이다. 그 내용은 여러 세대를 걸쳐 아리아인이 인도에 정착하며 벌어지는 정치, 문화 등 역사적 상황을 포함하는데, 요컨대 10개 종족, 10명의 왕이 펀자브 일대 지역에서 비 아리아계 토착 문명의 종족과 싸워 이기는 내용으로[12] <리그베다>는 이러한 기

---

11 인류 최고(最古)의 문헌이라고도 한다.

록이 최초로 등장한 문헌이다. 여기서 아리아인뿐 아니라 토착민의 문화 또한 묘사되니 고대의 중요한 사료다. 물론 이주민의 편견이 반영되어 원주민들은 종교적 관습이나 규칙도 없는 종족으로 묘사된 면은 있지만, 간단히 말해 인도 종교, 사상과 철학의 근본인 동시에 문학(찬가. 시가의 모음집)이자 역사 자료 그 자체라고 할 수 있다. 그렇다고 아침에 우유 한잔하기도 바쁜 우리가 인도를 알기 위해 <베다>를 탐독해야 한다는 말은 아니다. 다만 그 의미를 되새길 필요가 있다.

다시 종교 이야기로 돌아와 <리그베다>에서부터 이미 다양한 신이 등장한다. (앞서 찬가를 순서대로 배열한 것과 같이) 아그니와 인드라가 주신으로 위치하고, 그밖에 바루나(인간 행위, 윤리의 신), 아쉬비뇽(치료의 신), 수르야(태양신) 등이 등장한다. 즉, 당시 인간은 아직 자연의 힘에 좌지우지되었고, 대개의 신들은 자연을 상징하는 '인격화'된 모습으로 등장하며, 자연 신 숭배 문화가 지배적이었음을 알 수 있다. 다양한 신이 등장하지만, 결국 모든 신들은 하나의 전능한 존재고 하나의 신이 다양한 이름으로 나타난다고도 보는데(모든 신을 하나로 보는 범신론적 관점), 이러한 관점은 오늘날 인도의 변화무쌍한 '멀티 유니버스적 신(神) 세계'의 기초를 이룬다. 인도는 섬기는 신이 다양해 얼핏 혼잡해 보이지만 질서와 체계가 갖춰져 알고 보면 신계가 마냥 혼잡한 것은 아니다.

　　또한 <리그베다>에서 묘사된 신계의 질서는 당대의 역사적 상황을 잘 드러내는데, 가령 평화기엔 윤리의 신 바루나가 앞서지만, 인도와 중앙아시아 일대가 점차 투쟁기로 접어들자, 전쟁의 신 인드라가 바루나를 앞서

12　역사적으로 아리아인의 유입은 단기간에 극적으로 일어난 사건이 아닌 장기간에 걸친 이주이며, 이미 인도에 진출한 아리아인과 다른 아리아인 세력 간의 다툼이라고도 본다.

는 것이 바로 그렇다. 바루나는 아수르 마다비라고도 부르는데, 바로 우리가 말하는 '아수라장'과 연결된다. 승자 독식, 패자는 말이 없다. 인드라의 적으로 경쟁에서 밀리며 아수라장은 나쁘고 멀리할 상황(큰 혼란)을 의미하게 되었는데, 원래 그 또한 시기에 따라서는 한때 바람직하고 반길 만한 신이었던 셈이다. 아수라 남작에 대한 재평가가 필요하다.

한편 <리그베다>에는 인드라와 브리트라의 싸움에 관한 내용도 나온다. 이미 언급했듯 인드라는 비의 신이고, 브리트라는 구름을 상징한다. 그런데 승자를 일컫는 칭호는 다채로워져 인드라는 역사적 위인, 빛의 신이자 도시의 파괴자로도 불린다. 이는 당시 아리아인이 인도로 유입되는 과정에서 기존 토착 문명의 도시와 성을 함락시켰다는 의미로, 이로써 기존 인더스 문명의 도시에 아리아인이 정착하는 역사적 상황이 설명되는 것이다. 다시 말해 <리그베다>는 유목 문화에서 농경 문화로 옮기는 상황에서 소수의 이주민이 다수의 토착민 사회에 자리 잡으며 종교 체계가 확립되는 과정이고, 이것이 오늘날 힌두교, 광의로는 인도 종교의 모태를 이룬다.

이후 인도는 점차 자연신으로부터 인격신을 숭배하는 사상으로 그 중심을 옮기는데, 이 또한 훗날 이어지는 이야기에서 힌두교 삼주신(三主神)의 하나인 비슈누(유지의 신)의 화신이 인드라를 압도하는 것으로 묘사된다. 물론 <베다>에는 아직 오늘날 힌두교의 신들이 등장하지 않는다. 인류 문명이 서서히 자연을 극복해 가며 <베다>의 주신이었던 자연신들도 점차 그 중요성을 잃고 존재감이 약해지는 것이고, <마하바라타>, <라마야나> 등의 대서사시에서 신계의 주인공은 바뀐다.

② 3억의 신(神) 세계
결국 역사적 사건을 각색한 것이 종교의 모태가 되었음을 돌아보았다. 하지만 아직 멀었다. 인도의 신 세계는 이제부터 화려한 분신술을 보여 준다. 벌써 고개를 돌린다면 반만년의 역사를 가진 연극의 1막 1장에서 잠들어 버리는 셈이다.

오늘날 힌두교는 탄생(브라흐마), 유지(비슈누), 파괴(시바)의 삼신을 주신으로 삼는다(각기 다양한 종파가 있다). 다신교에서는 신앙도 인기순이기 마련이다. 일단 태어나야 뭐든 되니까 탄생(브라흐마)의 중요성이야 굳이 말할 필요가 없겠다. 다만 낙장불입(落張不入)! 탄생은 한 번이면 그만이지만, 유지는 현재의 삶(업) 그리고 파괴는 인도에서 곧 재탄생(윤회)을 의미하니, 지금과 앞날이 달렸다는 의미에서 비슈누와 시바는 브라흐마보다 좀 더 인기가 많다. 그러니까 "신앙은 인기순이 아니잖아요."라며 종교 국가라고 너무 정색하고 볼 것까진 없다. 한때 여행자와 예술가들이 너무 영적인 측면만을 강조했고 그런 관점에서 보면 놓치기 쉬운 부분이지만, 오늘과 내일이 중요한 인도는 엄연히 세속 국가다.

또한 인도의 신계란 광범위하다. 인도의 신은 역사상 성인과 성군, 신적인 활약상을 펼친 위인까지 포괄하며, 간격이 아주 넓은 시대에 걸쳐 각기 다음 이름으로 등장하는 이들을 현생을 관장하는 비슈누의 화신으로 묶는다. 쉽게 말해 이것이 여러 시대를 걸쳐 재림하는 인도의 화신 사상(아바타르)이다. 신도 인간의 생도 돌고 돈다. 앞서 언급한 주요 대서사시, 사상과 철학에 지대한 영향을 끼쳐온 <마하바라타>와 <바가바드기타>의 핵심 조력자 크리슈나, <라마야나>의 주인공 람(라마)은 비슈누의 화신이다. 붓다 또한 인도에서는 비슈누의 아홉 번째 화신으로 여긴다.

여기에 남신과 상응한 여신, 그 사이에서 태어난 자식 그리고 자식과 같은 충신까지 모두 방대한 신의 가계도를 이룬다. 전통적으로 인도는 대가족 사회고 패밀리 비즈니스로 가업을 잇는데, 이미 신들부터 그랬던 셈이다. 또한 지리적 환경에 따라 별개의 세계로 발전한 각기 지역은 독자적인 종교 문화를 이루며, 같은 의미를 지녔지만 다른 이름으로 불리는 신도 있어 이를 포괄해 이른바 인도엔 3억의 신이 존재한다고 말한다. 이를 고려하면 마블의 유니버스도 힌두교의 세계관으로 볼 때 '하위 호환'에 불과한데, 족보의 흐름을 전체적으로 이해할 뿐 숫자에 너무 개의치 않아도 좋다. 인도 사람이라고 모든 신을 섭렵하기는 어렵다.

많은 신들 가운데 주요한 신, 인기 많은 신, 자신이 믿는 신이 있다. 삼주신을 받들고 남신 여신 할 것 없이 축제가 열려 찬양하며(인도의 인간계는 남성 중심의 사회지만 신계는 오히려 평등하다), 누구나 코끼리 신과 원숭이 신을, 누군가는 쥐의 어머니 앞에서 경배하며, 심지어 자이나교의 위대한 지도자 바후발리[13]의 급소 아래에서 고개를 숙이기도 한다.

바후발리를 언급한 김에 참고로 이야기하면, 인도 영화 사상 최고의 흥행작 가운데 하나로 꼽히는 <바후발리 시리즈>는 남인도(텔루구어, 타밀어) 지역 영화지만[14] 인도를 넘어 해외(유사 문화권)까지 사로잡은 초대형 블록버스터다. 다르게 말해, 자이나교 위인의 이야기가 특정 종교를 초월해 사랑받았다는 의미다. 물론 세상 어디나 그렇듯 배타적인 목소리를 내는 경우도 있으나, 기본적으로는 자신의 종교만이 아니라, 모든 신앙을 존중하는 분위기다. 그것이 고무고무한 힌두교의 유연성이라고 말할 수 있다.

---

13 자이나교 창시자(초대 티르탕카라)인 리샤바(리샤바나타)의 아들이다.
14 인도는 지역 언어별로 영화 시장이 구분된다. 뭄바이 등에서 힌디어와 영어로 제작되는 발리우드가 주류 상업 영화이지만, 지역별로 각기 고유한 시네마 컬쳐를 이루며 상업성과 작품성을 인정받아 왔다. 전국적으로 한 해 1,000여 편이 제작되는 발리우드와 몇몇 규모 있는 지역 영화에서 연 200여 편이 제작된다.

그림8 힌두교 신의 가계도.

알고 보면 이러한 힌두교의 세계관은 우리에게 매우 친숙한 이야기의 소재로 활용되고 있다. 가벼운 예로 <아바타>나 <매트릭스>와 같은 영화를 보지 않은 사람은 드물 것이다. <아바타>는 이미 제목 자체가 화신 사상을 의미하고 <매트릭스>의 등장인물인 트리니티는 기독교의 삼위일체인 뜻하는 동시에 힌두교의 트리무르티, 즉 삼주신(브라흐마, 비슈누, 시바)의 삼신일체와도 의미가 통한다. 가령 카주라호의 힌두 사원을 가보면 셋을 하나로 만든 신상도 있다.

무릇 낯선 세계에서 새로운 아이디어를 가져오는 만큼 이러한 예는 수없이 많은데, SF 영화뿐 아니라 만화와 애니메이션 등 대중문화 콘텐츠 속에 차용되거나 재해석되는 경우가 적지 않다. 흔히 창조는 모방에서 시작된다고, 요즘 시대에 잘 나가는 이야기도 결국 인류의 가장 오래된 이야기로부터 영감을 얻으니, 이 또한 이야기의 윤회가 아닐지 싶다. 오랜 과거의 이야기는 새로운 이야기로 부활하고, 신화는 미래가 된다.

이것으로 볼 때, 인도는 곧 이야기라고도 말하고 싶다. 그리스 신화가 그렇듯, 인도 또한 그에 필적하는 신과 영웅의 세계를 노래해 온 곳이다. 일찍이 오랜 이야기(신화)가 살을 덧붙이며 전승되었다. 또한 앞서 다신교의 인도에서 신상 만들기의 유행은 조각을 유독 좋아했던 그리스(알렉산더의 원정)의 영향 때문이라고 했는데, 어디가 원조 맛집이냐, 위아래 우열을 가릴 필요 없이 서로 흥미로운 자극과 영향을 주고받았음은 틀림없다. 이야기는 이야기를 만나 곱빼기가 되었다. 그 밖에도 지금껏 무수한 이야기의 향연이다. 그래서 인도는 곧 이야기다. 그 풍부한 이야기는 곧 과거 역사 이야기인 동시에 현재의 종교 이야기이며 미래 이야기의 모티브가 된다. 인도가 낯설고 어렵게 느껴진다면, 먼저 그런 이야기로 인도를 접하는 것도 나쁘지 않다.

③ 아홉 번째 화신

메인 코스로 힌두교에 대해 훑어보았다면, 이제 디저트를 맛볼 차례다. 속을 진정시키는 순한 맛도 있고, 상당히 매운맛도 준비되어 있다. 배부르다고 거르지 않기를 바라는데, 사실 문제는 여기서부터라고 할 수 있다.

거듭 말하지만, 종교는 인도의 문제가 아니다. 오히려 인도 사회의 공식이며 해답이다. 기본적으로 인도 사회는 신앙에 대해 긍정적인 스탠스를 취한다. 그것을 원천으로 폭과 너비, 깊이와 매력을 더하며 오늘날 인도의 정체성을 이룬다. 순한 맛의 순기능이고, 그러므로 오히려 종교는 인도에 대해 우리가 가지는 궁금증을 풀어줄 중요한 단서이자 해제다. 때로 미디어는 온갖 부정적인 영향과 다종교의 공존에서 비롯된 피비린내 나는 증오와 갈등에 초점을 맞추지만, 아픈 상처를 거듭 후벼 팔 뿐 거기엔 이렇다 할 답이 없다.

　물론 반목과 다툼의 매운맛이 있다는 것은 명백하다. 그렇다면 순한 맛과 매운맛의 차이는 무엇일까. 단적으로 말하자면 일찍이 서로 피를 보았느냐 아니냐로 갈린다. 오늘날 인도의 주류인 힌두교 외에 널리 존중받는 종교는 큰 틀에서 힌두교와 궤를 같이한다고 볼 수 있다. 자이나교와 불교가 바로 거기에 해당한다.

먼저 마가다 지방의 귀족 마하비라[15]를 개조(창시자는 리샤바)로 하는 자이나교는 힌두교의 심화 과정이라고 보면 이해가 쉽다. 같은 바탕 위에 힌두교보다 더 엄격한 교리와 실천 방식을 내세우는 자이나교에서 '자이나'는

15　생몰년은 여러 가지 설이 존재하지만, 일반적으로 B.C. 540~468년으로 본다. B.C. 599~527로 보는경우도 있다.

곧 고행의 '승리자'를 따르는 사람이라는 의미로 완전히 깨달은 자를 '지나'라고 부르며 세속적인 것으로부터 일체 거리를 둔다. 윤회 속에 삶과 죽음의 무한한 고리를 끊기 위해 극단의 수행을 추구하는데, 쉽게 비유해 힌두교가 그냥 베지테리언이라면 자이나교는 엄격한 비건이다. 옷을 만드는 행위가 살생이라며 실오라기 하나 걸치지 않기도 하고[16], 무소유와 비폭력의 일상을 실천하며, 개미 한 마리의 살생조차 두려워하며 빗자루를 쓸고 다닌다. 인도의 다른 종교와 (현실적으로 부딪힐 이유 없이) 무리 없이 공존하고, 일반의 인도인들에게 존경받는 소위 진정한 수도승인 셈이다. 이야기해 보면 감히 세속의 삶을 사는 일반인이 범접할 수 없는 깊은 신앙과 생활의 실천에 다들 우러러보는데, 희소성의 프리미엄이 붙는다.

한편 마하비라와 비슷한 시기, 붓다[17]가 다신교이자 사제 중심인 힌두교와 결을 달리하며 스스로의 깨달음을 중시하고 만민 평등을 주창한 것이 곧 불교다. 지금 인도에서는 소수 종교이지만 오히려 세계 종교로 널리 뻗어 나갔다. 과거 불교 승려(법현, 현장, 의정, 혜초……)의 순례가 그러했고, 오늘날에도 그 흔적 쫓아 인도로 향한다. 세세한 차이는 있지만 깨달음과 해탈을 추구한다는 점에서 궤를 같이하는 만큼, 큰 틀에서 다신교의 세계관에 포함되어 붓다는 힌두교에서도 성인으로 여기고, 힌두교의 주신 비슈누의 아홉 번째 화신으로 모신다고 앞서 언급한 바 있다.

---

16 어떠한 옷도 걸치지 않느냐 백의를 걸치냐에 따라 공의파(空衣派)와 백의파(白衣派)로 나뉜다.
17 다른 이름인 석가모니는 석가족의 성자라는 뜻으로 인도의 고어인 산스크리트어로 석가는 샤카로 샤족은 석가모니의 민족으로 알려진다. 붓다의 입몰 년엔 여러 가지 설이 존재하지만, 일반적으로 B.C. 565~486년으로 본다.

그림9 계율을 엄격하게 지키는 자이나교도의 모습.

길을 걷는 자이나교도들.

자이나교가 힌두교의 심화 과정이라면, 불교는 우리에게 인도의 입문 과정이라고 말할 수 있다. 물론 그 심오함은 결코 입문의 영역에 둘 수 없으나, 친숙함과 접근성에 있어 그렇다. 한국 어디를 가든 (불교 신자거나 신자가 아님에도) 우리가 편안한 마음으로 절을 방문하듯, 이 땅에서 비롯한 한국 사람인 이상 불교의 DNA가 내면에 흐르고, 이는 인도 입문에 용이한 접점이자 좋은 길잡이가 되어 준다. 적어도 맨땅에 헤딩하듯 바로 다신교의 힌두교를 이해하기보다는 훨씬 수월하다. 마찬가지로 사상과 철학의 이해에서도 아예 생소한 문화권보다는 우리가 좀 더 유리한 고지에 서 있다고 볼 수 있다.

다만 힌두교의 나라를 불교만으로 이해하려 들면 곤란하다. 인도가 품어 온 다양함이란 곧 우리가 아는 길로 인도를 좁혀서는 안 된다는 것을 의미한다. 물론 인도를 넘어 세계 종교로 발전한 것이 불교고, 그 원류를 쫓아 순례와 답사를 떠나는 것만으로도 무궁무진한 곳이 인도다. 공통의 교집합이 있어 상당한 이해의 단서를 제공하니, 분명 불교는 우리를 인도로 인도(引導)해 줄 수 있다. 그러나 이해의 퍼즐을 맞추기 위해 인도를 들여다보면 어느 순간부터 (불교를 포함) 부분의 관점에 머무를 수 없다는 것을 알게 되는데, 인도의 삼라만상을 불교의 관점과 동일하게 투영하고 해석하는 건 포함 관계가 다소 어긋나는 일이 되고 만다. 사제(소수 기득권) 중심의 주류 종교에 대한 반발 작용으로 나온 것이 불교였고, 한때 찬란히 빛나며 더 멀리 뻗어나간 시기도 있었으나, 결국 그마저도 광대한 종교 세계관에 흡수해 하나의 일부로 포용해 낸 곳이 인도다. 힌두교가 대중적인 중간 맛, 자이나교가 진한 맛이라면 불교는 슴슴한 맛이다. 서로 유사성이 많아 시간이 흐르며 대중적인 맛보다는 뚜렷한 존재감을 가지지 못한 까닭에 현재는 소수 종교(1% 미만)에 불과하다.[18] 그래도 인도이기에 그 비율이 얼마가 되었든 공존하며 발원지의 귀한 흔적 또한 오롯이 남아 있는데, 엄밀히 말하자면 불교 또한 인도이지 인도가 불교는 아니다. 따라서 인도의 대문을 열 팔정도(八正道)[19]의 열쇠지만, 그 안의 모든 방문을 열 만능키는 아니며, 그 또한 퍼즐의 한 조각이라는 점을 처음부터 염두에 두는 것이 바람직하다.

④ 돌아오지 못할 자들의 종교

우리가 보고 듣는 인도의 종교 문제, 갈등을 일으키는 매운맛은 대개 힌두교와 대척점에 선 종교에서 비롯한다. 바로 힌두교와 이슬람교, 힌두교와 시크교 간의 갈등이 그것이다. 이슬람교 그리고 힌두교와 이슬람교 간의 절충이라고 볼 수 있는 시크교는 기본적으로 힌두교와 결이 다를뿐더러, 역사적으로 배척과 애증의 관계에 놓여 있다.

상황을 이해하려면 몇 가지 역사적 배경을 덧붙여야 한다. 먼저 힌두교와 이슬람교 간에 얼룩진 피의 역사다. 중앙아시아의 술탄들은 10세기경부터 북인도를 침략했다. 성전이라는 명분으로 힌두교 사원을 파괴한 뒤 약탈했으며, 약탈한 재물과 함께 주민을 노예를 끌고 돌아갔다. 그들(유목민)의 입장에서는 약탈한 재산의 분배가 곧 자신들의 권력 유지 행위였다. 이후 그들은 점차 비옥한 북인도 땅에 내려와 자리 잡기 시작했는데, 12세기 쿠트브 웃 딘 아이바가 델리를 장악했다. 그들은 파괴한 힌두교 사원의 자리 위에 그(파괴된) 돌을 그대로 써서 이슬람 사원을 지었다. 그것이 힌두교와 이슬람교의 '성지'가 겹치며 분쟁과 유혈 사태가 발생해

---

18 진한 맛인 자이나교도 1% 미만인 것은 마찬가지다.
19 깨달음과 열반으로 이끄는 올바른 여덟 가지 길로 정견(正見), 정사유(正思惟), 정어(正語), 정업(正業), 정명(正命), 정정진(正精進), 정념(正念), 정정(正定)을 포함한다.

그림 10 쿠트브 미나르, 델리에 세운 이슬람의 승전 기념탑.

온 이유다.

인도에서 이슬람의 최전성기는 이어진 무굴 제국 시대(16~18세기)다. 이에 대항한 힌두교 세력(라지푸트족과 18세기 남인도 일대에서 독립한 마라타 제국 등)이 있었지만, 무굴 제국이 쇠할 즈음 무역을 앞세운 유럽(15세기 말 바스쿠 다가마, 17세기부터 이뤄진 동인도 회사 진출)에 의해 곧바로 식민지 시대로 접어든 까닭에 제대로 된 시대의 청산은 이루어지지 않았다.

일단 오늘날 북인도에 남은 역사 유적이란 대개 그 시대의 흔적이다. 인도 탐방의 기본이 되는 단거리 코스가 '골든 트라이앵글(델리-자이푸르-아그라 일대를 삼각형으로 이은 지역)' 즉 여행의 '황금 삼각지'고, 현대에 새롭게 지은 힌두교 사원이 아무리 크고 화려하더라도 아직 '역사의 에이징'을 거치지 못한 만큼, 만약 우리가 수도 델리를 통해 인도로 들어간다면 주로 초입부터 눈이 휘둥그레지며 접하는 것은 이슬람 유적인 셈이다. 델리의 고성과 요새가 대개 그렇다. 델리에서 반드시 방문하는 쿠트브 미나르 역시 바로 쿠트브 웃 딘 아이바가 이슬람의 델리 정복을 기념하며 세운 승전탑이다. 아그라의 타지마할과 아그라 성도 마찬가지다.

물론 그 자체만으로 훌륭한 볼거리이고 (모르면) 딱히 문제가 될 것도 없다. 다만 어려운 발걸음으로 마침내 인도와 만났다면 그것만으로는 못내 아쉽다. 힌두교의 나라에서 알고 보니 이슬람의 흔적만 쫓아다닌 셈인데, 이게 맞나 싶다. 볼수록 이것이 전모는 아닌 것 같아 무언가 해갈되지 않는 기분인데 주어진 시간은 유한하고 그럼에도 또 그냥 지나칠 수 없는 무굴의 장엄한 유산 앞에 어찌할 바 모르며 망설이기 십상이다. 이는 내가 초행길에 느꼈던 감정이기도 하다.

특히 아름다운 타지마할을 바라보는 심경은 복잡하다. 인도를 대표하는 상징적인 건축물로 수많은 관광객을 끌어모으는 문화유산이지만, 동시에 무굴 제국의 황금기를 상징하는 이슬람 건축물이다. 인도를 대표하지만 상징한다고 말하기엔 곤란한 피조물이다. 역사를 부정할 수 없을뿐더러 무엇보다 세계적인 유산인데 그러면 좀 어떠냐고 말할 수도 있지만, 지금의 인도는 힌두교의 나라고, 무굴 제국을 계승하지 않는다. 오히려 무굴 제국의 황금기란 다른 말로 힌두교의 암흑기였다. 회유와 억압을 번갈아 가며 이슬람으로의 개종을 종용했다. 그럼에도 이 나라를 상징한다고 할 수 있는가. 더욱이 타지마할은 사원이 아닌 무덤이다.

이 아름다운 유적엔 깊은 한이 서려 있다는 점도 유념할 필요가 있다. 샤자한은 총애하던 왕비 뭄타즈마할이 사망하자 차마 못 잊어 전국의 대리석과 장인을 모아 타지마할의 건축을 지시했다. 자신이 죽으면 같이 묻힐 생각이었다. 당시 황제들이 즉위와 동시에 묫자리부터 알아보는 것이야 당연했지만, 20년이 넘는 대역사로 인해 많은 인부와 자원이 동원되었고 경제는 파탄에 이르렀다. 심지어 같은 건축물을 짓지 못하도록 장인들의 손을 자르기도 했다.

　팽배한 불만 속에 형제지간의 내전을 거쳐 권력을 차지한 인물은 공교롭게도 뭄타즈마할의 아들 아우랑제브였다. 강한 자(왕자)가 왕좌를 취하는 것이 당시 국룰이기는 하지만, 그는 아비를 유폐한 뒤 스스로 황제에 올랐고, 샤자한은 멀찍이 아그라 성에 감금된 채 죽을 때까지 여생을 타지마할만 바라봐야 했다. 아우랑제브는 강성의 이슬람교도로 이후 힌두교를 탄압하는 과정에서 국가 재정은 더욱 바닥났고 결국 무굴 제국은 쇠퇴하는데, 타지마할은 회광반조(回光返照), 해가 지기 직전에 하늘이 잠깐 밝다는 말을 떠올리게 만든다.

　그럼에도 타지마할은 당당하게 유난히 빛나며 서 있는 것인데, 그 가치에 대해서는 굳이 말할 필요 없다. 앞으로도 소중한 문화유산(관광 자원)

이다. 단 힌두 근본주의가 힘을 얻은 시대, 이러한 이슬람 유적에 대한 힘 빼기도 없지 않다. 아무래도 타지마할만 한 건축물이 다시 나오긴 어렵겠으나, 지난한 과거를 극복한 랜드마크처럼 최근 들어 거대 힌두 사원의 건축이 잦을 일 또한 어느 정도 의중을 살필 수 있는 대목이다. 하물며 이미 많은 도시의 명칭이 식민지 시대의 유산이라며 바뀌었고, (대법원에서 기각된 바 있지만) 국제 사회에서 인정하는 '인디아'란 국명[20]도 인도에서 통용되는 바라트[21] 또는 힌두스탄(힌두의 땅)으로 바꾸려는 시도가 있었다.

이러한 분위기를 인지하는 이상, 인도의 상징이라며 타지마할부터 찾는다면 다소 아쉬운 일이다. 적어도 국빈 자격이나 공무로 방문한다면 그렇다. 모르니까 이해해 줄 것이고 딱히 결례라고 보기는 어려우나, 아마추어적이다. 물론 여행자는 다르다. 세계적인 문화유산이고 워낙 아름다운 곳이니 첫 하루는 내외부를 방문하고 또 하루 정도는 멀리 아그라 성이나 시가지의 옥상 레스토랑에 앉아 유폐된 황제의 심정으로 타지마할을 바라보면 좋다. 혹은 야무나강을 마주 보고 같은 모양의 검은 타지마할을 지으려 했다는 소문을 좇아 강 건너로 가 보는 것도 나쁘지 않은 생각이다.

누가 처음부터 알겠는가. 다만 상대를 헤아리고 한 걸음 더 가까이 다가가야 할 입장이라면, 이슬람의 미궁만을 헤매진 말자는 의미다. 사소해 보일지언정 (책의 표지나 교과서 속의 타지마할 사진을 통해) 그간 머릿속에 깊게 자리 잡은 인도의 대표 이미지부터 과감히 갱신하는 것이 최소한의 디테일이다. 문제는 마침내 그런 깨달음을 얻을 즈음, 첫 여행의 끝을 알리는 알람이 울리고 그만 여정을 마쳐야 하게 될지도 모른다. 그리고 첫발을 디뎠던 보폭이 짧아 못내 아쉬울 것이다.

---

20 인더스 문명의 발상지인 인더스강에서 비롯된 영어식 명칭.
21 바라트의 어원은 바라타로, 대서사시 <마하바라타>에 언급되는 전설적인 황제다.

그런 아쉬움을 계기로 다시 인도에 찾게 되더라도 한 가지 유의할 점은 있다. 이제는 기꺼이 이슬람의 미궁을 벗어날 것이고, 인도는 거의 전국이 성지고 순례지며 유적지라 어딜 가든 대개 후회 없는 선택이고 인도에 대한 이해의 폭을 넓히는 데에도 큰 도움이 될 것이지만, 몇몇 곳은 분위기가 좀 남다를 수 있다. 특히 힌두와 이슬람 둘 모두의 성지이기에 이해관계가 첨예하게 대립하는 지역이 그러한데, 가령 마투라와 같은 도시를 가 보면 다른 곳과는 공기의 밀도부터 사뭇 다르게 느껴진다. 만약 그런 지역을 꼭 방문해야 한다면 가급적 주의를 기울이고 불필요한 행동은 삼가야 한다.

종교 분쟁과 갈등의 배경을 살펴보면 매우 씁쓸하다. 앞서 시대의 청산이 이뤄지지 않았다고 표현했는데 지금껏 오랜 세월 너무 많은 감정이 쌓였다. 다시 말하지만 거의 인도 전역으로 영향력을 확대한 무굴 제국은 회유와 탄압을 거듭했다. 당근과 채찍으로 일부 힌두 세력과는 결혼을 통해 혈연관계를 맺으며 연대했으나, 끝까지 대항할 때는 잔인하게 무너뜨렸다.

한편 인도는 곧 이야기라고 했고, 당시의 상황을 상징하는 하나의 이야기가 있다. 당연하지만 적당한 타협보다 처절한 저항의 비극이 인구에 오래 회자되기 마련이다. 그리고 그것이 바로 치토르가르의 왕비 파드마바티(파드미니)의 일화다. 정복군에 맞서 남편이 전쟁에서 패하자, 정절과 자존심이 꺾일 바엔 차라리 장렬한 최후를 맞겠다며 불길 속에 뛰어든 이야기인데, 인도의 논개처럼 그때 왕비가 성안의 여인들과 행한 것이 '조하르'의 풍습이다.

이제 '조하르'는 이견의 여지 없이 변질된 악습이나, 당시는 살고자 하면 오욕을 남길 뿐 달리 택할 선택지가 없었다. 그런 비극이 남았고, 무굴

그림11 발리우드 대표 배우 디피카 파두콘의 영화 '파드마바티'.

파드마바티 영화의 한 장면. 라탄 싱과 파드바티.

제국이 쇠퇴기에 접어들자 곧바로 식민지 시대로 이어졌으니, 풀지 못한 한(恨)이 화산 속 '마그마'처럼 들끓어 왔다고 볼 수 있다. 식민지 시대도 유감이지만, 남은 화살이 하나라면 분노의 화살이 향할 곳은 정해져 있다.

그런데, 그리하여 화살이 날아간 곳엔 결국 자신의 그림자가 있다고나 할까. 여기서 잠시 인도인의 이슬람 개종에 대해 들여다볼 필요가 있다. 이슬람 시대라고 해서 (아리아인의 인도 유입과 마찬가지로) 인도의 모든 무슬림이 한꺼번에 유입되었을 리 없다. 기본적으로 소수의 지배 세력이 다수를 지배하며 개종시킨 것이다. 특히 기존 사회에서 신분 상승의 여지가 없는 하위 계층을 중심으로 이슬람 개종이 이뤄졌는데, 이것이 바로 오늘날 인도-무슬림이다. 상위 계층이야 강제가 아닌 이상 개종의 필요성이 못 느끼겠으나, 하층민일 경우 딱히 돌파구가 보이지 않는 삶을 이탈할 기회로 삼을 수 있었다. 그러므로 인도-무슬림이란 결국 새롭게 코란을 쥐었을 뿐 그 나물에 그 밥, 예로부터 인도 문화를 공유해 온 사람들이다.

힌두의 입장에서는 변절자이자 배신자다. 어쩔 수 없는 선택이었더라도 이들에 대한 힌두 중심 사회의 시선이 어떠할지는 분명하다. 원래 하층민이었고 이슬람의 부역자다. 인도 영화를 보면 재밌는데, 거기서도 이들은 늘 악역을 맡으며 고통받는다. 순수악이거나 끝에 개과천선하는 악당으로 분해 끝에 배신과 악행을 후회하며 반성하는 모습으로 묘사된다.

　　실제 인도에서 인도-무슬림 커뮤니티는 주류 사회와 괴리되어 있다. 예외가 없다는 것은 아니나, 대개 별개의 거주 지역을 이루고 경제 활동을 한다. 무슬림 직원을 통해 그곳 사업체를 방문한 일이 있는데, 직접 가보면 확실히 바깥과 분리되어 있다는 인상을 받는다. 긴 골목 안을 따라 들어가자, 힌두 직원은 잔뜩 긴장한 모습이 역력했던 반면 무슬림 직원은 그

날따라 유독 밝고 편안한 표정으로 분위기를 주도했다. 물론 대화 또한 주로 무슬림 간에 이루어졌다. 동네 시장(바자르)을 가 보면 인도에서 터부시하는 험한 일(가령 정육점에서 고기를 잡아 다듬는 일 등)이 대개 그들의 생업이란 점도 눈에 띈다.

한편 '확장성 없는 사회'는 경제 세력으로의 성장과 유지가 쉽지 않다. 거주 지역 또한 점차 게토화되어 간다. 사회 통합에서 힌두 우선주의로 기운 최근 사회 분위기 또한 이들에겐 몹시 암울하다. 인도에서 코란을 펼친 채 살아가기란 점차 쉽지 않아진다. 그 결과 인도에서 이슬람교의 비중이 갈수록 줄어든다는 것은 수치로 드러나고 있다. 일부는 일거리를 찾아 사우디 등 중동으로 떠나기도 하는데, 거기서도 좋은 대우를 기대하기란 어려워 결국 유턴하기도 한다. '이슬람의 본진'과도 결이 좀 다른 것이다.

무슬림뿐 아니라 수시로 독립을 요구하는 시크교에 대한 시선도 별반 다를 바 없다. 식민지 시대 영국에 끝까지 대항했다는 점에서 시크교의 명성은 자자하지만, 인디라 간디를 암살한 (충성스러운) 경호원도 시크교도였다.

인도(아버지 네루의 유산)의 분열을 두고 볼 수 없었던 인디라 간디는 분리주의자에 대한 피도 눈물도 없는 강력한 대응으로 시크교의 성지(암리차르의 황금 사원)를 포위한 뒤 총탄을 퍼부었다. 하지만 과잉 진압의 결과 이후 그녀도 그 대가를 치러야 했다. 인디라 간디의 암살은 곧 시크교도에 대한 분노로 이어져 전국적인 보복 살인이 일어났고, 이는 또다시 시크교도에 의한 테러로 이어졌다. 그야말로 피가 피를 부르는 악순환의 반복이 아닐 수 없었다.

이렇듯 인도의 종교는 순한 맛과 매운맛을 동시에 가지고 있다. 한편으로 조화로운 모습을 보여 주지만, 다른 한편으로 심각한 갈등과 분쟁을 겪는다. 과연 어떠한 인상을 받을지 모르고, 자극적인 매운맛에 좀 더 눈이 갈 수도 있으나, 기본적으로는 신앙심을 존중하고 포용적인 자세를 취한다는 점도 잊지 말아야 한다. 어느 금요일, 힌두 직원이 무슬림 직원을 챙기는 목소리가 들린다.

"어서 정오 기도 다녀와야죠."

반대도 마찬가지다. 서로의 명절을 챙기고 축제도 함께 즐긴다. 심지어 나(외세)를 상대로 연합 전선을 펼치기도 한다. 가령 직원 복지 문제와 관련해서는 늘 한목소리를 낸다. 물론 보이는 것이 다는 아니다. 공존엔 대가가 따른다. 가끔은 양쪽 모두를 아울러 뽑은 걸 후회할 때도 있다. 그러나 그로부터 긴 시간이 흘러 머릿속에 떠오르는 것은, 어느 금요일 나직하게 들려왔던 그 조화로운 대화다. 거기에 기대와 희망이 있다. 부정적인 면은 알고 참고할 뿐, 인도에 기대와 희망을 건다면, 응당 긍정적인 면에 주목할 필요가 있지 않을까.

그러므로 인도의 종교는 문제가 아니라 해답이다. 상대가 너무 배타적이지 않은 이상 유연함을 가지고 기꺼이 자신의 세계 안에 수렴하기도 한다. 또 그것이 곧 저력이 되어 문화적 풍요로움으로 이어진다. 앞서 북인도의 이슬람 유적을 쫓는 아쉬움에 대해 이야기했는데, 더 멀리 동쪽으로 그리고 남쪽으로 나아갈수록 느낄 것이다. 보이는 풍경이 점차 달라진다. 자연환경만이 아니다. 사람이 다르고 글자가 다르다. 건축물도 다르다. 북인도와 남인도의 힌두교 사원만 비교해 봐도 너무 다르다. 그러나 모두 인도다. 공존한다. 그것이 인도를 바라보는 기본 관점이 되어야 한다고 생각한다.

그럼에도 부정적인 시각으로 기운다면, 인도를 이해하기는 어렵다. 한

쪽에서는 치고받고 싸우는데 왜, 어떻게 공존하는 것인지 어리둥절해진다. 느낌표가 아니라 의문에 의문만이 꼬리를 문다. 뉴스를 봐도 온갖 사건 사고에 인도는 혼란스럽기만 하다. 누군가는 이것이야말로 인도 사회의 아킬레스건이라고 한다. 그렇다면 인도는 어렵고 불안하고 큰 걱정덩어리일 뿐이다. 마치 당장이라도 공중 분해되어야 할 듯하다.

하지만 그럴 일은 없다. 융통성을 발휘하며 미묘한 균형을 유지한다. 예를 들어 술과 육식을 엄격히 금하는 종교인과 술과 육식을 접대하는 사업가가 함께 살아간다. (그다지 이상적이라고 말할 순 없어도) 힌두와 무슬림 그리고 시크교가 한 장소에서 함께 일하기도 하는 곳이다. 바꾸어 말해 폐쇄적이고 배타적이기만 했다면, 인도는 지금과 같은 모습일 리 없다. 다양성의 포용과 공존 없이 지난한 역사의 과정 또한 견뎌내기 쉽지 않았을 것이고, 유입된 어떠한 '후발주자'와도 지금보다 훨씬 심각한 충돌을 빚었을 것이다.

거듭 말하지만, 인도는 영욕의 역사로 말미암아 오늘에 이른다. 역사적으로 다양한 인종과 문화가 외부에서 유입, 조화를 이루는 과정 속에 안팎으로 다채로운 종교가 진화했고, 새로운 종교 또한 파생되었다. 비단 종교 문화에 국한된 것이 아니라 이 과정에서 인종적 다양성이 자리 잡았고 환경적 영향 속에 지역별 언어가 발전했으며 다채롭고 풍요로운 문화가 형성되었다. 그러므로 이에 따른 부작용은 동전의 양면과 같다. 긍정의 인도 사회 이면에 인고의 세월을 거치며 따라온, 또 앞으로도 품고 갈 지병일 뿐 '죽음에 이르는 병'은 아니다.

다채롭고 풍요로운 문화는 오히려 인도의 강점이자 미래의 가능성이다. 남아시아 일대를 포괄하며 특유의 존재감으로 세계의 한 자리를 차지하고 있는 문화다. 그 문화는 우리에게 많은 주목을 받지 못하는 편이지만,

모른 척 지나치기에 그 영향력은 상당하다. 가령 <마하바라타>와 <라마야나>는 인도뿐 아니라 아시아 지역의 주요 사원 외벽을 장식하고 있다는 점을 주목할 필요가 있다.

　캄보디아의 앙코르 와트가 대표적이다. '사원의 도읍'이란 뜻을 가진 앙코르 와트는 원래 비슈누에게 봉헌한 힌두 사원에서 불교 사원으로 '용도 변경'한 예이기도 하다. 이곳을 보고 누군가는 캄보디아 내전과 크메르 루주 그리고 킬링필드를 떠올리고, 누군가는 왕가위 감독의 영화 <화양연화(花樣年華)> 속 한 장면을 떠올리겠으나, 또 한 가지 눈길을 끄는 것은 사방에 새겨진 <마하바라타>와 <라마야나>의 이야기다. 언젠가 베트남에서 쌍엽기를 타고 그곳으로 들어갔던 나 역시 화양연화(인생에서 가장 행복하고 아름다운 한때) 그러나 이루지 못한 사랑의 비밀을 남긴 양조위와 장만옥을 떠올렸고, 어느 돌구멍일지 상상하며 며칠에 걸쳐 드넓은 사원을 하나씩 살펴보았다. 그러다가 그곳에 새겨진 <마하바라타>와 <라마야나>의 이야기와 마주했는데, 참으로 반갑고 인상 깊은 순간으로 기억하고 있다.

사상과 철학, 종교를 비롯한 문화의 바탕이 되는 이야기고, 일대의 거의 모든 이야기가 그 자장권에 있다. 그러므로 인도의 종교는 (아직 우리에겐 의문 가득한) 인도의 문을 여는 데에 있어 실로 많은 것이 걸린 대목이다. "그곳의 종교는 다양하다."라는 정도의 요약만으로는 부족하다. 심지어 그것을 기이하게 여기며 문제로 본다면, 우린 막다른 골목에 이를 수밖에 없다.

여기서 한가지 질문을 던져 본다. 만약 현지 직원들이 사무실에 신상을 모시고 싶다고 한다. 그러면 어떤 답변을 해 줄 것인가. 복지의 측면에서는

그림 12 최초 힌두 사원으로 건립된 캄보디아의 앙코르 와트.

먼 곳을 굳이 찾아갈 필요 없어 종교 생활에 도움이 되고 워크 에식(work ethic)에도 도움이 된다. 무엇보다 믿음이 전부인 세상이다. 순리에 따라 권장하고 도와주면 오히려 이득이 된다. 감히 신 앞에서 딴짓하기는 어려울 것이라고 현지 직원도 귀띔한다. 그럼에도 한편으로는 분명 망설여질 것이다. 종교를 직장에 끌어들여야 할까. 당장은 유보하며 일종의 중립 지대를 선언할 수도 있다. 하지만 결국 답을 줘야 하는 상황을 맞이할 것이다.

현지 생활을 하다 보면 충분히 겪을 수 있는 일이다. 어떻게 할 것인가. 각자 판단은 다를 수 있지만, 그와 같은 질문을 계속 던져야 하는 곳이 인도라는 의미에서 던지는 질문이다. 나의 경우, 나는 찬성 회사는 반대였다. 물론 개인의 의견보다 회사의 결정이 우선이었다. 그러나 과연 그것이 옳았을까.

1-4　　　　　　　　　　　　　**대홍수의 생존자가 한 일[직업이 곧 계급이다]**

인도의 문제로 또 하나 빠지지 않고 언급되는 것은 계급 사회에 대한 것일 텐데, 마침 종교 이야기는 곧 계급 이야기로 이어지므로 짚고 넘어가고자 한다. 이야기가 옆길로 샌다기보다는 일단 시작된 이야기가 유기적으로 연결되는 부분이다.

먼저 계급 사회의 기원을 밝혀 두자면, 바로 아리아인의 유입과 함께 종교의 기본 체계가 갖춰지던 시기, 사회 구성원의 역할을 나눈 것으로부터 비롯되었다. 여기서 인도에도 여느 문화권과 유사한 '물의 신화'가 하나 전해지는데, 어느 날 마치야(물고기 신으로 비슈누의 첫 번째 화신)를 구한 인연으로 계시를 받아 방주를 준비하게 되고, 대홍수가 일어나자 거기에 성인들과 '샘플'을 잔뜩 태워 북쪽 산맥에 내린 인물이 곧 인도에서 말하는 현 인류의 시조 마누인 것이다.

이처럼 구약 성경 창세기에 노아의 방주가 있다면 인도에는 마누 신화가 있는데, 방주에서 내린 마누는 의식의 통해 직접 자신의 짝이 될 여성을 빚어 내고 자손을 낳아 새롭게 번창한다. 그리하여 점차 하나의 사회를 이루게 되니 유지할 규칙을 만드는데, 익히 우리가 아는 '마누 법전'의 마누가 바로 그다. 이로써 신화의 인물은 역사적 존재가 된다.

그리고 마누 법전 속에 바로 인도 계급 사회의 원형이 담겨 있는 것이다. 일반적으로 인도의 계급이라고 하면 사제 계급인 브라만, 귀족과 무사 계급의 크샤트리아, 평민(상인과 농민)의 바이샤, 노예 계층인 수드라의 사성 계급으로 나뉜다고 알려져 있지만, 처음에는 일종의 역할 분담 내지 직능 구분이었을 뿐이다. 또한 해당 지역 사회의 필요와 형편에 따라 나뉘었을 뿐 꼭 사성 계급인 것도 아니었다(가령 세 가지 계급만 존재하기도 한다).

또한 신화의 각색일랑 거두고 역사적 상황에 맞춰 좀 더 정색하여 해석하자면, 결국 새롭게 정착한 소수의 지배 세력이 다수의 원주민을 효율적으로 다스리기 위해 정립한 사회 시스템이었다고 볼 수 있다. 계급의 체계를 세운 것에 더해, <베다> 등의 경전을 왜 소수의 사제 계급만이 구전으로 전승하며 종교의식과 관련된 이론과 지식을 독점했는지에 대해서도 그 이유를 미루어 짐작해 보면 금방 답이 나온다. 아는 것이 곧 힘이다.

마지막으로 (심지어 인도 사람들마저도) 인도의 계급을 카스트라고 부르지만, 사실 카스트는 인도에 없다는 점도 주지할 만한 대목이다. 영어식 표현인 카스트라는 말은 포르투갈어 카스타에서 비롯되었는데, 이는 원래 동식물의 종과 인간의 인종, 부족 등을 표현하는 어휘로, 바스쿠 다가마가 인도 항로를 연 이후 인도의 계급 사회를 잘 이해하지 못한 서구인들이 단편적이고 편협한 시각에서 임의적으로 쓴 말이다.

카스트보다는 사회 계층의 구분으로 색을 의미하는 '바르나'와 직업적 구분인 '자띠'로 이해하는 것이 옳다. '바르나'는 고대 사회로부터 이어진 태생적이고 전통적인 위계질서로 바로 사성 계급의 구분과 같다. 다만 오늘날엔 네 개의 계급만으로는 설명이 어려워 참고적인 구분일 수밖에 없는데, 이보다 '자띠'가 보다 유효한 개념이라고 할 만하다.

'자띠'는 원래 출생을 의미하는데, 출생에 따라 직능(가업)을 이어받으니 실질적인 역할을 맡아 지역 사회를 구성하는 수천 가지 집단의 구분이라고 볼 수 있다. 하나하나가 일상에서 직접적 관계를 맺는 기능 집단으로 한 마을에 수십 종, 전국적으로 수천 종에 이르는데, '바르나'가 전통적 카테고리에 그친다면 '자띠'는 그 사이의 행간을 빼곡히 메울 수 있다. 물론 시대의 변화, 직업의 세분화에 따라 그 구분은 더욱 광범위해지는데, 바로 그 점이 '자띠'의 유효함이기도 하다.

이로써 이름만 들어도 어느 정도 견적이 나온다. 격변의 시기 '돈으로 양반을 산 경우'가 없다고 말하기는 어려우나, 어느 지역의 어디 가문 출신으로 무슨 일을 하던 사람인지 유추가 가능하다. 굳이 뒷조사를 하지 않아도 자연스레 하나의 거대한 인적 지도가 펼쳐진다. 가문이 자랑스러운 사람은 당당히 이름을 내세울 것이고, 그렇지 못한 사람은 스스로 몸을 낮춘다. 가명을 쓰고 개명도 한다. 하지만 그 자체로 이미 벗어날 수 없다는 것을 자인하는 셈이다.

그런 까닭에 인도에서 인위적인 계급 사회의 해체란 사실상 불가능하다. "거긴 참 계급이 문제다."라고 하지만, 단칼에 잘라내지 못하고 인도 사회가 안고서 시간을 두고 서서히 숨이 죽여 갈 문제다. 1947년 카스트에 의한 차별은 법적으로 금지되었지만, 애초 카스트란 것이 법으로 정해져 있었던 것도 아니다. 반면 금지해야 할 만큼 차별이 존재해 왔기에 신분 이동의 기회가 주어지도록 보완하는 정책, 가령 일정 쿼터를 할당하는 정책도 마련되어 왔지만, 그 정책을 역이용하는 부작용에 거듭 고민에 빠진다.

아마도 계급은 종교 갈등과 함께 인도에 대해 가장 자주 언급되는 부정적 키워드일 것이다. 인권과 여성 문제 등도 따로 떼어서 설명할 수 없다. 다만 긍정과 부정 이전에 인도는 그러한 흐름을 통해 오늘날에 이른다. 누군가는 카스트의 시초라며 마누를 비방하는 사람도 있지만, 고대 사회의 원초적 본능을 이제 와서 탓하는 것은 의미가 없다. 오히려 그 흐름을 인지하고 이해를 바탕으로 상황에 따라 옳게 적용해 나가는 것이 중요하다. 단지 계급이라는 낱말이 가지는 부정적인 뉘앙스만 주목할 일은 아니다. 비판도 아는 만큼 가능하다. 무엇보다 인도도 다 알고 있다.

2장
아픔의 내공
(아프니까 인도)

잠시 여행의 기억을 떠올려 본다. 마침내 첫발을 내디뎠고, 자이푸르에 이르렀다. 불경스럽게도 거기서 기어이 코끼리를 타고 말았는데, 타자마자 후회했다. 신이나 영물이란 말이 무색할 만큼 시달린 탓에 잔뜩 생채기가 난 귓등을 보노라니, 마구 '악업'을 쌓는 기분이 들었다. 마침 함께 움직이던 일행이 말했다.

"들었어요? 얼마 전에 관광객이 코끼리한테 밟혔대요."

뜨끔했다. 가네샤의 심기가 매우 불편했던 모양이다. 이후로 다신 코끼리의 등을 탐하지 않게 되었다.[1]

코끼리 때문만은 아니었다. 인도를 여행할수록 땅바닥의 개미조차 밟지 않으려 의식하게 된다. 인도 신화에 따르면 그게 다 업보로 돌아온다니, 혹시 다음 생에 개미로 태어날 잘못이라도 저지를까 봐 찜찜하다.

---

1 너무 걱정할 필요는 없다. 코끼리와 종종 마주치지만, 이제 안전사고 예방이나 개체 보호 등을 이유로 좀 더 세심한 주의를 기울여 관리한다.

그림13 암베르성(Amber fort)을 오르내리는 코끼리.

앞서 언급했듯 실제 힌두교보다 규율이 엄격한 자이나교의 수행자는 혹여 개미라도 밟을까 봐 빗자루를 들고 다니고, 옷을 만드는 과정에서 일어나는 미필적 살생조차 막고자 아예 옷조차 입지 않는 경우도 있다(공의파·空衣派)고 했다. "에잇 밟았네. 다음 생은 망했다." 정도는 아니어도 인도를 알아갈수록 죄책감과 더불어 (존재하는지 모를) 다음 생을 의식하게 된다. 물론 숙소에서 도마뱀과 동거하며 모기를 내쫓으며 하는 말이니 너무 심각하게 받아들일 건 아니다. 그런 식으로 시나브로 인도에 젖어든다는 의미다.

인도에 적응함에 따라 거리 감각에도 변화가 생겼다. 델리에서 자이푸르까지는 기차로 다섯 시간, 연착 시간까지 감안하면 그보다 좀 더 걸렸는데, 그다지 멀다고 느끼지는 않았다. 한국에서는 꽤 지루함을 느낄 만한 거리다. 아마도 그것이 이동의 최대치에 가깝기 때문일 것인데, 인도에서 이 정도는 아무것도 아니어서 코끼리, 아니 지혜의 신과 만나는 것치고는 오히려 가깝게 느껴졌다. 가령 남쪽까지 가려면 며칠이 걸리는데, 그에 비해 자이푸르는 가벼운 몸풀이 수준이고, 연착 시간도 아직 감당할 만한 수준이다.

그처럼 인도에 가면 점차 척도 변화와 함께 거리 감각의 조절 과정을 겪게 된다. 그러므로 만약 (물리적, 심리적으로) 인도가 멀게 느껴진다면, 우선 축척부터 한국이 아닌 인도에 맞춰야 하지 않을까 싶다. 그러면 조바심이 줄고, 모든 게 느리고 멀게만 느껴지지 않는다. 물론 한국으로 돌아가면 언제 그랬냐는 듯 '빨리빨리'의 요요 현상을 겪게 되겠지만, 그럼에도 일단 한 번 맞추어지면 좀 더 편안한 마음으로 인도를 대할 수 있다.

한편, 솔직히 자이푸르의 첫인상이 썩 좋았던 것만은 아니다.

"이건 아닌데……."

델리나 다름없는 혼잡한 관광지의 모습에 나도 모르게 그런 말이 튀어나왔다. 그렇다고 자이푸르가 볼품없다는 의미일 리 없다. 힌두 라지푸트[2]의 흔적을 간직한 곳으로 오히려 볼거리의 향연이 눈앞에 정신없이 펼쳐졌다. 희뿌연 안개 속 무수한 인파를 비집고 달리며 핑크색 도시[3]의 찬란한 유적지를 쫓아다녔고, 코끼리를 타고 올라간 암베르 포트 역시 듣던 대로 화려했다. 특히 릭샤왈라에게 어디 특별한 곳 없냐고 물어 찾아간 잘 마할(물위의 궁전)은 당시만 해도 거의 날것에 가까웠다. 정비되지 않은 채 몽환적인 풍경을 배경으로 숨 멎을 만큼 황홀한 자태를 드러내고 있었다. 다만 문득 그런 생각이 들었다. 이것이 다일까, 뭔가 더 있지 않을까.

다음 행선지인 아그라도 마찬가지였다. 앞서 말했듯 델리, 자이푸르와 함께 '골든 트라이앵글'을 이루는 또 하나의 축이고, 마침내 타지마할과 마주하게 되었지만, 어쩐지 헛헛한 기분도 들었다. 마침 번잡한 관광지만 찾아다니는 일에 지쳐 있기도 했다. 거리는 모든 것이 뒤엉켜 혼잡했고, 가는 곳마다 아이들이 옷자락을 붙잡으며 손을 벌렸다. 정신이 하나도 없었다. 델리를 떠나면 다르지 않을까 싶었는데, 자이푸르나 아그라도 그에 못지않았다. 이대로 쫓기듯 관광지만 쫓아다니기는 싫었고, 다른 모습이 보고팠다. 그러한 심경의 변화가 초행의 인도에서 뜻깊은 전환점이 되어 주었다.

---

2 라지푸트족은 인도 서북부의 무사 계층이 성장한 세력으로 무굴 제국 시대 힌두의 항쟁을 상징한다. 그러나 원래 왕족 출신은 아니고 그 기원과 성분 또한 복잡하며 일부는 무굴 제국과 식민지 시대에 신임을 얻거나 기득권을 보장받은 경우도 있다.

3 자이푸르는 '핑크 시티'라고 불린다.

그림14 첫 번째 여행에서의 여로(북인도).

"더 깊이 가 보자."

그 다짐을 원동력 삼아, 본능에 이끌리듯 북인도의 동쪽으로 향했다. 본격적인 인도 이해의 여정은 아마 그때부터 시작되었던 것 같다. 보폭이 커졌고, 심중에 끝까지 가보고 싶다는 소망이 자리 잡았다. 달라진 건 여행만이 아니었다. 어느덧 인도에 대해 진지해지고 있었다. 처음엔 과연 괜찮을까 하는 의심과 망설임이 있었다면, 어느새 호기심으로 가득해져 있었다. (그땐 미처 몰랐는데) 그것으로 사실상 인도와 사실혼 관계를 맺은 셈이었다.

주로 기차를 탔고 가급적 여유로운 3층 침대칸을 이용했다. 사정상 가끔은 삼등석이나 입석을 경험했고 때에 따라 버스를 번갈아 타기도 했는데, 그러면서 점차 동진(東進)해 나갔다.

먼저 목표한 곳은 카마수트라로 잘 알려진 카주라호였다. 그곳에서는 종교의 변주를 경험했다. 음탕한 밀교의 기운이 돌지만, 실은 북인도에서 중세 힌두교 사원이 잘 보존된 곳이기도 했다. 험난한 세월, 무사히 살아남은 것이다. 델리 등지에서 본 현대 힌두교 사원은 (당시만 해도) 이슬람 유적지에 비해 다소 볼품이 없었고, 옛 건축물이 오히려 더 뛰어나다는 설익은 소감을 내뱉다가 비로소 옛 힌두 사원과 마주한 것이었다. 자전거를 빌려 동서남북의 사원을 하나씩 찾아 둘러보는데, 이후 인도의 종교에 대해 함부로 단언하지 못하게 되었다. 힌두교의 삼주신이 일체화된 신상에 이어 성을 통해 해탈에 이르는 밀교의 모습을 보며, 감탄과 경악으로 출렁이는 바이킹에 탄 듯했다.

다음은 대표적인 힌두교 순례지인 바라나시였다. 가네샤의 아버지인 시

그림 15 카주라호의 90년대 말 풍경.

그림16 바라나시의 90년대 말 풍경.

그림17 부다가야의 90년대 말 풍경.

바의 도시로, 그곳에서는 삶과 죽음을 목격했다. 미로와 같은 골목을 지나면 강가(갠지스) 강변의 가트(강가의 계단)가 나오는데, 성스럽고 탁한 강에 몸을 담는 순례객들이 보였고 얼마 떨어지지 않은 곳에 화장터의 연기가 타오르고 있었다. 화장터의 생경하고도 적나라한 풍경에 숙연해지는 한편, 그곳을 등지고 가트를 따라 강을 거슬러 조금 걷다 보니 일상을 살아가는 사람들의 모습이 보였다. 한편에서는 아이들이 연(鳶)을 날리는데, 그 모습을 보고 있노라니 절로 미소가 번지며 좀 전의 긴장감도 어느샌가 허공으로 날아가 버린 듯했다. 가트 위에 파노라마처럼 펼쳐진 인도 사람들의 인생, 어쩐지 조금은 수긍할 수 있을 것 같았다. 평생 그곳에 가는 것이 꿈이고, 죽으면 그곳에서 화장되길 원한다고 하던가.

그리고 부다가야였다. 부다가야는 대표적인 불교 순례지로 붓다가 보리수나무 아래에서 깨달음을 얻은 곳이다. 그곳에서는 마음이 편안했다. 가야에서 내려 오토릭샤를 타고 들어가는데, 어쩐지 모두 낯이 익은 듯 부다가야로 향하는 스님과 순례자들을 보자 괜스레 반가웠고, 특히 젊은 티베트 승려들이 서로 물장난하는 모습에 긴 여정의 피로가 절로 씻기는 듯했다. 거기에 이르기까지 솔직히 편안한 여정과는 거리가 멀었지만, 누군가 오체투지를 하는 모습에 한가한 여행자의 투정이란 부질없게 느껴졌다. 세상 사는 일에 비하면 여행은 어쨌든 즐거운 일이었다. 카르페디엠.

물론 고비는 있었다. 지금 이 순간에 충실하라는 말이 몹시 미워지는 순간이었다. 인도의 달마(다르마)를 좇아 동쪽으로 가는 길에 며칠 배앓이를 했던 것인데, 다소 고단한 여정을 이어간 것이 결국 탈이 나고 말았다. 병원을 가 봐도 소용이 없고 그만 여행을 중단할 생각까지 했다. 그나마 다행이었던 건 내일도 아니면 정말로 포기해야 한다는 절박한 마음으로 잠이

든 다음 날, 정말 거짓말처럼 몸 상태가 한결 나아졌다. 훨씬 난감한 일을 겪는 여행자들(가령 말라리아로 고생한 경우)도 보았고 별일 아닌 것을 극적으로 각색하는 것일지도 모르지만, 몸이 회복되자 호되게 당했다며 겁을 먹기보다는 계속 여행할 수 있어 다행이라는 기분이 들었다. 아팠으니, 아플수록, 가능한 한 끝까지 가 보고 싶다는 마음이 간절해졌다. 물론 며칠 드러누운 탓에 시간은 더욱 촉박해져 있었다. 그래도 당장 할 수 있는 일을 할 뿐, 가는 데까지 가 보는 수밖에 다른 방법이 없었다.

해야 할 일을 하라.

그건 <바가바드기타>의 핵심 메시지이기도 했다.

2-1   해가 지지 않는 나라의 후유증

이 글에서도 해야 할 일이 있으니 다시 본론으로 돌아온다.

앞에서 성난 젊은이를 핑계 삼아 단골로 언급되는 인도의 문제에 대해 살펴보았다. 그리고 그건 단지 문제가 아닌, 인도의 정체성과 연결되며 그곳의 공식이자 해답이라고 했는데, 안고 가야 할 부작용이 없지 않으나 미래의 잠재력 또한 같은 곳에서 찾을 수 있다고 했다.

물론 "그 아픔까지 사랑한 거야~"라고 노래 부르는 건 아니다. 문제와 부작용 또한 간과할 수 없다. 이는 분명 아킬레스건이 되어 인도의 발목을 잡아 왔는데, 그 근본적 원인과 별개로 아픔의 지속과 증폭엔 또 다른 이유가 있다. 그리고 식민지 시대 영국이 어떻게 무역 회사(동인도 회사)와 소규모 군대만으로 인도를 지배할 수 있었느냐는 의문에 대한 답 또한 거기서 찾을 수 있다.

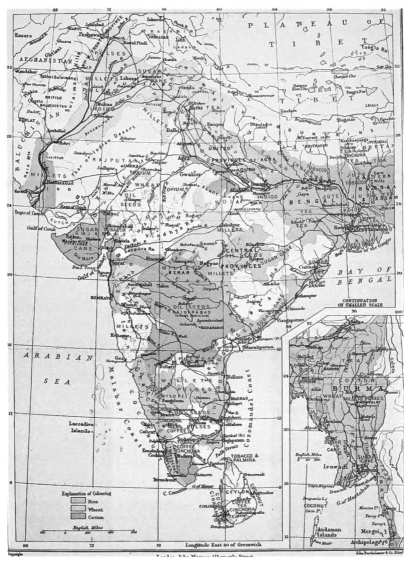

그림 18 영국령 인도 제국 시대의 농산물 지도(1911년).
- 쌀, 밀, 면화와 더불어 차, 사탕수수, 아편 등을 포괄함.

① 반간계의 묘책

무굴 제국이 점차 쇠락하던 시기, 인도는 시대의 흐름을 놓치고 말았다. 뿔뿔이 흩어진 대륙은 앞다투어 진출하는 유럽 세력을 다소 안이한 상태에서 맞아들였는데, 처음 그들은 별로 가치 없는 거래품을 가져와 후추 같은 귀한 향신료를 얻어가다가 곧 종자까지 내어달라고 했고, 씨앗은 가져가도 인도의 날씨까지 가져가지는 못한다고 하자, 해안선을 따라 이곳저곳에 깃발을 꽂기 시작했다.

종국에는 인도를 농업 생산 기지로 삼아 손수 철길을 내고 키우는 족족 그 산품을 통째로 실어 날랐는데, 중국의 씨앗과 재배 기술을 몰래 빼돌려 인도에서 차를 재배했고 인도를 양귀비의 산지로 삼아 동남아에서 가공한 아편으로 중국인들을 잔뜩 취하게 만들기도 했다. 중국은 또 그런 이유로 인도를 은근히 탓하기도 하는데, 그보다 인도나 중국 모두 노골적인 야욕을 드러낸 외세에 농락당하며 매우 곤란한 일을 겪어야 했던 것이 사실이다.

이를 가능케 했던 것이 반간계(反間計)다. 당시 무굴 제국은 쇠퇴해 거죽만 남은 시대였다. 중부의 마라타 동맹을 중심으로 북쪽엔 벵골, 오우드, 로힐칸드, 남쪽엔 카르나티크, 하이데라바드, 마이소르 등이 각기 독자적인 세력을 이뤘고, 대내외적으로 지속된 분쟁으로 정세는 몹시 불안했다. 그 틈을 타고 유럽 열강은 인도에서의 거점 확보에 열을 올렸고, 그 가운데 영국과 프랑스의 주도권 싸움이 치열[4]해졌다.

물론 전 세계를 식민지 쟁탈전의 무대로 삼았던 만큼 현실적으로 한

---

4   당시 해결사로 파견된 인물이 영국의 로버트 클라이브와 프랑스의 조셉 프랑수아 뒤플렉스다.

곳에만 모든 자원을 집중할 수 없었다. 그러므로 최고의 가성비를 추구한 전략의 핵심이란 곧 무역 회사(동인도 회사)의 파견과 현지 용병(세포이[5])의 고용이었다. 기본적으로는 오늘날 다국적 기업의 현지 진출 및 인력 아웃소싱과 다를 바 없다(과거 알렉산더도 원정 중에 충원한 병력으로 군대를 꾸렸다). 소수 정예의 조직과 함께 선진화된 툴을 제공하고 현지에서 값싼 노동력을 조달했다. 현지인 입장에서도 급여와 근무 조건이 좋은 외국계 기업의 매력적인 일자리가 생긴 것이었는데, 신분의 차별이 없는 새로운 기회이기도 했다. 다만 무역이라는 명분으로 거부감 없이 접근한 이면에 음험하게도 식민지 경영의 기본 체계를 서서히 다져 가고 있었던 셈이다.

인도라는 무대로 스며든 이후로 반간책이 십분 발휘되었다. 전개된 흐름은 다음과 같았다. 먼저 영국과 프랑스가 군사적 쇼케이스를 벌였다. 남인도의 카르나티크를 본인과 상관없는 분쟁(카르나티크 전쟁[6])에 끌어들였는데, 여기서 유럽의 근대식 무기로 잘 훈련된 세포이를 선보이며 유럽식 군대의 경쟁력을 보여줬다.

이는 인도 내 분쟁이 격화되어 가는 상황에서 매력적인 카드로 보일수밖에 없었다. 분쟁 당사자로서는 당장 존망의 명운이 걸렸으니 이것저것 가릴 것 없는 상황이기도 했지만, 병력의 구성이 (소수의 파견 장교에 최신식 무기로 훈련된 다수의) 현지인들이라는 점에서 외세에 의존하는 모양새만은 아니라는 착시 효과도 있었다.

어쨌든 이는 이후 인도에서 벌어진 집안싸움(영토 분쟁 및 왕위 계승 문제)에서 영국과 프랑스가 개입하는 계기가 되었다. 프랑스가 한쪽을 지원하면 영국이 질세라 다른 쪽을 지원하는 식이었는데, 번갈아 지원하다 보

5 　동인도 회사가 영국인 장교 밑에 고용한 인도인 용병으로, '병사'를 의미한다.
6 　1차(1744~1748년), 2차(1750~1754년), 3차(1758~1764년) 세 차례에 걸친 분쟁이다.

니 분쟁이 쉽사리 해결되지도 않을뿐더러 각기 친영과 친불의 정권을 오가며 집안일을 스스로 해결하지 못하는 상황으로 이어졌다. 절대 (영원한) 친구란 없는데, 팔랑귀가 되어 버렸다.

그러자 노골적인 본색을 드러낸 영국과 프랑스는 지원의 대가로 착취에 가까운 조건을 내걸었고, 일단 급한 불을 끄려다 갚지 못할 빚이 쌓이고 마니(일종의 고리대금이다), 그것을 명분으로 직접 사람을 보내 내정에 간섭(막후 조종)하기에 이르렀고, 사실상 껍질만 남은 꼭두각시 정권으로 전락하고 말았다. 영국과 프랑스로서는 최소의 투자로 최대의 성과를 낸 셈인데, 호수 위를 우아하게 떠다니는 오리의 두 발처럼 겉으로는 격조 있는 듯 속으론 꽤나 교활한 간계를 부린 셈이다. 쉽게 말해 대륙의 분열된 틈새를 노린 이간질인데, 다양성을 먹고 자란 인도의 강점 대신 치명적인 약점이 드러난 순간이기도 했다. 뭉치면 강하지만 흩어지면 약하다.

　장군멍군, 두 나라의 경쟁은 플라시 전투(1757년)에서 판가름났다. 영국 동인도 회사가 벵골의 토후국과 프랑의 동인도 회사 연합에 승리를 거두며 결정타를 날린 것인데, 사실 전투 자체는 싱거웠다. 버티고 있었을 뿐 실질적인 승부는 이미 인도가 아닌 다른 곳에서 갈렸고, 대세에 지장 없는 전투의 승리는 영국에 돌아가며 단시간에 끝났다. 다만 일종의 마일스톤이랄까, 이로써 인도에 대한 주도권은 영국에게 완전히 넘어갔다.

　순진하거나 오만하거나, 그도 그럴 것이 일찍이 찾아온 손님은 많아도 굳이 멀리 밖을 내다볼 필요 없던 곳이 인도였을지도 모른다. 내수에 초점을 맞추다 보니 바깥 세계를 간과했고 시대의 흐름을 읽지 못했다. 물론 일찍이 누군가는 걱정스러운 마음으로 앞을 내다보았지만, 그 누군가도 많고 다양한 인도의 일부였을 뿐이다.

② 항쟁이 되지 못한 반란

반간계는 영국 식민지 시대의 통치술로 이어졌다. 영국인들은 이제 와서 "화내면서 뒤돌아보지 말라." 라고 노래하겠지만[7], 내부의 알력 다툼은 물론 종교적 갈등도 이용했는데, 그것이 바로 식민 지배의 핵심인 '분리 통치(divide and rule)' 정책이었다. 원래 친구끼리는 정치나 종교 얘기를 하지 않는 게 불문율이지만, 친구 할 생각은 없었던 셈이다. 교묘히 부채질한 분노와 갈등은 서로를 향했고, 그 사이 영국은 중재자 역할을 자처하며 실리를 취했다.

이에 관해서는 벵골 분할령[8]이 가장 좋은 예일 것이다. 인도 내 반영(反英) 움직임을 예의 주시하던 영국은 민족주의 운동이 가장 활발했던 벵골주를 분할하고 낙후되었다는 명분으로 무슬림에게 혜택을 주는 등 힌두와 무슬림 공동체를 의도적으로 분열시켜(갈라) 그 결집을 막았다. 이후 벵골 분할령은 철회되지만, 힌두와 무슬림은 이미 돌아올 수 없는 강을 건넌 다음이었는데, 불난 집에 부채질하듯 아물지 못한 오랜 상처는 더욱 벌어졌다. 다만 꾀를 너무 부리면 탈이 나는 법. 영국도 초심을 잃고 오만해진 결과, 예민한 부분을 건드리며 동인도 회사를 통한 간접 통치의 한계를 드러내고 마는데, 그것이 곧 세포이의 항쟁이다.

앞서 언급했듯 세포이는 영국 동인도 회사에 고용된 현지 용병으로 주로 힌두와 무슬림으로 구성되어 있었다. 세포이 항쟁이 발발(1857년)했던 당

---

7   영국 브릿팝 밴드 오아시스의 대표 히트송 <Don't look back in anger>로 리더 노엘 갤러거가 노래한다.

8   1905년 총독 커즌에 의해 시행된 것으로 무슬림 다수의 동부와 힌두 다수의 서부를 각기 독립 주로 개편했다.

시 전체 영국군 병력에서 세포이가 차지하던 비율은 80%에 달했는데, 이들의 불만은 점차 가중되고 있었다. 군대에 선교사가 부임하고 순장을 금지하며 재혼을 합법화하는 등 겉으로는 구습을 고친다는 명분을 내세웠으나 종교 및 관습상의 반감을 사게 되었다. 또한 세포이의 규모가 커지자, 재정 부담을 이유로 처우가 나빠졌는데, 기본적으로 한계가 있는 진급 체계에도 불만을 품게 되었다.

이러한 상황에서 직접적인 방아쇠를 당긴 것은 새롭게 지급된 장총이었다. 문제는 탄약통이었는데, 방수 및 화약이 빠지는 것을 방지하며 탄약통을 싼 종이에 동물성 기름이 첨가되었던 것이 문제였다. 총을 장전하기 위해서는 먼저 이 종이를 입으로 물어뜯어야 했으나, 소나 돼지의 기름이 쓴 까닭에 소(힌두)를 신성시하고 돼지(무슬림)를 금기시해 왔던 세포이들이 크게 반발했다. 이를 종교적 멸시라고 받아들였고, 탄약통의 수령을 거부하며 지휘관과 정면 대치하는 상황에서 항명하자, 주동자를 사형하는 등 가혹한 처벌이 내려졌고, 이에 군사 반란이 일어났다. 여기에 동인도회사에 합병되었던 토후국과 민간 세력 등이 가담하며 대대적인 항쟁으로 번졌다.

하지만 알다시피 세포이 항쟁은 실패로 끝났다. 여기서 그 배경을 눈여겨볼 필요가 있다. 걷잡을 수 없는 불길처럼 번져 일부 지역은 영국의 지배력이 마비되기까지 했으나, 다시금 틈을 보이고 말았는데, 그 원인은 결국 동상이몽에 있다. 일부는 무굴 제국의 복권에 힘을 실으려고 했고 이 때문에 지역에 따라서는 동인도 회사를 지지하거나 중립에 머무르기도 했다. 무굴 제국의 회귀를 명분으로 삼은 까닭에 이해가 서로 달랐고, 이로써 동력을 상실한 채 항쟁의 불길은 흩어지고 말았다.

그림 19 세포이 항쟁의 흔적, 델리 플래그스태프 타워[9].

9 캄라 네루 리지에 위치한 곳으로 세포이 항쟁으로 델리가 포위되었을 당시 영국인과 기
   독교인들이 이곳으로 피신했고, 전세가 뒤바뀐 이후 세포이가 끝까지 격렬하게 저항했
   던 장소다.

이를 두고 하나로 통합되지 못한 것을 탓할 수 있으나, 당시로서는 인도라는 개념조차 없었다는 점을 고려해야 한다. 일찍이 명확한 주체가 없는 항쟁은 실패로 이어질 수밖에 없고, 더욱이 세포이 항쟁은 영국을 향한 투쟁이라는 명분 이전에 종교 관습을 존중하지 않은 불만과 용병에 대한 처우 악화에서 비롯된 반란이었다. 이를 계기로 삼아 반란이 전국적으로 확산하며 항쟁이라는 의미를 더하게 되었으나 명확한 구심점이 없는 한편, 결코 이슬람 세력의(무굴 제국의) 복권이 그 명분이 될 수는 없었다.

역설적으로 이는 동인도 회사를 통한 간접 통치의 시대의 끝을 알리는 것이기도 했다. 결국 영국이 교전의 주도권을 잡았고(1858년) 이듬해 세포이 항쟁은 완전히 진압되었는데, 이후 동인도 회사는 해체되었고 이른바 인도 제국이 출범(1877년)[10]하며 영국이 직접 인도를 관할하기에 이르렀다.

이후 영국은 한때 동인도 회사의 기점이자 영국령 인도의 수도로 독립운동의 중심지였던 캘커타(지금의 콜카타)에서 델리로 수도를 이전(1912년)했는데, 당시 극비리에 계획을 추진한 영국은 조지 5세의 즉위식에서 수도 이전을 기습적으로 선포했다. 표면적인 명분은 그럴싸했다. 캘커타는 동쪽으로 치우쳐 있어 지리적으로 동서를 잇는 델리가 국가 운영에 있어 유리하고, 철도 등 사회 간접 시설 또한 유기적으로 연결되어 있으며, 기후적으로도 여름 수도 심라에 가깝다는 것이었다.

그런데 인도 진출 이후 줄곧 중요한 교두보 역할을 해온 캘커타를 영국이 굳이 버리려고 했던 이면엔 또 다른 의도가 숨어 있었다. 다름 아닌 앞서 언급한 벵골 분할령과 관계있는데, 거센 저항으로 벵골 분할령을 철회해야 할 처지에 놓인 영국이 이를 만회하기 위해 꺼내든 묘책으로, 벵골

---

10 영국령 인도로 영국 국왕이 인도 황제를 겸해 지배한 식민 제국이다.

의 분할로 힘을 빼기 어렵다면 아예 수도를 옮겨버리겠다는 계산이었다. 졸속에 가까웠던 준비 과정과 더불어 설령 독립운동의 심지 자체를 통째로 뽑으려는 음흉한 본심을 간파했다 한들, 반발하기 어려운 묘수였던 까닭은, 종교, 역사적으로 델리가 힌두와 무슬림 모두에게 마음의 고향이기 때문이다. 실제로 당시 식민 정부의 총독이었던 하딘즈는 이에 관한 기밀 문서에서 콘스탄티노플이나 고대 로마의 재림 등을 언급하기도 했다.[11]

③ 갈등의 증폭

세계 대전을 거치며 영국 식민지 시대도 끝을 알렸다. 제2차 세계 대전 이후 인도의 독립은 거스를 수 없는 흐름이 되었고, 1946년 영국은 인도 독립안을 발표하기에 이르렀다. 다만 상처의 틈은 이미 크게 벌어져 있었다. 다시 동상이몽이었다. 특히 독립의 방향성을 두고 힌두교와 이슬람교의 생각이 다를 수밖에 없었는데, 한때 통합을 큰 방향성으로 두기도 했으나, 결국 현실적으로 이루기 어려운 이상이었다.

    인도는 힌두교와 이슬람교 간에 내재했던 갈등이 점화되며 걷잡을 수 없는 혼란의 국면에 접어들었다. 앞서 보았듯 이는 두 종교의 오랜 역사적 갈등 관계에 이를 악용한 식민지 시대의 정책이 더해 증폭된 결과이자 후폭풍이었다. 당시 인구의 약 30%를 차지했던 인도-무슬림은 독립의 기회에 반드시 분리된 회교국가의 건설을 관철하려 했고, 그 과정에서 충돌이 일어나며 대규모 유혈 사태가 발생했는데, 기어이 '마그마'가 터지고 말았다.

당시 무슬림이 다수였던 캘커타에서는 오히려 이슬람 국가 참여에 반대

---

11 참고 문헌, <1911년 영령 인도의 수도 이전에 관한 연구 - 델리 수도 이전 결정의 역사적 배경과 식민정부의 논의 과정을 중심으로, 한국외국어대학교 신민하>

그림 20 분리독립의 혼란과 비극.

하며 약 2만 명의 사상자와 15만 명의 난민이 발생하는 사상 초유의 사태가 발생했고, 이러한 비극은 전국적으로 확대되어 약 1,500만 명의 난민이 발생했다. 각자 삶의 터전을 버리고 떠나야 했고 죽지 않고 살아남아야 했다.[12] 오랜 종교 갈등 때문만이 아니라 이를 지속해서 부채질했던 식민 통치술로 인한 재앙에 가까웠고, 곧 사람에 의해 일어난 재난, 인재(人災)라고 볼 수 있었다.

결국 인도와 파키스탄은 분리 독립하게 이르렀다. 일종의 '출구전략'을 마련하고자 영국이 중재자로 파견한 왕실 신사(마지막 총독 마운트배튼)는 양측의 동의 하에 562개에 달했던 인도 내 토후국들이 지리적 인접성과 종교 분포에 따라 자발적으로 인도와 파키스탄[13]을 선택하도록 했다. 그러나 다들 가족의 피를 보았으니, 이미 그러한 '분리'만으로 봉합될 문제가 아니었다. 이후 국내외 분쟁과 테러 그리고 보복 등이 이어지며 지금에 이르는 것이다.

마찬가지로 당시 지도에 선을 긋듯 임의적으로 국경을 나눈 것이 오늘날의 국경 분쟁으로 이어진다. 물론 그만두고 떠나는 '퇴사자'에게 이것저것 요구할 수 없고, 당사자가 서로 잘 협의해 합의를 봤어야 할 문제였지만, 이제 와서 바른말만 하기에 급박했던 당시는 이상적인 상황과 거리가 멀었다. 겨를이 없는 사이 많은 중요한 결정이 내려졌다.

이로써 인도와 파키스탄은 앙숙 관계가 되었는데, 이후로도 양국 간엔 직간접적인 도발과 군사 충돌이 이어져 왔고, 테러 사건 또한 빈번히 발생해

---

12 당시에 관한 묘사는 참혹한 사진으로 남아 있고, 그 아픔은 영화 등을 통해서도 자주 소개된다.
13 당시의 동서 파키스탄은 다시 파키스탄과 방글라데시로 나뉘게 된다.

왔다. 가령 뭄바이 테러 사건과 카슈미르 지역의 테러는 그 배후로 파키스탄이 지목된다.

지금도 두 나라의 국경에는 긴장감이 흐른다. 마치 현실에 존재하지 않는 화합을 노래하듯 양측이 맞닿은 곳에서는 매일 멋진 국기 하강식이 거행[14]되고, 서로 '내 다리가 더 높아!' 식의 댄스 배틀을 하며 이를 보기 위한 관광객 또한 잔뜩 모여들어 이게 과연 분쟁국 간에 있을 법한 일인가 싶지만, 사실 보기와는 다르다. 온몸의 각을 살벌하게 끌어 올리는 병사들의 몸짓이 겉으로는 재밌어 보여도 진정 피 튀기는 사이에 벌이는 살벌한 기 싸움인 셈이다. 다른 곳에서는 전혀 다른 일이 벌어지며, 그것은 소프트한 여행 프로그램에서는 아름답게 순화해 다루지 않는 내용이다.

파키스탄은 인도 정치 및 외교의 기조를 짐작할 좋은 단서다. 일단 인도는 파키스탄에 반대하고, 파키스탄 또한 마찬가지다. 여기에 더해 중국과 러시아 그리고 미국과의 관계도 상황에 따라 상당 부분 설명이 가능해진다. 인도 국내 정치도 마찬가지다. 말하자면 꼭 '우리의 소원은 화해'라며 해결의 의지를 보이는 문제는 아닌 셈이다. 경우에 따라 해묵은 분노와 증오를 표출하고 심각한 갈등을 야기하며, 해빙 무드로 접어들었다가도 다시 '저쪽'을 향한 적개심을 부채질하는 것엔 정치적 계산과 포석(편 가르기, 내부 단속 등)도 깔려 있음을 알 수 있다.

하물며 영화를 보아도 그렇다. 때마다 인도 극장가엔 '영원한 적수(파키스탄)'의 도발에 대항하는 애국주의 영화가 개봉한다. 그리고 이를 통해 두 가지를 느낀다.

---

14 1959년부터 시작한 행사로 매일 오후 6시 인도와 파키스탄의 국경 도시 카수르(와가보더)에서 열린다.

그림 21 양숙 간의 댄스 배틀, 와가보더(출처: 인디아타임즈).

적의 적은 나의 친구다. 그리고 증오는 나의 힘이다.

한편 독립 이후 겪은 인도의 부진은 분명 식민지 시대의 후유증이기도 했다. 자원 공급의 기지로 삼아 농업 생산물의 수탈에 집중하며 인도의 산업화를 의도적으로 지연시킨 부작용이라는 것인데, 지금은 다들 인도가 새로운 파트너이자 기회가 되기를 고대하지만, 당시는 인도가 적당히 후진적 구조에 머물러 있기를 원했던 셈이다. (만약이란 말은 의미 없으나) 그러지 않았다면 인도 역시 산업화의 물결에 따라 자연스럽게 변모했을 것인데, 중요한 타이밍에 실기하고 말았다는 의미다.

이후 나름의 계획은 있었으나 실패와 시행착오로 인해 결과가 신통치 못했고 이렇다 할 반전을 보여 주지 못한 채 꽤 긴 시간 답보 상태에 머물렀다. 그 사이 영화의 '성난 젊은이[15]'처럼 부패한 기득권과 사회 부조리를 향해 성토했고, 때로 치밀어 오르는 화를 나쁘게 헤어진 상대(파키스탄)와 공존하는 불편한 대상(인도-무슬림)에게로 돌렸다.

① 춤추는 영화관

뚜렷한 해답을 찾을 수 없는 것이 현실이었다면, 영화관은 춤추고 노래하고 카타르시스를 느끼며 아픔을 달랜 창구였다. 그래서 영화는 인도 대중문화를 대표하게 되었고, 인도는 미국 할리우드에 이은 세계 최대 규모의

---

15 공교롭게도 1950년대 기성 사회의 질서와 제도, 기계 문명의 비정성, 문화 풍토의 보수성을 날카롭게 비판한 영국의 작가들을 이르는 말이 '성난 젊은이들'이기도 하다.

영화 시장으로 성장했다.[16]

　다시 말해 '인도는 영화'다. 식민지 시대 영화 역사의 시작과 거의 함께해, 무성 영화와 유성 영화의 시대를 거쳐 사회상을 반영한 리얼리즘 드라마로 이어지다가 일찍이 세계 영화사에 남을 기념비적인 작품을 내놓으며 작품성과 예술성을 인정받았고, 여기에 우울한 시대상을 반영한 코미디 신파에 춤과 노래가 가미되었으며, 부조리한 사회에 대한 젊은이들의 응어리를 표출한 '성난 젊은이' 시대를 통해 상업적인 성공을 거두며 오늘에 이른 것이다.

신화와 역사극뿐 아니라 불의를 향한 정의의 통쾌한 복수와 승리, 어려움과 갈등 속에 쟁취한 사랑 등을 그린 영화는 큰 성공을 거두었고, 극장에 운집한 수많은 관객들이 열광하며 '한(恨)'과 '흥(興)'을 망라한 듯한 영화 속 춤과 노래에 몸을 맡겼다. 그러므로 인도 영화를 소개할 때 '춤추는 영화관'이라고 표현한다. 어떤 비유나 은유가 아니라, 말 그대로 춤추는 영화관이다. 예로부터 입지전적인 인물이 신으로 여겨진 곳이니, 당연하게도 몇몇 인기 배우는 거의 '신'이나 다름없는 인기를 구가하게 되었고, 영화 속 영웅의 모습에 감응한 수많은 젊은이들이 '발리우드 드림'을 꿈꾸며 도시로 몰려들었다. 물론 현실은 녹록지 않았지만 말이다.

이제 인도 영화는 각 지역 및 언어별로 고유의 영화권이 형성되어 있을 만큼 내수 자체만으로도 이미 거대한 규모를 자랑하며 수많은 인력이 종사하는 산업으로 성장했다. 인도 국내만 해도 여전히 공급이 수요에 미치지

16　연간 영화 제작 편수는 1,000편 이상, 연간 티켓 판매량은 27~32억 장, 연간 입장료 수익은 16~22억 달러. 티켓 판매량은 북미(13억 장) 대비 2~3배에 이른다.

영화의 소개		1895년	뤼미에르 형제가 시네마토그래프 공개.
		1896년	뤼미에르 형제의 세계 최초의 영화 <열차의 도착(Arrival of Train)>을 관문 봄베이를 통해 식민지 시대 영국인 상대로 상영.
인도 영화의 시작		1913년	무성 영화이자 최초의 장편 영화로 인도 영화의 아버지 고빈드 필케가 감독한 <하리시찬드라 왕(Raja Harishchandra)> 개봉.
			대부분 대서사시 마하바라타, 라마야나를 소재로 한 영화를 만듦.
춤과 노래의 시작		1931년	첫 번째 유성 영화로 아르데시르 이라니 감독의 <세상의 아름다움(Alam Ara)> 개봉.
리얼리즘 드라마와 지역 예술 영화의 걸작 등장		1950년대	1953년 타고르의 시를 바탕으로 한 비말 로이 감독의 네오리얼리즘[17] 드라마 <도 비가 자민(Two acre of land)> 개봉.
			1955~1959년 사티야지트 레이 감독의 벵골어 영화로 어린이, 10대, 20대에 걸쳐 아푸의 인생을 다룬 걸작 <아푸 3부작> 개봉.
			<길의 노래(1955년)>(칸 영화제 특별상), <불굴의 인간(1956년)>(베니스 영화제 황금사자상), <아푸의 세계(1959년)>.
코미디 신파		1960년대	코미디에 개인의 슬픔을 담은 신파극으로 라지 카푸르가 찰리 채플린식 연기를 선보임.
			인도 전통춤과 댄스의 접목으로 발리우드 댄스의 기틀을 마련함.
성난 젊은이 시대		1970~ 1980년대	사회에 대한 불신과 좌절을 대변해 거칠고 반항적인 영웅과 법 대신 정의를 구현하는 경찰 등이 주인공으로 등장함.
			서부극, 사무라이 영화와 유사한 형식에 다양한 장르를 버무린 마살라적 특징이 두드러짐.
			대표작으로 국민 배우 아미타브 바찬의 <잔지르(Zanjeer)>, <화염(Sholay)>등이 있음.
발리우드의 성장과 오늘		1990년대 이후	3대 칸(샤룩 칸, 아미르 칸, 살만 칸)의 전성기와 함께 상업적으로 큰 성공을 거둠.
			중산층의 성장과 함께 시장이 급격하게 성장하며 인도형 블록버스터가 등장함.
			마살라 영화 위주에서 장르의 다변화로 이어짐.

그림 22 인도 영화의 발전 과정(영화의 시작부터 지금까지).

못하는 까닭에 과거의 단일 영화관 대신 점차 멀티플렉스화하며 상영관을 늘려가고 있는데, 미처 제작된 영화를 다 개봉하지 못할 만큼 수많은 영화가 매해 제작되고, 매번 역대 제작비 기록과 흥행 기록을 경신해 나간다. 게다가 발리우드[18]를 중심으로 한 주류 상업 영화는 이제 유사 문화권을 포함해 세계로 파급력을 넓혀 가고 있는데, 최근 아카데미 주제곡 상을 받고 그 시상식에서 특별한 퍼포먼스를 펼친 모습은 매우 인상적이었다.[19] 아직 할리우드가 어떤 히어로를 내놓아도 뼈도 못 추리는 곳이 인도이기도 하다.

'춤추는 영화관'에 대해서는 개인적으로도 한 가지 추억을 간직하고 있다. 열차의 연착 시간이 길어져서 그 시간에 영화를 한 편 보기로 했다. 구시가지의 허름한 영화관이었고 외국인은 따로 보이지 않았는데, 다들 조심스레 나를 곁눈질했다.

영화는 샤룩 칸 주연의 로맨틱 코미디였다. 극이 진행될수록 점차 몰입한 관객들이 그의 표정 하나하나에 일희일비했다. 굳이 대사를 모두 이해하지 못해도 대강 내용을 알 수 있을 정도였다. 그렇게 감정이 고조되는 순간 갑자기 장면이 전환되더니 춤추고 노래하는 장면이 나왔다. 1부가 끝나고 인터미션이었다. 다들 우르르 나가 볼일을 보고 돌아왔다.

곧 2부가 시작되었고 극의 전개가 바뀌며 점차 클라이맥스로 향했다. 그러자 관객들은 조금씩 어깨를 들썩였고, 급기야 모두가 일어나 춤추고

---

17 1940년대 이탈리아 영화의 영향을 받아, 있는 그대로를 묘사하는 사실주의 영화를 뜻한다.

18 뭄바이를 중심으로 힌디어와 영어로 제작되는 영화를 의미하며 주류 상업 영화로 통한다.

19 영화 <RRR>, '라이즈, 로어(함성), 리볼트(저항)'의 한 장면에 수록된 춤과 노래로 2023년 아카데미 주제곡 상을 받은 <나초 나초>, 즉 <댄스 댄스>를 말한다.

노래 부르기 시작했다. 영화의 결말부터 엔딩 크레딧이 다 올라갈 때까지 영화관은 거의 축제의 풍경과 다름없었다. 분위기상 나도 따라 일어설 수밖에 없었다. 처음엔 수줍게 곁눈질하던 뒷좌석 관객들이 나더러 "따라 해 봐요, 이렇게."라고 하는 듯 춤 동작을 가르쳐 주었다. 몸치라는 것을 깜빡하고 조금 따라 했더니 모두가 함박웃음을 터트렸다.

뭐랄까 마치 영화관 자체가 한 편의 영화와 같았다. 막이 내린 뒤에도 흥분을 감추지 못하는 관객들 사이를 비집고 나오며 딱 그런 생각이 들었다. 이건 정말이지 춤추는 영화관이구나.

바로 그런 곳이 인도의 영화관이었다. 흥행, 성공이라는 말로는 부족했다.

하지만 여기서 인도 영화의 성공보다 중점을 두고 싶은 부분은 사실 따로 있다. '성난 젊은이', 실패와 좌절이 어떻게 '성공의 아이콘'이 되었는가에 있다. 앞서 언급했듯 곤궁과 결핍, 부조리한 시대에 대한 반항이 아이러니하게도 인도 영화의 성공에 있어 도화선이 되었다. 인도는 아픈 과거 또한 자양분으로 삼는 것, 말하자면 아픔이 남긴 유산이다. 잃은 것이 많고 실패를 미화할 수도 없지만, 분명 아프게 얻은 것을 오늘날 인도의 강점으로 치환해 내는 것이다.

② 대륙을 잇는 동맥

무엇보다 인도의 드넓은 국토를 동맥처럼 잇고 있는 철도부터 그렇다. 철도야말로 양가의 감정을 가지고 바라볼 수밖에 없는 식민지 시대(아픔)의 유산이다. 식민지 시대, 해상 세력이 인도를 지배하며 주요 항구[20]를 거점으로 삼았지만, 문제는 국내 운송이었다. 재배된 목화, 홍차, 아편 등을 주요 항구로 나르기 위한 수단이 필요했는데, 이때 건설된 것이 바로 인도의 철도였다. 말하자면 수탈의 통로였던 셈인데, 일찍이 그러한 운송 수단은 존재하지 않았고 철로가 광활한 대륙의 동서남북을 연결함으로써 효율적인 식민지 경영이 가능해졌다.

영국의 철로 기술 및 기술자와 수만 명의 현지 인력이 대거 동원되었고, 가장 먼저 봄베이와 그 광역권을 잇는 철로를 개통(1853년)하며 본격적인 철도 시대가 열렸다. 이어서 봄베이와 캘커타를 이으며 대륙의 동서 지역을 연결(1870년)했고, 주요 항구를 잇는 노선 또한 구축했다. 인도 자체로도 노선을 증설하며 확장을 거듭한 사이 1920년대엔 그 길이가 이미 6만 6,000km(지금의 절반)에 이르렀는데, 순식간에 혈이 뚫렸다. 비록 불순한 의도였으나 불과 반세기 만에 그 정도의 철로망을 구축했다는 건 놀라운 일이다.

한편 오늘날 인도 물류의 핵심 또한 철도다. 당시 만들어진 철로를 기반으로 발전한 것이 오늘날 드넓은 대륙을 잇는 동맥이 되었다. 이른바 세계에서 가장 규모가 큰 철로 중 하나[21]인데, 물론 철로를 대체할 운송 수단은 점차 다양해졌고 앞으로도 여타 필요한 인프라의 확충은 지속되겠으나, 국토의 크기가 남다른 만큼 시간이 걸리는 일이다(오히려 과거에 비해 더딘 느낌마저 든다). 이런 상황에서 철로의 존재는 독립 후 지금까지 인도를 하나로 묶어 주었고, 앞으로도 중요한 인프라로 역할을 할 것이다.

---

20 캘커타(콜카타), 봄베이(뭄바이), 마드라스(첸나이) 등의 해안 도시.
21 선로의 길이는 총 11만 5,000km(중복 선로 포함)에 이르고, 전체 7,172개의 역사가 세워져 있으며 매일 2,000만 명 이상, 연간 80억 명이 이용한다.

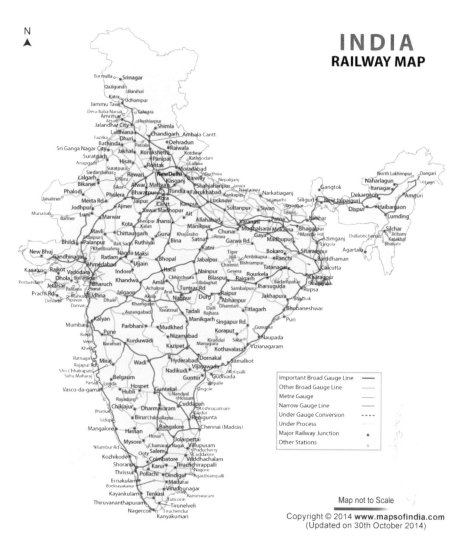

INDIA
RAILWAY MAP

Important Broad Gauge Line	
Other Broad Gauge Line	
Metre Gauge	
Narrow Gauge Line	
Under Gauge Conversion	- - - -
Under Process	
Major Railway Junction	•
Other Stations	□

Map not to Scale

그림 23 대륙의 동맥과 같은 인도의 철길.

아프지만 다행이라고 할까? 대국의 통합이란 우선 통하는 길부터 필요한데, 암울한 시기에 이뤄진 대역사로 많은 인명이 희생되기는 했어도 그것이 또 남아 오늘날 인도 어디로든 통하는 길이 되어 있다. 조금 떨떠름할지 모르지만, 무굴 제국 시대가 남긴 것이 타지마할(그밖에 유적지와 관광 명소도 포함)이라면 영국 식민지 시대는 철로란 생각도 든다.

③ 셰익스피어는 놔두고 가라

철도의 건설은 바야흐로 대영 제국의 황금기로 이어진다. 이에 앞서 전략적인 식민지화의 목적이 어느 정도 달성되며 자신감을 얻은 영국은 이를 유지하고자 인도 사회 전반의 변화를 꾀하는데, 바로 자신들의 사회 체제와 교육을 도입하는 일이었다. 이른바 식민지를 '문명화'한다는 명분이었다. 특히 영국의 사학자 토마스 바빙턴 매컬레이는 식민지의 국민을 교육해 영국과의 가교로 만드는 것이 그들의 의무라고 주장했는데, 영국식 문화와 시스템을 주입해 (그들이 보기에) 무지몽매(?)한 사람들을 일깨우고, 기호, 관념, 도덕, 지력 등에서 서로 소통 가능한 인도인 집단을 양성하고자 했다.

1834년 인도로 건너간 그는 이후 수년간 인도 자문위원회에서 활동하며 산스크리트어 교육을 영어 교육으로 바꾸고, 영어를 구사하는 인도인 교사를 현장에 배치하는 등 인도의 전통적 교육 방식을 서구식으로 대체하려 했다. 자신들의 것이 우월하다는 오만과 착각에서 출발하기는 했으나, 인도 역시 당시 현대 사회에 걸맞은 교육이 부재했다. 그에 대응하는 인력을 길러내지 못하면 (스스로 산업화를 꾀할 수 있었다고는 하나) 인도 또한 경쟁과 발전의 기회는 없었다. 또한 인도의 전통적 교육에 대해 말하자면 사회 전반에 해당하는 것은 아니었다. 간단히 말해 일부 계층에 해당하는 도제 방식의 종교 교육인데, 오랜 세월 지속해 온 고유의 교육 방식이라고는 하나, 그것을 대체하는 것과 별개로 현대적 교육과 인재 양성이 불가피했다.

물론 서구식 교육의 핵심은 영어였다. 영어 교육 또한 철도처럼 급속히 확대되었는데, 이와 더불어 서구식 사회 시스템이 이식되며 공무원, 교사, 회계사, 법률가, 기자 등의 직업이 등장했다. 곧 구직에 있어 영어 구사는 필수 조건이 되었고, 이에 따라 영어는 인도에서 통용되는 언어 가운데 하나로 자리 잡았다. 오늘날 인도는 영어를 (힌디어를 보조하는) 공용어로 쓴다.

유망 직업 또한 새롭게 부상했다. 특히 법(法)은 엘리트 계층이 변화하는 시대에 가문의 영광을 계속 이어 나가기 위한 분야로 여겨졌는데, 인도의 독립을 이끈 간디, 네루와 같은 인물도 바로 법을 전공하기 위해 일찍이 영국으로 떠난 유학파였다. 이처럼 서구식 교육을 받은 인도인들이 돌아와 인도 사회의 지도층과 중상류층을 이루는데, 대개 인도의 전통을 계승하면서도 의식주 등 생활과 문화 전반에서 영국의 영향을 받은 것이 그들이기도 하다. 또 일부는 해외 파견지에 남거나 영국 등지에 정착해 지금의 해외 이주민으로 자리 잡았다. 반면 기존 사회의 상류층(브라만)이라도 용병으로 일한 경우가 있는데(반란의 주동자이자 세포이 항쟁을 촉발한 망갈 판데이가 브라만 출신의 용병이었다), 변화에 기민하게 대응하지 못한 경우 오늘날 경제적 약자로 전락하기도 했다.

아무튼 영어가 공용어로 쓰인 결과 오늘날 인도는 적절한 시차와 함께 글로벌 기업과 24시간 협업이 가능한 경쟁력을 지니게 되었다. 가볍게는 일상적인 의사소통이 가능하고, 고급 영어를 자유자재로 구사하는 경우도 적지 않다. 또한 일부 고학력의 슈퍼 엘리트들은 세계로 진출해 정부, 기관, 기업 등에서 높은 지위를 얻고 큰 영향력을 발휘하고 있으므로 이제 한 나라의 유력 정치인, 글로벌 기업의 CEO가 인도 출신이거나 인도인의 피가 부분적으로 흐른다는 것은 그다지 놀라운 일이 아니다.

한편 정작 영국보다 먼저 영문학 교육을 시작한 곳은 인도였다. 물론 영어 보급을 통해 식민 통치를 굳히는 것이 목적이었지만, 그 상황에서도 좋은 점을 알고 품을 줄 아는 건 과연 인도다운 일이었다. 그래서 마침내 영국이 인도를 떠날 즈음, 그렇게 말했다.

"영국은 떠나도 셰익스피어는 놔두고 가라."

④ 우리도 즐긴다. 다만 다른 방식으로

식민 지배의 언어를 경쟁력으로 삼았다면, 밖에서 들어온 것을 자기만의 것으로 승화한 경우는 인도의 차(茶) 문화일 것이다.

특히 '짜이'는 오늘날 인도의 국민 음료다. 홍차와 밀크, 인도 향신료를 넣어 마시는 대표적인 생활 음료로 인도인들은 커피처럼 즐겨 마신다. 짜이는 찻잎을 장시간 끓여 우려내는데 그 방법은 식민지 시대 상품 가치가 떨어지는 홍차 잎을 사용한 것에서 기인했다.

사실 인도의 차 재배 기술은 영국이 중국으로부터 훔친 것이었다. 당시 영국은 중국산 차의 수입 비중을 떨어뜨리고 중국과의 무역 불균형을 해소할 대안으로 인도를 주목했다. 중국에서 종자와 재배 기술을 훔쳐 와 인도에서 재배할 생각으로 동인도 회사는 저명한 식물학자인 로버트 포춘을 고용해 중국으로 보냈는데, 당시 이는 오늘날의 첨단 특허 기술이나 다름없으니, 영국은 거의 007에 준하는 산업 스파이를 중국에 잠입시킨 셈이었다. 위장한 채 중국인 복장을 하고 출입 금지 구역에 들어간 포춘은 시행착오 끝에 마침내 종자와 재배 기술을 빼돌리는 데 성공했다. 종자만으로는 재배가 어려우니, 현지 기술자도 섭외해 몰래 데리고 왔다. 이후 실제로 인도에서 차를 생산해 내기까지 약간의 어려움을 겪긴 했지만, 어쨌든 중국산 차에 결코 떨어지지 않는 차를 인도에서 재배하는 데 성공했다. 중국엔 미스포춘(misfortune)한 일이지만, 이로써 인도는 중국을 대신하는 차 재배지로 급부상했고, 그 생산량은 점차 중국을 추월했다.

성공적으로 차를 재배한 데 이어 앞서 서술한 세계 최대 규모의 철로를 이용해 무역항으로 빠르게 유통했는데, 이는 단지 인도를 차의 주요 산지로 만든 것에 그친 것이 아니라 차 문화 자체를 인도에 이식하는 계기가 되었다. 물론 최초로 재배된 차는 주로 수출용이었다. 원래 인도인들에겐 차를 마시는 문화가 없었고 '티타임'이라는 개념도 없었다. 그러나 제1차 세계대전 이후 상황이 바뀌었다. 찻잎의 생산량은 늘어났지만, 수출이 부진해지자 내수 진작의 차원에서 인도에서의 소비를 적극 장려하기에 이르렀다. 오늘날 마트의 무료 시식 코너처럼 공공기관과 식당은 물론 철로를 따라 곳곳에 다관을 설치했고, 약 반년가량 대대적인 무료 시음회를 열었다.

그리고 역시 한 번 맛본 차 맛이란 잊기가 어려웠다. 이때부터 인도에서는 휴식 시간에 짜이를 마시는 '짜이 타임'이 시작되었다. 처음엔 판매가 부진한 재고품과 등급이 떨어지는 찻잎을 소비하려던 의도였지만, 이를 바탕으로 '인도 차 연합'이 설립되었고, 연구 시설이 마련되는 등 제반 시스템이 갖춰지며 인도인의 입맛에 맞게 개량(오늘날의 짜이)되었는데, 독립 시기 인도는 이미 대표적인 차 애호국이 되어 있었다.

그렇듯 인도산 차의 재배, 수탈품을 나르던 수단인 철도, 그 곁에 문을 연 다관과 짜이 문화까지 그 흐름은 무리 없이 이어졌다. 그렇다고 아무 이유 없이 인도인들이 짜이에 중독된 것은 아닌데, 과연 주어진 환경상 그 체질에 잘 맞았다. 일단 '짜이 타임'은 아찔한 날씨의 필수적인 휴식 시간이다. 또한 일상생활을 영위하는 데 도움이 되는 에너지 드링크로써 혈관 질환을 예방하고 신진대사를 촉진하며 콜레스테롤 수치를 낮추는 효험은 물론, 인도의 식수 환경상 물 대신 짜이는 매우 권장할 만하며, 이를 대체

할 탕 문화가 따로 없다는 점도 참고할 만하다.

오늘날 인도 사람들은 하루에 몇 잔이고 짜이를 마신다. 대략 아침에 한 잔, 출근하면 한 잔, 점심 먹고 한 잔, 오후에 또 한 잔…… 이다. 손님이 와도 물과 함께 꼭 대접한다. 현지 직원을 고용할 경우 하루에 몇 번의 짜이를 제공한다는 것이 고용 조건에 포함될 정도인데, 하루 일과 중 대여섯 잔 이상을 필수적으로 제공한다. 우리로선 좀 질리기도 하는데 "마실래 아니면 마실래?"라는 식으로 거듭 찻잔이 들어오기도 한다. 이것은 근로자들의 휴식 시간을 보장해 주는 것이기도 해 '짜이 타임'의 보장에 관해 근로자들이 민감하게 반응하기도 한다(제때 제공하지 않거나 함부로 줄이면 불만이다). 짜이를 만들어 파는 사람을 뜻하는 짜이왈라는 별도로 가게를 차린 경우도 있으나 행상의 형태가 많으며 기차역이나 장터, 길거리 등 사람들이 붐비는 지역에서는 어김없이 만날 수 있다. 기업의 경우 접객을 위해 자체적으로 짜이왈라를 둘 수도 있고 주변의 짜이왈라에게 정기적으로 제공받기도 한다. 시간이 되면 짜이가 담긴 주전자와 일회용 컵을 들고 나타나 그 자리에서 따끈따끈한 짜이 한 잔씩을 나눠 준다.

한편 북인도가 짜이라면 남인도는 커피인데, 차보다 이른 시기에 들여왔다. 17세기 메카 순례를 떠났던 인도-무슬림 사제 바바 부단이 커피 원두 일곱 개를 허리춤에 숨겨 몰래 밀수한 것이 시작이었다. 가져온 원두를 해발 1,800여 m의 찬드라기리에 심었는데, 그곳이 현재 바바 부단 기리로 불리는 곳이다. 여건상 대규모 재배 형식은 아니지만 남인도는 명실상부한 커피콩의 재배지[22]다. 인도-무슬림이 몰래 들여온 커피를 남인도 사람들은 짜이보다 즐겨 마신다.

이처럼 아픔이 성공과 가능성의 에너지로 치환된 경우는 인도에서 적지 않다. 더 나아가 관광 유산도 마찬가지라고 말할 수 있다. 전국적으로 다양한 문화 유적지가 넓게 펼쳐져 있어 이미 배낭여행자의 천국이라고 부르지만, 향후 관광 자원의 개발과 여건의 개선(접근성, 편의성, 안전성 등) 을 고려하면 관광 대국으로 발전할 잠재력은 충분히 가지고 있다. 시간이 걸리겠지만 잘 가꾸고 개발하면 조상의 유산만으로 먹고 사는 여느 나라 부럽지 않을 것인데, 그 찬란한 유산 중에는 힌두뿐 아니라, 이슬람과 식민지 시대에서 비롯된 아픔의 유산도 적지 않은 지분을 차지할 것이다.

물론 이것으로 가해자와 합의를 보란 것은 당연히 아니다. 아픔은 아픔이다. 다만 영광과 아픔의 유산 무엇이든 그 안에 능히 녹여 내는 다양성의 대식가, 그것이 곧 오늘의 인도며 내일의 인도가 발휘할 저력, 아픈 만큼 성숙하며 내공을 쌓았다는 의미다.

다시 여행의 기억이다. 인도 여행에서도 아픔의 내공이란 것이 조금 발휘될지도 모를 일이다. 우여곡절 끝에 나는 동쪽 벵골만의 해변 도시 푸네에 이르렀고, 거기서 다시 부바네스와르로 나와 장거리 기차에 올랐다. 첸나이(당시 마드라스)까지 곧장 내려가는 2박 3일, 38시간의 남행 열차였다.

인도의 다양성에 절로 고개를 끄덕인 건 아마도 기차에 오른 순간이었던 듯하다. 그만큼 다양한 인종, 종교, 계급의 사람들이 (심지어 외국인 여행객들까지) 한데 모인 공간이었다. 하지만 그보다 더 인상 깊은 광경이 차창 밖으로 펼쳐졌다.

기차에 올라 어느 정도 시간이 흐르자, 가장 먼저 눈을 사로잡은 건 바

---

22 연간 8,200톤이 카르나타카(53%), 케랄라(28%), 타밀나두(11%) 등에서 생산되고 있다.

그림 24 첫 번째 여행에서의 여로(2박 3일의 남행 기차와 귀로).

깔 풍경이었다. 북인도의 크고 작은 도시를 거쳐 가며 동진했던 때와는 또 달랐다. 난생처음 끝이 없는 땅을 보았다. 도저히 가만히 있을 수 없었다. 다소 위험하지만, 객차 사이 기차의 열린 문으로 다가가 매달린 채 고개를 내미는데, 그 순간 쓰고 있던 모자가 세찬 맞바람에 날아가 버렸다. 어쩔 도리 없이 점점이 사라져 가는 그 모습을 망연히 바라보는데, 실로 대륙이란 무엇인지 온몸으로 실감할 수 있었다.

기차를 타고 내려갈수록 그 느낌은 더욱 크게 와닿았다. 정차하는 역마다 간판에 새겨진 글자가 달라지고 있었다. 보이는 풍경 또한 달라졌다. 점차 '원형에 가까운 사람들(원주민)'이 보였다. 건축물도 그랬다. 같은 힌두교라도 전혀 다른 종교의 사원 같았다. 인도는 가는 곳마다 다르다는 말을 비로소 이해할 수 있었다.

아픔의 내공인지는 몰라도 포기하지 않아 정말 다행이었다. 분명 여정의 하이라이트, 그런 까닭에 인도 여행의 정수는 바로 기차 여행이라고 말할 수 있다. 식민지 시대 수탈의 수단을 통해 인도의 진면목을 본다. 물론 기차 여행은 고되다. 기차는 제때 들어오는 법이 없고, 인산인해를 이루는 기차역에서 언제 어느 플랫폼으로 열차가 들어올지 몰라 발을 동동 굴려야 한다. 긴장하며 하염없이 기다릴 수도 있다.

그래도 익숙해지면 될 대로 되라 모든 걸 체념한 채 배낭을 베개 삼아 아무 곳에나 드러누워 마치 현지인들처럼 눈을 붙일 수 있다. 그리고 왔다! 하며 본능적으로 눈을 번쩍 뜨고 달려간다. 그런 일이 한두 번이 아니었다. 잘못 타거나 내린 일도 많다. 아마 여행이 아니었다면 비행기로 훌쩍 넘어가 버렸겠지만, 편안한 길에서는 볼 수 없는 인도와 만났던 시간이다.

그나저나 남쪽으로 갈수록 연착 시간은 점점 더 길어졌다. 북쪽의 기점에서 멀어질수록 그랬다. 마치 풀어진 태엽과 같은 시간이 무디게 흘러갔다. 어서 남쪽에 닿고 싶었지만, 물론 나는 축지법을 쓸 줄 몰랐다. 눈앞에 펼쳐진 세상은 너무나도 넓고 아무리 해도 시간은 줄어들지 않았다.

　무료한 시간을 달래려 책을 꺼내 들었다. 가져온 책은 세 권이었다. 가이드북과 요깃거리로 가져간 경장편의 불륜 소설, 그리고 헤르만 헤세의 <인도 여행(원제 인도에서)>. 하지만 상황에 맞는 책을 고르는 데엔 어지간히 소질이 없었던 모양이다. 도저히 불륜 소설은 아닌 것 같고 결국 읽을 만한 책은 <인도 여행> 하나였지만 (헤르만 헤세를 두고 킨케이드와 프란체스카의 금지된 사랑 이야기[23]를 택할 순 없었다), 제목과 달리 그 내용은 지금의 여정과 너무 동떨어져 있었다. 인도는 넓으니 헤세의 인도는 나와 (혹은 누구와도) 다를 수 있지만, 애당초 동남아와 남인도 언저리를 훑고선 '인도 여행'이란 제목을 붙여 놓은 것이 문제였다. 필시 제목을 '동남아 기행'이라고 했어야 옳다. 제목만 보고 그 책을 여행의 배경 음악처럼 삼을 요량이었는데 완전히 잘못 짚고 말았다. 책은 곧 배낭 맨 아래로 다시 들어갔고 대신 잠을 청해야 했다.

　'나야말로 빙산의 일각만을 보고 가는 건 아닐까.'

　문득 잠결에 그런 생각을 했던 것 같다. 눈을 떠보니 창밖은 어느덧 까마득히 어두웠고, 나의 얼굴 위로 보이지 않는 대륙의 풍경이 스쳐 지나가고 있었다. 이미 잠은 충분히 잤고 생각할 시간은 충분했다. (인도답게) 결과를 떠나 끝까지 추구했지만, 이번 한 번으로 원하는 걸 모두 이루기는

23　로버트 제임스 월러의 <매디슨 카운티의 다리>에 등장하는 주인공.

어려울 듯했다. 부바네스와르로부터 첸나이(마드라스)까지, 기나긴 기차 여행은 이제 막바지에 이르렀지만, 더 아래로 내려가는 건 불가능해 보였다. '그만.' 덜컹거리는 기차를 온몸으로 느끼며 그런 결정을 내렸다.

당연한 얘기지만 헤세 시절엔 제약이 훨씬 더 많았고, 예상치 못한 고충을 겪으며 여정은 계획대로 이어지지 못했다. 그럼에도 직접 인도로 향한 의미는 남달랐다. 그에게 인도는 정신적 본향이었다. 일찍이 조부와 부친이 선교 활동을 했고 모친이 태어난 곳이니, <인도 여행>이란 근본을 찾아 떠난 '엄마 찾아 삼만리'의 기록이기도 하다.

그에 비하면 나의 여정은 많이 가벼워 보였다. 헤세보다 월등히 나은 여건임에도……. 그래도 첫 참가에 의의를 두었다. 그런 의미가 무겁게 다가왔던 것일까? 이후 여정을 이어 가며 마치 열기구처럼 무겁고 불필요한 짐은 하나씩 떨궜지만, 인도가 아닌 헤세의 <인도 여행>만큼은 끝까지 사수했다 (무사히 생환했고 지금껏 서가에 꽂혀 있다).

그리하여 마침내 첸나이에 내렸을 때, 나는 짜이 대신 네스카페부터 한잔했다. 커피가 몹시 그리웠다. 그리고 아쉽지만, 나침반을 돌려 그만 서쪽으로 향하기로 했다. 망갈로르와 고아 등을 거쳐 뭄바이(당시 봄베이)에서 여정을 마칠 생각이었다. 다가오는 중요한 일정이 있었고, 지연된 시간은 복구될 수 없었다. 고국에서 영장이 날아왔다는 소식을 들었기 때문이다.

그래도 돌이켜 보면 그것이 계기가 되었다. 아쉬움을 남겨야 다시 만난다고 하지 않던가. 한 번도 가지 않았다면 몰라도 한 번만 갈 수 없는 곳이 인도라고 했다.

2부

힘의 발휘
- 경제 초강대국 인도

3장
증오는 나의 힘?

2014년 실시된 총선 결과를 두고 세상은 두 가지 시선으로 인도를 바라보았다. 하나는 변화에 대한 열망이 반영된 모디 정권[1]이 구자라트주 총리 시절에 보여 준 리더십을 바탕으로 강력한 개혁을 추진해 환멸을 느낄 만큼 지지부진했던 사회 문제를 극복하고 인도의 발전과 성장을 견인하리라는 기대의 시선이었고, 다른 하나는 주(구자라트)와 인도 전체를 아우르는 것은 엄연히 다르고, 오히려 극단적인 힌두 민족주의 성향이 의심되는 모디 정권[2]이 자칫 사회 화합을 저해하며 혼란을 야기할 수 있다는 불안 섞인 시선이었다.

　기대와 불안, 전형적인 양단의 이불리(利不利) 속에 일단 현재 스코어는 매우 긍정적이라고 할 수 있다. 밖으로는 지난 십 년간 싹 바뀌었다고

1　인도 인민당(BJP) 주도의 국민민주연합(NDA) 정권으로 보수주의, 민족주의 성향이다.
2　2002년 구자라트 폭동. 구자라트에서 순례를 마치고 돌아오던 힌두교도들이 탄 열차에서 화재가 발생해 59명이 사망하자, 그 용의자로 무슬림을 지목하며 반무슬림 정서를 자극했고, 그 결과 구자라트 전역에서 힌두-무슬림 간 폭동이 발생해 약 2,000명의 사망했는데, 당시 구자라트주 총리였던 모디는 이를 방관했다는 비판을 받았다.

표현할 만큼 국가 발전과 경제 성장에 있어 상징적 이정표[3]를 세우며 세계 무대의 중심으로 나아가고 있고, 안으로도 기대감이 여전한 가운데, 그 결과가 곧 모디의 3연임(2024년)으로 이어지고 있다.

물론 느낌표만이 가득하진 않다. 3연임은 달성했으나 이전과 비교해 그 무게감은 조금 다르다. 지난 십 년의 평가 속에 의문 부호 또한 어느 정도 뚜렷해진 셈인데, '감점 요인'을 요약하자면 크게 세 가지다. 첫째 서민의 삶은 크게 바뀐 것이 없고, 둘째 힌두 민족주의로 인해 인도-무슬림 등 비주류 종교의 불안과 불만이 커졌으며, 셋째 사회 개혁의 성과가 눈에 띄지 않는다는 점이다.

사실 이 가운데 두 가지 요인(둘째, 셋째)은 어느 정도 예상을 크게 벗어나지 않았다고 볼 수도 있다. 힌두 민족주의가 득세한 결과 그 어느 때보다 날이 선 무슬림에 대한 혐오와 증오 정치가 이어지고 있는데, 불안이 현실화되었다는 점에서 우려의 시선은 틀리지 않으나, 그것이 모디의 강성 지지 세력, 정치적 기반이고, 이를 바탕으로 한 힌두 중심의 결집이라는 점에서 선택의 결과는 이미 나와 있었다고 봐야 한다.

사회 개혁의 성과 또한 그렇다. 말처럼 쉽지 않다. 비리와 부패를 척결하거나 관료주의 등 사회 시스템을 개선하는 데에 있어서는 당장 보이는 성과가 있을 수 있으나, 사회 깊숙이 뿌리와 가지가 엉킨 문제를 단번에 혁파하기란 어렵다. 가령 농촌 문제는 어떤 정책을 내놓으면 반발도 만만치 않다. 농민의 기본적인 수입을 보장해야 하지만 기계화도 필요하다. 계급 문제 또한 지원 정책이 마련되고 입지전적인 사례도 나오지만, 출신의

---

3 매년 7% 대의 경제 성장으로 3년 이내 GDP는 5조 달러 규모에 이르며 G3로의 도약을 목전에 두고 있다.

벽이나 한계는 엄연히 존재한다. 정책의 틈을 악용하는 경우도 있다. 의지를 가지고 정책을 내놓으나 완전한 해결책이라기보다는 보완해 나간다는 표현이 적절하다. 시간이 필요해 보인다.

그처럼 당장 시원하게 도려낼 수 없고 장시간 뜸을 들여 안고 가야 할 문제일 경우, 그것에 매달린다는 것 자체로 자칫 과거의 혼령에 사로잡혀 앞으로 나가지 못하는 꼴이 되는데, 무엇 하나 손댔다가 이해관계가 충돌하며 많은 반대에 직면하거나 논란을 일으키기 십상이다. 그 성과가 눈에 뚜렷하게 보이지 않거나 모두의 성에 차지 않는 것은 어쩌면 당연한데, 시행착오를 각오해야 한다.

그러므로 감점 요소라고는 했지만, 그중 두 가지 요인은 사실 누구도 풀지 못한 '킬러 문항'인 셈이다. 게다가 사람도 오래 사귀면 권태기가 오는데, 하물며 총리 3연임이야 어느 정도 긍부가 나뉠 만하다.

① 달의 이면

다만 한 가지 간과할 수 없는 부분은 있다. 전체적으로 조망하면 최근 인도의 성장은 마치 죽은 자타유[4]가 다시 날갯짓하듯 달콤해 보이지만, 시선을 가까이 가져가 서민의 눈으로 바라보면 사실 체감할 만한 부분이 많지 않다. 우상향하는 괄목할 만한 성장 지표도 개개인으로(인구수로) 나누면 그 변화가 미미해 보인다.[5] 다시 말해 한동안 어둡고 화난 시기를 보낸 인도는 이제 막 기지개를 켜고 있고 일단 파이부터 키워야 하는 한편, 그 과실이 서민이 느낄 만큼 곳곳에 미치기까진 아직 시간이 필요하다는 의

---

4 <라마야나>에서 등장하는 충신(독수리)으로 주인공 람(라마)의 아내 시타를 납치한 라반과 일전을 펼치다가 날개를 잃고 추락한다.
5 1인당 GDP는 2,731달러로 세계 135위 수준(2024년)이다.

미다.

　핵심은 당장 먹고사는 문제에 있다. 빈부 격차가 큰 사회에서 경제 성장과 더불어 가시적인 성과와 혜택은 중산층 이상 유산 계급에게 먼저 돌아갈 수밖에 없는데, 그들의 부는 더욱 증가하는 반면 서민의 삶은 여전한 수준에 머물며 그 대비는 더욱 두드러졌다. 더욱이 팬데믹과 국제 정세의 변화로 인해 물가 상승 등 서민의 삶과 직결된 악재 또한 이어졌다. 고무적인 점이라면 지속해서 성장하는 중산층이지만[6], 인도의 중산층은 아직 말 그대로 가운데 중(中) 자를 쓰기엔 이르다. 그들은 성장의 원동력이자 주축을 이루며 소득 및 소비력의 향상과 함께 내수 시장의 성장을 견인할 것으로 주목받지만, 현시점의 인도는 아래로 갈수록 저학력, 저소득의 빈민층 인구가 많은 피라미드 구조로 중산층과 서민 사이의 간격은 멀다.

　그런 의미에서 최근 선거 결과는 옐로카드를 꺼내기 전 일종의 구두 경고를 받은 것으로 해석할 수 있다. 전체 인구에서 중산층 이상이 차지하는 비율이 적다는 것은, 다르게 말해 약 9억 명에 이르는 유권자[7]의 상당수가 서민에 해당한다는 뜻이기도 하다. 바닥 민심이 어느 정도 선거에 반영되었다. G20… G3, GDP 상승 등 여기저기서 희소식이 들리지만, 당장 배고픈 사람에겐 별 감흥이 없다. 서민이 체감할 수 있고 서민의 삶과 직결되는 정책에 무게를 둘 수밖에 없다.

여기서 어느 정도 예상을 크게 벗어나지 않았다고 본 두 가지 감점 요소에 대해서도 다시 살펴볼 필요가 있다. 즉 인구의 절반이 종사하는 농업, 그

6　일부 보고에 따르면 인도의 중산층이 연간 6% 증가하고 있으며 인구의 30%에 해당한다고 한다.

7　2019년 총선을 기준으로 약 8억 7,500만 명이다.

다수를 차지하는 저소득의 소작농과 그와 다를 바 없거나 그보다 못한 도시 빈곤층이 바로 서민이라는 점에 주목해야 한다. 표심의 향방이 달렸으니 선거 때는 사회 개혁과 복지 등 관련 이슈에 이목이 쏠리고 선거 전략 또한 화끈한 서민 정책에 맞춰지지만, 지나 보면 생각만큼 바뀐 것이 없으니 실망하며 허탈해진 서민의 표심은 돌아서는 것이다.

한편 힌두 민족주의로 인한 사회 분열은 양날의 칼과 같은 문제다. 힌두를 중심으로 힘을 한데 결집하는 효과는 있으나 증오와 갈등으로 점차 쌓여 가는 피로감 또한 역력하다. 이를 더욱 부채질하듯 대대적인 사원 건립을 추진하다가 오히려 역효과를 초래하기도 했다. 바로 힌두 민심을 끌어모으고자 모디의 인도 인민당(BJP[8])이 내세운 주요 공약이자 숙원 사업인 '람 사원' 건립이 문제가 된 것인데, 토지 보상 문제 때문에 오히려 볼멘 목소리가 나오며 선거에서 마이너스 요소로 작용했다.

그러한 평가는 곧 선거의 결과로 고스란히 이어졌다고 볼 수 있다. 여론 조사 및 출구 조사[9]까지는 인도 인민당의 단독 과반을 자신했으나 막상 결과는 다르게 나왔는데, 정리하자면 모디의 인도 인민당을 중심으로 한 여당 연합인 국민민주연합(NDA[10])은 과반을 차지했으나, 장담했던 것과 달리 인도 인민당의 단독 과반은 달성하지 못했다.

선거 결과에 대해 몇 가지 더 살펴보면, 북인도의 대표적인 힌디 벨트 지역인 우타르프라데시주에서 지난 총선 대비 감소한 의석수를 확보하는

---

8 Bharatiya Janata Party.

8 Bharatiya Janata Party.
9 현지 언론사의 여론 조사에서는 인도 인민당(BJP) 주도의 국민민주연합(NDA)이 325~415석을 확보할 것으로 전망했다.
10 National Democratic Alliance.

그림 25 일어나라 새야, 충신 자타유의 죽음.

진영		정당명	2014년	2019년	2024년
NDA	인도 인민당	BJP, Bhatariya Janata Party	282	303	240
INDIA	인도 국민회의	INC, India National Congress	44	52	99
INDIA	사회당	SP, Samajwadi Party	5	5	37
	전인도 트리나물 회의	AITC, All India Trinamool Congress	34	22	29
INDIA	드라비다 진보 연맹	DMK, Dravida Munnetra Kazhagam	0	24	22
NDA	텔루구 데삼당	TDP, Telugu Desam Party	16	3	16
NDA	자나타 달 유나이티드	JD(U), Janata Dal (United)	2	16	12
INDIA	시브 세나 (UBT)	SHSUBT, Shiv Sena by UBT	–	–	9
INDIA	인도 국민회의 (SP)	NCPSP, Nationalist Congress Party by SP	–	–	8
NDA	시브 세나	SHS, Shiv Sena	7	0	7
	기타		153	118	64
		합계		543	

NDA(National Democratic Alliance) : 국민민주연합(인도 인민당 중심의 여당 연합)
INDIA(Indian National Development Inclusive Alliance) : 인디아 연맹(인도 국민회의 중심의 범야권 연합)

그림 26 **주요 정당별 하원(로크 사바) 의석수 변화 추이 / 2024년 총선 중심 (단위 : 석).**

데 그쳤고, 그밖에 산업 및 경제 중심지인 마하라슈트라, 라자스탄주에서도 의석수를 잃는 등 3연임을 달성했다고 힘찬 승리의 구호를 외치기엔 등허리가 세게 꼬집힌 듯 뼈아픈 결과를 받아들여야만 했다.[11] 게다가 열렬한 구애에도 불구하고 전통적 약세 지역인 남인도에서의 표심은 끝내 움직이지 못했는데, 그 영향력이 제한적일 수밖에 없는 모습을 보여 주었다. 반면, 라훌 간디의 인도 국민회의(INC[12])는 지난 2019년 총선 대비 두 배에 가까운 의석을 차지하며 반등했는데[13], 인도 국민회의를 위시한 야당 연합(INDIA)은 견제의 발판을 마련했다고 할 수 있다.

이를 통하여 볼 때 인도 인민당은 여전히 압도적인 의석을 확보한 강력한 집권 여당이고 모디는 무난히 3연임에 성공했지만, 앞날을 무조건 낙관하기란 어렵다. 과거 자와할랄 네루에 이어 유일하게 3연임에 성공한 총리라는 상징성 속에 숙제와 도전 또한 안게 된 것이다. 특히 목표한 의석(400석)에 미치지 못했다는 것 이상으로 전 세계에서 인구가 가장 많은 주[14]이자 로크 사바(인도 하원)의 15%를 차지하며 선거의 판도를 가른다고 할 수 있는 우타르프라데시에서 받아 든 결과는 앞으로 부담이 될 것으로 보인다.

---

11 2019년 대비 우타르프라데시 -29, 마하라슈트라 -14, 라자스탄 -10, 카르나타카 -8, 웨스트벵골 -6, 하리야나 -5석.

12 Indian National Congress.

13 여당 연합인 국민민주연합(NDA)이 293석을 확보해 정구 구성 요건을 충족하며 모디 3기 정부가 정식 출범했으나 모디의 인도 인민당(BJP)은 과반인 272석에 못 미치는 240석을 확보했다. 반면 인도 국민회의(INC)가 99석을 차지한 것을 포함해 야당 연합인 인디아 연맹(INDIA)은 234석을 확보했다.

14 우타르프라데시주의 인구는 2억 4,000만 명이다.

앞서 말했듯 원인은 역시 민생과 복지에 있다. 총선 이후 설문 조사에서 유권자들이 꼽은 부정적 평가의 이유는, 첫째가 물가 상승, 둘째가 실업 증가, 셋째가 빈곤 증가, 넷째가 종교 갈등, 다섯째가 부패 증가였는데, 그 가운데 물가 상승, 실업 증가, 빈곤 증가 등이 절반 이상을 차지했다.[15]

이러한 평가는 특히 농업 정책의 실패와 연관되어 있다. 인구의 절반이 농업에 종사[16]하지만 농민은 열악한 경제 상황[17]에 놓여 있는데, 당초 모디 정부는 농업 부문의 개혁을 통해 농가 소득을 두 배로 늘리겠다고 약속했으나, 농업 관련 3대 개혁법 - 농산물 거래 및 상거래 (진흥 및 촉진)법, 농민 (권리 보장 및 보호) 계약과 가격 안정 및 농업 서비스법, 기존 필수 물품 관리법에 대한 개정법 - 이 극심한 반발 속에 철회되며 신뢰를 잃었다. 해당 법안은 농산물 최소 가격제 및 국가 농산물 수매 제도 등 보호 조치의 폐지를 포함하고 있었던 까닭에 대규모 농민 시위가 발생했고 시위 진압 과정에서 과잉 진압 논란까지 더해졌다. 이후 기후에 따른 흉작, 농작물 가격 불안정, 농가 부채 증가 등 악재가 겹치며 농민층의 지지율 하락으로 이어졌다. 이처럼 서민이 체감하는 부분에서 불만과 실망감이 가중되는 한편, 이와 대비되는 국가 경제의 성장은 오히려 대조적이고 이질적으로 느껴지며 상대적 박탈감으로 다가왔다.

일찍이 모디 정부는 더 나은 미래를 약속했고 변화를 바라는 유권자의 전폭적인 지지를 받아 냈다. '강한 인도'를 내세우며 이를 위한 경제 성장에 초점을 두었고 개발 투자에 집중한 결과가 최근 인도의 경제 성장이다.

---

15 Lokniti-CSDS(2024), "Social and Political Barometer Posttpoll Study 2024-Survey Findings"

16 인구의 약 65%가 직간접적으로 농업 소득에 의존하고 있다.

17 연간 평균 소득이 약 128달러 수준(2019년)이며 한 해에 만 명가량이 스스로 삶을 포기한다.

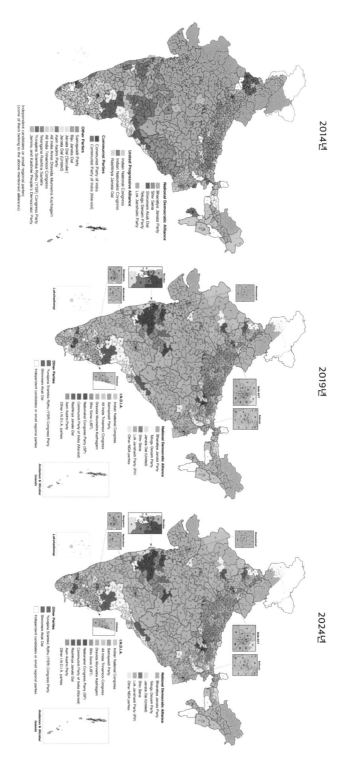

그림27 총선 결과에 따른 지형 변화.

인프라 확충을 위해 역사상 최대 규모의 예산을 지출(CAPEX[18])한 것이 민간 부문의 투자로 이어지며 최근의 GDP 성장을 끌어냈다.

하지만 높은 경제 성장률에도 불구하고 농업 정책은 제자리에 머물러 있는 상황에서 일자리는 줄었고[19], 물가는 상승[20]했다. 세계기아지수 (Global Hunger Index)의 순위가 오히려 하락한 것[21]이 보여 주듯, 경제 대국으로 부상하는 이면엔 아직 민생과 복지의 문제가 크게 개선되지 못한 모습도 여실히 드러내고 있다. 이제 인도는 하늘 위의 달을 바라보며 우주선을 쏘아 올리지만, 어쩌면 서민의 입장에선 마치 핑크 플로이드의 앨범 《더 다크 사이드 오브 더 문(The Dark Side of the Moon)》 속 마지막 독백[22]처럼 달의 어두운 면이란 건 없으며, 사실 그 전체가 막막하게 어두워 보일지 모른다.

② 쇼는 계속되어야 한다

이전에도 인도 인민당 정권이 들어선 적 있다. 세 차례 집권 후 교체되었는데, 인도 국민회의 정권에 대해 염증을 느꼈던 것이지만 마찬가지로 실망스러운 모습을 보였던 까닭에 공은 다시 인도 국민회의 정권에게로 되돌아갔다. 그리고 다시 지금의 인도 인민당 정권이다. 그런 흐름으로 볼

---

18 자본 지출(CAPital EXpenditures). 미래의 이윤 창출, 가치 취득을 위해 지출된 투자 과정의 비용

19 CMIE(Centre for Monitoring Indian Economy)의 집계(Economic Outlook)에 따르면 2023~2024년 실업률은 8%로 2022~2023년 7.6%보다 상승했다. 도시 실업률은 9%, 25~29세 실업률은 13%로 전국 평균보다 높다.

20 소비자 물가에서 가장 큰 비중을 차지하는 식품 부문의 연간 인플레이션은 2023~2024년 기준 7%를 기록해 중앙은행의 물가 안정화 범주를 벗어났다.

21 2015년 109위에서 2023년 111위로 하락했다.

22 마지막 수록곡 〈이클립스(Eclipse)〉 끝에 들어간 독백이다.

때 모디 정권은 이제 계속 전진하느냐 후퇴하느냐의 기로에 섰다고 볼 수 있다.

일부 부정적인 평가에도 불구하고 그 어느 때보다 드러낸 성과가 뚜렷하다. 국가 발전과 경제 성장에 대한 기대감 또한 고조되고 있다. 강성의 지지 기반을 바탕으로 과업을 이어 나갈 힘을 가지고 있다. 반면 부담도 점차 커진다. 민생 문제와 서민 정책은 시험대에 올랐고, 그 성과를 체감할 수 있느냐에 따라 향후 행보에 많은 영향을 미칠 수밖에 없다. 과연 어디까지 끌고 나갈지, 언제까지 인내하며 기다릴지 주목해야 할 대목이다.

이대로 더 뻗어나가야 하지만, 멀어지는 민심을 탓할 순 없다. 인도는 최고(最高)는 아니어도 최대(最大)의 민주주의 사회. 어떠한 변화가 있더라도 국가 발전과 경제 성장에 있어 핵심을 이루는 정책은 일관된 방향성과 연속성을 가지고 꾸준한 페이스를 이어가는 것이 중요하다. 분명 이것은 인도에 대한 세계의 지속적 관심과도 연결될 문제인데, 그 기대와 신뢰 또한 변함없이 유지하며 키워 나가야 한다. 그래야만 인도는 앞으로의 가능성과 잠재력 그리고 어딘가의 차선이 아닌 필수의 대세가 될 수 있다. 과거 그만큼 미비하고 변수가 많으며 확신할 수 없었기에 (그만한 대가를 지불할 이유가 없고 대안이 있다면) 꼭 인도여야 할 필요가 없었고, 가까워졌던 관심도 멀어지곤 했다는 것을 유념해야 한다.

그 사례는 그리 멀리에 있지 않다. 누군가 인도는 결코 오지 않을 '미래의 나라'에 머물 것이라고 했다.[23] 인도의 잠재력을 굳게 믿었지만, 그 인내심은 거기까지가 한계였다. 그 밖에도 그간 인도를 미래라고 외쳤다가 물러섰던 경우는 많다. 아마도 지금, 이 글을 쓰고 있는 나 역시 그 증인 가

---

23 인도의 잠재력에 주목했던 싱가포르의 전 총리 리콴유(1923~2015년)의 살아생전 마지막 평가다.

운데 하나라고 말할 수 있을 것 같다. '짝사랑'의 아픔을 꽤나 겪어 봤다. 그만큼 만만치 않았다는 것인데, 언급하는 내용은 매번 같다. 중앙과 지방 간 정책의 일관성과 통일성이 없고 제도가 불투명하며, 인프라는 미비하고 관료주의가 만연한 동시에 계급이나 종교 갈등 등 사회 문제가 발목을 잡는다는 것이다. 사실 어디든 문제가 없는 곳은 없음에도 어떨 땐 그러한 이미지에 묶여 선뜻 다가갈 용기를 내지 못한다는 인상도 받는다.

다만 인도 역시 계기가 필요했다. 그런 의미에서 시기와 사람이 적절했다고 볼 수 있다. 인도는 이제 중국을 견제하는 대국으로 떠오르고 어느 정도 대가를 지불해서라도 인도에 주목하는 상황이 되었다. 대안을 찾는 많은 기업의 행보에서 그 고충을 읽을 수 있고 아직 갖춰진 여건 또한 아쉬울 수 있으나, 인도 역시 빠르고 강하게 밀어붙일 수 있다는 메시지, 촉진의 시그널 자체가 중요하다고도 볼 수 있다. 물론 하루아침에 바뀌기 어려운 핸디캡 또한 적지 않으나, 의지를 가지고 개선해 나간다는 전제 하에 '묻고 따블'로 가지 않는 이상 스스로 발목이 잡힐 뿐 달리 묘안은 없다고 봐야 한다. 고무적이지만 지금의 러브콜도 오롯이 인도만을 위한 발라드는 아니라는 점도 냉정하게 봐야 한다. 물 들어올 때 노를 저어야 한다.

과연 인도는 전례 없었던 지난 십 년의 추진력을 이어갈 수 있을까. 앞으로 어떠한 길을 제시하며 어떻게 기대와 희망에 화답할지 귀추가 주목되는데, 본디 차크라(바퀴)란 구를수록 빠르게 나아갈 테지만, 한 번 멈추면 다시 그 속도를 되찾기 어렵다. 마침 이 대목에서 떠오르는 인물이 하나 있다. 인도의 피가 흐르는 그[24]가 외쳤다. 더 쇼 머스트 고 온(The Show Must Go On), 쇼는 계속되어야 한다.

앞서 언급했듯 당초 첫 집권을 앞둔 모디에 대한 부정적인 인물론 가운데 하나는 주 총리와 인도 총리는 스케일부터 다르다는 것이었다. 구자라트 주 총리 시절 강력한 개혁으로 성장을 주도하며 주목을 받은 인물이나, 오히려 과거 종교적 편향성에 대한 의구심과 더불어 사회 분열이 커지고 그만큼 힘을 하나로 모으기 어려울 것이라며, 과연 스스로 주장하듯 통합된 힘으로 강력한 개혁을 추진할 수 있을지 의심하는 시각이었다. 마치 인도의 한계를 꼬집듯 시작도 전부터 불안감을 조성하는 상당히 냉소적인 관측이 아닐 수 없었다. 그럼에도 긁지 않았던 복권을 긁듯 현상 유지보다 변화를 갈구했고, 선택은 틀리지 않았다. 공과는 있겠으나 이처럼 단기간에 전혀 다른 분위기를 연출한 지도자는 없었고, 적어도 그 추진력만큼은 인정하지 않을 수 없다.

　한편 집권 전후 모디의 출신 배경에 대한 언급도 많았다. 외신에서도 비중 있게 다루며 우리에게도 고스란히 전달된 바 있는데, 젊은 시절 구자라트의 선거 사무실에서 짜이를 팔던 인물이 모종의 성장 과정을 거쳐 정계에 입문해 인도 정치의 거물로 성장했다는 이야기다. 가만 보면 찻잎을 나르기 위해 만들어진 것이 인도의 철도였고, 그 철로를 따라 다관을 세우며 짜이 문화가 정착했는데, 바야흐로 짜이왈라가 유력 정치인이 된 셈이다. 입지전적인 성공 신화를 강조하는 스토리로 소개될 만하다. 물론 대립각을 세운 경쟁자가 보는 관점은 달랐다. 출신 배경에 대한 의문표를 달고

24　그룹 <퀸>의 보컬 프레디 머큐리로 본명은 파로크 불사라, 아프리카 잔지바르에서 태어났다. 그의 부친은 인도 국적의 페르시아계 파르시(조로아스터교)의 후손으로 아프리카에서 영국 식민지 총독부 공무원으로 일했다.

극단적 힌두 민족주의 성향을 의심케 하는 과거 행적에 대한 의구심을 더해 자격 미달의 과격한 인물로 묘사하려 했다.

그에 비해 인도 국민회의의 라훌 간디는 완전히 상반된 인물이다. 자와할랄 네루와 그 딸 인디라 간디에 이어 아버지 라지브 간디의 피를 물려받은 황태자[25]다. 인도의 직업적 계급에 따르면 다시 말해 총리의 피를 타고났다고 볼 수 있다. 당연히 정통성을 가진 인물이라는 것을 표방하며 의도적으로 그 차별성을 부각하려 했으나, 분명 오만하고 시대착오적인 생각이었다. 오히려 평소 어떤 관점으로 사회와 국민을 바라보는지, 그 눈높이가 얼마나 다른지 스스로 드러낸 꼴이었는데, 비하 논란으로 이어졌고, 큰 역효과를 내고 말았다.

　거꾸로 모디의 출신 배경은 대중으로 하여금 친근감을 느끼게 했다. 모디 스스로 대중과의 소통에 능했고 친근한 이미지를 잘 활용하는 정치가의 수완을 보여 주었는데, 마치 과거 발리우드 드림(발리우드 스타가 되기 위해 젊은이들이 고향을 떠나 도시로 몰려들었다)이 그랬듯, 오를 수 없는 사다리처럼 여겨진 사회의 제약도 극복할 수 있다는 희망의 메시지를 줄 만했다. 그러한 모습은 고스란히 변화에 대한 기대감으로 이어진 반면, 라훌 간디는 상류층의 금수저 이미지에서 벗어나기 어려웠다. '정치를 물려받은 특권층'이자 이른바 곱게 자란 도련님이었고, 아직은 더 경험을 쌓아야 하는 인물로 노련한 정치인의 적수는 되지 못했다.

　물론 과거에는 가문과 이름만으로 통했다. 네루의 피와 간디의 이름만으로도 과반의 득표가 보장되었던 시절이 있다. 하지만 인식이 많이 바뀌

25　라훌 간디는 라지브 간디의 아들로 인디라 간디의 손자이며 네루의 증손자다.

었다. 정치뿐 아니라 요즘 인도는 금수저에 대한 불만이 증가하는 추세다. 가령 흙수저 배우 수샨트 싱 라지풋이 때 이른 죽음을 택한 사건은 큰 파장을 일으켰는데, 샤룩 칸과 같은 이른바 까방권(까임 방지권)의 슈퍼스타는 물론 쉽게 가업을 이어받은 영화계 금수저 배우들이 이를 방관하거나 소외시켰다는 이유로 역풍을 맞기도 했다. 그러한 사회 분위기를 잘 헤아리지 못한 가운데 모순되게도 네루가의 젊은 기수가 나와 짜이왈라의 명예를 훼손한 것은 그야말로 '신의 악수'가 되었고, 정통의 강자 인도 국민회의는 사실상 폭락이라고 봐도 무방할 만큼 의석수를 크게 잃고 말았다.

그 결과 모디는 개혁을 추진할 강력한 힘을 얻었다. 이로써 사회의 방향성 또한 명확히 갈렸다고 할 수 있다. 인도 정치의 효시이자 독립 유공 세력으로 독립 후 인도를 설계하며 한때 국민의 절대적인 지지를 받았던 인도 국민회의 진영과 대대로 총리를 지내며 정치 명문 군림해 온 네루가가 통합의 가치를 내세운다면, 모디는 변화와 개혁 그리고 발전에 방점을 두었다. 사회 통합을 이야기하며 상대의 출신 성분을 따지는 건 그 자체로 난센스가 아닐 수 없었다.

① 모디노믹스

모디의 출신 배경에 대해서는 조금 다른 해석도 가능할 것이다. 인도 사람들은 짜이 없이 못 사는데 그만큼 짜이왈라는 일상과 밀접한 것이고, 그런 의미에서 서민에 대해 뭘 좀 아는 '짜이왈라의 경제학', 소위 '모디노믹스[26]'는 상당히 매력적인 작명이 아닐 수 없다. 다만 작명보다 중요한 것은 역시 알맹이다. 경제 성장이라는 목표를 가지고 수술대에 오른 모디의 시

---

26 모디노믹스(Modinomics)는 나렌드라 모디(Modi)가 추진하는 경제 정책(경제학의 Economics)을 의미한다.

선은 어디부터 향했을까. 메스를 들기 전에 먼저 아픈 부위부터 살펴볼 일이다.

언젠가 우리가 인도 제조 산업의 개국 공신이 되어야 한다는 표현을 쓴 적이 있다. 그러나 그것이 말처럼 쉽지 않았던 이유 또한 분명했다. 그간 인도에서 자리 잡기 위해선 반드시라고 할 만큼 고충이 따랐다. 이에 대해 제조업의 경우를 들어 직접 경험[27]한 바를 과장 없이 최대한 간략하게 서술해 보겠다.

정부 사업에 제조 분야의 파트너로 참여하게 되었다. 참여 조건에 따라 현지 생산을 하기로 하고 법인을 설립했다. 일단 시작부터 고민이 깊었다. 처음부터 끝까지 아날로그 방식으로 두툼한 준비 서류에 절차가 꽤나 복잡하고 행정도 관료주의적이었지만, 그보다 고심에 빠진 건 입지 선정이었다. 난감했다. 발품을 팔아 터를 잡을 만한 최적지를 찾는데 고객사와 가깝게 위치하자니 그나마 조달이 가능한 현지 협력사와 거리가 멀었다. 어느 쪽을 택하든 물류비용을 무시할 수 없었다. 지역에 따라 세제도 다른데 주와 주 사이를 이동하는 데에 따른 세금 문제는 처음부터 찜찜했다. 세제 혜택이 있는 곳으로 들어가자니 환경이 조건에 들어맞지 않았다. 현지에서 조달해야 할 부품이 하늘에서 떨어지는 건 아니고 생각보다 수입해야 할 부품이 많아지는데 관세와 원가 문제 또한 간과할 수 없었다. 결국 딱 맞는 해답은 못 찾았다. 그래도 일단 겪으며 풀어 가기로 했다.

공장과 부대 시설을 갖추고 필요한 사람을 충원하는 일은 어쨌든 순리대로 진행되었다. 낮은 인건비에 양질의 노동력(사무 및 생산 인력)은 존재했다. 그러나 모든 요건을 충족하는 사람을 찾는 건 다른 문제였다. 그 사람의

---

27 델리 메트로 및 자이푸르 메트로의 역무 자동화 사업.

인건비는 꼭 낮다고 볼 수 없었다. 대개는 상당한 교육이 필요했다. 그러나 셋업 단계는 그런대로 괜찮았다. 역시 점차 풀어 가면 될 것 같았다.

그런데 본격적인 법인 운영과 생산에 들어가자 점차 풀고 가자던 문제들이 하나씩 도전장을 내밀었다. 앞서 우려했듯 기술 이전을 통한 부품의 현지 생산 및 조달은 쉽지 않았다. 아직 조달할 수 없는 부품이 많았고, 가능한 부품도 품질을 끌어 올리기 위한 많은 노력과 시간이 필요해 보였다.

한 번은 철도 파업이라는 예상치 못한 변수로 물류 대란을 겪었다. 핵심 원자재의 수급이 어려워진 까닭에 현지 업체의 부품 생산에 차질을 빚었다. 일정이 빠듯하다며 하소연해 봐야 소용없었다. 난들 어쩔 수 없다는 답변뿐, 하소연하다가 화를 내자 언제 한번 집에서 위스키나 한잔하자고 했다. 인도는 그러한 리듬으로 흘러가는 곳, 알지만 본사를 대신해 화를 내는 시늉을 해야 했다. 결국 대체할 부품을 급히 수입해서 조달하기로 했다. 그 또한 통관에 애를 먹고 상당한 관세가 부과되었으며 추가 물류비용이 지출되었다. 사이사이 인력의 운영에서도 변수가 발생했다. 요컨대 인도(고객)가 무엇을 바라고 그런 시건장치를 채워 두는지는 알겠으나, 당장은 무리였다. 현실성이 다소 떨어지는 높은 사업 참여의 기준에 비해 예외 상황에 따른 융통성은 부족했다.

한편 무조건 보수적으로 원칙에 따라야 한다는 것을 새삼 깨닫는 건 세금 문제였다. 회계 연도가 바뀌니 '세금의 시간'이 시작되었다. 인도의 회계 연도는 우리와 달리 2/4분기부터 시작되는데, 앞서 문제와 맞닥뜨리며 해결해 나간 과정이 복잡할수록 세금 이슈는 더욱 복잡해졌다. 무사히 완제품을 생산해 납품했더라도 목석같은 현지 세무사의 집요한 취조에 시달려야 했는데, 세무사 왈, 다 너흴 위한 것이라고 했지만 인도의 세제는 마치 미결 사건과 같은 찜찜함을 남기곤 했다.

　이것이 소위 제도와 인프라가 미비하다는 두루뭉술한 말을 조금은 풀어 쓴 내용이다. 이 가운데 몇몇은 인도에서만 겪는 문제가 아닐뿐더러, 산 넘어 산처럼 보여도 결국 다 인간이 하는 일이라 막상 절대 안 되는 일도 없는 곳이 인도다. 요즘 들어 다소 불편한 대로 예전이 더 좋았다는 말도 하지 않는가. 여건이 열악하다는 것의 반대급부는 모든 일이 빡빡하지만은 않다는 의미이기도 하다. 하나하나 풀어 나가면 된다.

　물론 적잖은 부담으로 작용하는 건 사실인데, 개국 공신이 되고 싶은 우리에게도 문제지만, 결국 밝은 미래를 꿈꾸는 인도의 발목을 잡는 걸림돌이다. 이로써 인도가 선결해야 할 과제는 자명했다. 발전과 성장을 도모하려면, 먼저 기반부터 마련해야 했다. 이에 따라 모디 정부는 강력한 리더십을 발휘해 인프라를 개선하는 정책을 추진했다. 기반 시설과 시스템을 혁신하고 관료주의를 타파해 절차상의 효율성을 추구했다.

　여기에 영어 소통이 가능하고 임금 경쟁력을 갖춘 젊고 풍부한 노동인구[28]를 더해 중국을 대신할 세계의 공장으로 성장시키고, 강력한 내수시장을 키우는 동시에 농산물의 유통 체계를 개선하고, 농업 기술 개발을 지원하는 한편 농민 소득을 보장해 오랜 숙원인 농업 개혁을 이루겠다는 청사진을 그렸는데, 그것이 곧 '모디노믹스'다.

② 스마트하게 디지털로 어디든 있다

여기서 인프라를 개선하는 '스마트 시티(Smart City)' 정책이 등장했다. 사실 인프라의 부족은 해외 기업 진출 및 투자 유치의 기반 조건이기 이전

28　2024년 현재 전체 인구수는 약 14억으로 이미 중국을 추월했다.

에 민생의 문제다. 도시화[29]와 더불어 인구는 지속 증가하는데 인도는 아직 인구의 35% 이상이 기초 인프라가 열악한 환경에서 거주하고 있다. 슬럼화와 더불어 전기 공급 및 상하수도 처리 시설, 대중교통이 부족한 등 필수 공공 서비스가 미비한 상황이다. 이를 극복하기 위한 인도 정부의 해결책이 바로 스마트 시티 미션인데, 요컨대 첨단 과학기술의 활용 및 4차 산업 기술을 접목해 부바네스와르, 푸네, 자이푸르 등등 대상 도시의 핵심 인프라를 확충하고 지속 가능한 환경을 구축한다는 내용으로 에너지 및 환경, 수자원 위생, 주거, 경제, 교통 등의 개발 분야에 대한 다양한 프로젝트를 진행하는 것이다. 이 가운데 도시 재생, 재개발, 신개발로 구분된 지역 기반 개발 사업이 프로젝트의 약 80%를 차지하고, 나머지는 이를 성공 사례로 삼아 기타 지역에 그 솔루션을 전파하는 범도시 개발 전략이다.

또 한 가지는 디지털 경제를 육성하는 '디지털 인디아(Digital India)' 정책인데, 간단히 말해 인도를 지식기반 경제로 이끌기 위한 프로젝트다. 그 3대 비전은 첫째 디지털 인프라, 둘째 수요 기반의 행정 서비스, 셋째 국민의 디지털 역량 강화인데, 먼저 디지털 인프라는 빠르고 안전한 인터넷망을 구축하고 디지털 금융 서비스를 보급하며 공공 서비스에 대한 편리한 접근 및 공공 클라우드를 포함한다. 다음으로 수요 기반의 행정 서비스란 여러 행정 기관을 포괄한 통합 행정 서비스 시스템의 구축으로 온라인(모바일)을 통한 실시간 서비스, 행정 서비스의 디지털화 및 금융 거래 전자화 등을 포함한다. 마지막으로 국민의 디지털 역량 강화란 국민의 디지털 문해력을 제고하고 디지털 자료에 대한 접근성을 확대한다는 것이

---

29 2020년 기준 도시 거주 인구는 약 4억 8,000만 명이고, 2050년에는 8억 7,000만 명으로 증가할 것으로 예상한다.

그림 28 디지털 인디아의 9개 핵심 과제.

다. 이러한 비전을 달성하기 위해 9개의 핵심 과제를 선정하고 프로젝트를 추진하고 있다.

말하자면 스마트하게 디지털로 가겠다는 것이다. 이미 실기해 따라가기 어려운 아날로그 단계를 단숨에 뛰어넘어 월반한다는 계획으로, 과연 뚜렷한 개선이 어려웠던 유선의 시대 대신 곧장 무선의 시대로 넘어갔던 인도에 걸맞은 정책과 비전을 보여 준다. 다시 말하지만, 과거에 발목이 붙잡혀 있어서는 답이 없다.

　이는 마침 인도를 지향하는 사람들이 몹시 가려웠던 부분을 긁어 주는 것이기도 했다. 민생에서 출발하지만 결국 적극적으로 사업을 활성화해 해외 기업 진출 및 투자 유치까지 노리는 일타쌍피인 셈인데, 제조업을 장려하는 '메이크 인 인디아(Make in India)' 정책을 통해 인프라 개선을 추진했고, FDI(Foreign Direct Investment·외국인직접투자) 규제 또한 대폭 완화한 결과 대인도 투자 금액은 4,150억 달러(약 603조 4,100억 원)에 도달했다.[30] 그 밖에도 전 국민 계좌 정책(2014년), 파산법 개정(2015년), 상품 서비스세 통합(2017년) 등 다양한 부문의 개혁을 추진해 왔고, 이것이 비즈니스 환경의 개선으로 이어진 결과 인도는 세계은행이 발표하는 비즈니스 환경 조사(Doing Business)에서 63위[31]로 올라섰다(2020년). 목표는 세계의 공장, 점차 노동 인구가 고령화되며 인건비 또한 상승하는 중국이 긴장할 수밖에 없는 이유다.

　앞서 언급했듯 비록 성공적이지는 못했으나 국내 복지 정책에도 손을 댔다. 농민 소득 보전을 위한 PM-KISAN[32] 제도 외에 요리용 가스 무

---

30 이는 2000~2022년 투자된 총금액의 약 66%에 달한다.
31 2015년 인도 비즈니스 환경 순위는 142위였다.

료 제공, 팬데믹 기간 무료 곡물 프로그램 등을 추진한 바 있다. 이렇듯 모디는 절대적인 지지를 바탕으로 강력한 영향력을 발휘해 왔는데, 역대 정권과의 차이라면 저돌적인 추진력이다. 이에 대해서는 때 이른 평가 대신 (평가는 역사에 미루고) 어느 미디어의 언급을 빌리는 편이 나을 듯하다.

"모디는 어디에든 있다(Modi is everywhere)."

그 결실이 모디 정부 3기로 이어진 것인데, 어디에든 있다고 무엇이든 만능은 아니니 감점 요인에 대해서는 이미 살펴보았다. 반대로 라훌 간디는 이른바 졌잘싸(졌지만 잘 싸웠다)다. 인도 국민회의는 반등에 성공했고 상당수 정책에 있어서 야당의 견제에 직면할 가능성이 커졌다. 총선 결과 모디와 특수한 관계를 형성한 것으로 알려진 기업[33]의 주가가 하락하기도 했는데, 친기업적 정책(예를 들면 산림법 개혁[34]) 또한 일부 좌초될 가능성이 있다. '모디노믹스' 또한 하나의 기로에 서 있는 셈이다.

물론 오르면 또 내려가는 것이 진리, 우리의 관심은 모디의 성공보다 인도의 지속적인 성공에 있다. 동력을 유지하고 일관된 목표와 방향성을 추구하는 것은 인도의 미래에 있어 중요하다. 과거를 돌아보면 답은 이미 나와 있다. 사실 인프라를 확충하고 제도를 정비해 공격적으로 해외 투자를 유치하겠다는 말은 누구나 해 왔다. 모두가 일찍이 인도에 기대해 왔던 부분이고 누구나 계획은 가지고 있었다. 하지만 정책은 중앙과 지방이 중

---

32 키산은 농민을 뜻한다.

33 구자라트 출신의 고탐 아다니가 설립한 인도의 다국적 기업으로 모디가 구자라트 주지사의 자리에 오르며 급성장했고, 모디가 총리가 된 이후 굴지의 기업을 제치고 다양한 인프라 사업에 뛰어든 바 있다.

34 녹지 개간을 통해 기업에 토지를 양도하는 것을 골자로 하고 있다.

복되거나 일관성이 없었고, 인프라와 제도의 개선은 더뎠다. 무엇 하나 바꾸려면 번번이 반대에 직면했고, 각기 이익 집단(인종, 종교, 출신 등)의 목소리는 들끓었다. 어디서부터 어떻게 손을 대야 할지 난감했고, 지지부진한 사이 곧 조타수를 잃은 듯 흐지부지한 결과로 이어졌다.

결국 모디가 가진 힘의 원천은 결집에 있다. 어떻게 힘을 하나로 모으고 결집해 나가느냐가 관건이다. 반면 인도의 다양성이란 강점인 동시에 (일단 제대로 힘을 발휘하기 전까지) 핸디캡으로 작용할 수 있다. 그런 의미에서 거두절미 분명한 목표를 세우고 정책을 실행한 모디의 추진력은 시사하는 바가 크다. 단지 정책이 훌륭한 것보다 (모순되게도) 원탁회의에서 누군가 한 명이 일어나 원탁 자체를 움직인 셈이다. 그로 인해 영원에 가까운 듯 느릿한 속도로 무한하게 돌던 인도의 차크라[35]는 비로소 속도를 붙였고, 이와 같은 행보는 일단 모두가 반길 일이다. 아직 기대를 걸고 있다는 고무적인 답변이 곧 3연임이기도 하다.

다만 인도는 이웃 중국의 사례 또한 반면교사로 삼아야 한다. 세세한 부분에서 두 나라의 상황은 다르지만, 인구 대국의 약진과 세계의 공장이라는 유사한 흐름 속에 극복해야 할 한계는 같다고 볼 수 있다. 만약 발전과 성장의 수혜가 사회 저변에 미치지 못한 채 국부가 편중되어 이에 대한 불만의 목소리가 계속 커진다면, 인도는 어떠한 선택을 할 것인가. 벌써 고민하기엔 다소 빨라 보일 수 있으나, 생각보다 이른 시기 그 임계치에 다다를 수 있다. 중국의 경우 정치적 폐쇄성을 강화하고 내부로 향한 시선을 바깥으로 돌린 결과, 패권 경쟁으로 치달으며 국제 사회의 견제를 받게

---

35 원 또는 (마차) 바퀴를 의미한다. 정신적 힘의 중심점이란 점에서 종교 철학과도 관련이 있는데, 인도 국기의 정중앙에 그려져 있고 국장 및 아소카(전륜성왕·轉輪聖王)의 석주 등에서도 찾아볼 수 있다.

되었다. 그에 비해 인도는 선거로 국민의 심판을 받으며 정책 기조의 일관성 유지에 영향을 받을 수 있다.

시선을 다른 곳으로 돌린다는 점에서는 인도 역시 불편한 이야기를 꺼내지 않을 수 없다. 앞서 집권 전부터 언급된 부정적 전망 가운데 하나가 정확히 맞아떨어졌다고 했다. 바로 힌두 민족주의에 따른 이슬람 혐오와 증오 정치다.

먼저 배경을 살펴볼 필요가 있다. 사실 힌두 민족주의 세력은 모디와 인도 인민당의 핵심 지지층으로 역할을 해 왔다. 특히 모디 총리가 어린 시절부터 몸담았던 민족자원봉사단(RSS[36])은 이를 사회 문화 운동의 형태로 확산시키는 데 중요한 역할을 해 왔는데, 아요디아 사태(1992년), 구자라트 사태(2002년), 뭄바이 테러 사건(2008년)[37] 등을 통해 정치적으로 결집하는 계기를 마련했고, 구자라트주 총리였던 모디의 정치적 기반이 되었다. 이들은 이제 인도 인민당의 풀뿌리 조직으로 확대(600만 명의 단원을 거느리고 있다)되어 힌두 민족주의 동원 정치에 활용되고 있다.

모디가 집권하자 이와 같은 동원 정치와 더불어 무슬림을 차별하는 정책을 확대했고, 사법부와 사정 기관의 장악, 언론 및 학문의 통제, 자당(自黨)에 유리한 의회 및 선거제의 개혁 등을 통해 지속적인 집권의 기반을

---

36 Rashtriya Swayamsevak Sangh.
37 파키스탄의 이슬람 테러 단체(LeT, Lashkar-e-Taiba) 소행이다.

다졌다.

　다르게 말해 종교 양극화로 무슬림에 대한 노골적인 공세를 이어 나갔던 것인데, 선거의 필승 전략은 결국 힌두의 결집이다. 2024년 총선에서도 유세 기간 동안 모디는 무슬림을 '침입자, 아이 많은 자들' 등으로 언급하며 원색적인 발언을 쏟아 냈고, 그 화살을 야당인 인도 국민회의에게로 돌려 힌두의 부를 그들(무슬림)에게 재분배하려고 한다고 주장했다. 또한 자신은 종교에 기반한 할당제를 허락하지 않겠다며, 힌두 대 무슬림의 대결 구도를 조성하고 반 무슬림을 통한 '하나의 인도'를 강조해 다시금 힌두의 표심을 모으려 했다. 이러한 행보는 민생 등 당면한 문제로 인해 쌓인 불만으로부터 유권자의 시선을 돌리려던 것으로도 풀이되는데, 거듭된 편 가르기는 유권자의 피곤함을 더하며 의도한 만큼의 효과를 보지 못했다고 할 수 있다.

　반면 라훌 간디의 인도 국민회의 진영은 그 틈을 놓치지 않았다. 만약 모디의 인도 인민당과 여당 진영이 목표한 의석(400석)을 확보한다면 개헌을 통해 헌법이 보장하고 있는 소외 계층에 대한 할당제를 없앨 수 있다고 경고했고, 모디 정부는 친기업 정책 및 민영화에만 집중한다는 역공을 펼쳤다.

　특히 기사회생한 도련님(라훌 간디)[38]은 단단히 이를 갈았다. 2019년 총선에서 모디 못지않은 독설로 응수한 결과 송사에 휘말리며 그야말로

38　그는 2019년 총선 유세에서 특정 기업과 관계가 깊은 모디 총리를 금융 사기로 도피 중인 또 다른 모디에게 빗대 "모든 도둑은 모디라는 성을 갖고 있느냐?"라고 발언했고, 이를 문제 삼은 구자라트주의 '모디'들이 명예훼손으로 고소한 결과 2년 실형을 선고받았다. 의원직 박탈과 함께 정치 생명에 위협을 받았으나 대법원 상고를 통해 판결이 뒤집히며 기사회생한 바 있다.

죽다 살아났는데, 해답은 결국 '낮은 데로 임하소서'였다. 그는 '인도 대단
결 행진(Bharat Jodo Yatra)'이라는 이름으로 인도의 남쪽 끝에서 북쪽 끝
까지 4,000km를 넘는 거리를 136일 동안 도보 행진하는 열정을 보이며
대국민 결집의 의지를 보여 주었고, 그 절실함은 과거 영향력이 미치지 않
던 군소 정당과의 적극적인 연대로 이어졌다. 또한 유세 기간 내내 헌법
책자를 지참하며 모디 정부가 헌법의 가치를 위협한다는 메시지를 지속
해서 전달하는 등 한층 무르익은 행보를 보여 주었는데, 이로써 인도 국민
회의는 다시금 반등할 수 있는 계기를 마련했다.

한편 극단적 증오 정치에 반발해 무슬림, 시크, 기독교 등의 소수 그룹
이 반 인도 인민당 세력으로 결집했다는 점도 주목할 만하다. 무슬림 인구
가 상당수 거주하는 지역(우타르프라데시, 아삼 등 북부와 북동부 지역)을 중
심으로 그 결과가 드러났는데, 무슬림 학교의 면허를 취소하고 할랄 식품
유통을 금지하는 등 생계를 위협할 만한 차별 정책이 지속 추진되어 온 결
과다. 특히 우타르프라데시주에서 인도 인민당은 많은 의석을 잃은 반면,
사회당(SP)[39]은 가장 많은 의석수를 확보하며 약진했다.

그 밖에 집토끼를 놓친 것 또한 표심 이탈의 원인이었는데, 앞서 언급
한 람 사원의 건립과 관련이 있다. 힌두 민족주의 정치의 상징인 아요디아
에 사원을 건설하고자 이를 위한 부지로 일대의 주택과 상권을 포함해 철
거했으나, 보상이 적절히 이뤄지지 않은 것이다.

다시 한번 요약하자면, 이처럼 민심이 움직인 까닭은 결국 어려운 민
생과 정권에 대한 실망감, 그리고 증오와 갈등을 부추기는 정치, 종교 양
극화에 따른 피로감 때문이다. 선거는 그러한 원인이 종합적으로 반영된

---

[39] 1992년 창당한 우타르프라데시 지역 정당으로 농민, 무슬림, 기타 소수 하위 계층 등이
주요 지지층이며, 해당 계층의 후보자를 적극 입후보했다.

'회고적 투표'의 결과라고 할 수 있다. 서민의 일자리는 줄어들고 물가는 오르며 빈부의 격차는 커지는데, 종교 양극화는 사회 분열에 대한 우려와 피로감만 더할 뿐이다. 뉴스를 보면 늘 격앙된 모습이고 삶에 지친 서민은 괴롭다. 힌두의 결집이라는 필승 전략도 언제나 통하기는 어렵다.

① 너희가 싫어하는 것이 좋다

다만 인도의 정치는 늘 그렇듯 아수라장이다. 혼란하다. 하지만 앞서 옛날 옛적 아리아인의 인도 유입과 <베다>에 관한 설명에서 다루었듯, 아수라장이 원래 나쁜 건 아니다. 안정보다 변화를 택해야 하는 시기라면 안정이 오히려 패하며 나쁜 의미(아수라장)로 기억되는 곳이 인도다. 그리고 그 혼란함이란 어쩌면 최대(最大) 민주주의 사회의 피할 수 없는 숙명일지도 모른다.

따라서 그럼에도 (아직) 모디가 승리했음에 주목해야 한다. "앞으로 쉽진 않겠다." "그것참 힌두 민족주의가 문제다." "인도는 스스로 발목이 잡힐 수 있다."라며 끝낼 문제는 아니다. 쇼는 계속되어야 하고, 단순히 해묵은 종교 갈등과 불화로 인해 (이미 본진은 물러간) 이슬람을 배척하는 것으로 보지 않는다면, 굳이 그런 분위기를 노골적으로 조장하는 이유도 짐작해 볼 만하다.

변화를 보여 주겠다는 약속을 지켜야 하고 그러기 위해 모두를 통합해 단결된 힘을 보여 준다면 이상적이겠지만, 그렇게 하기 어려운 것이 (역사적으로 입증된) 현실적 한계라면, 택할 수 있는 차선의 방법은 다수의 최대 결집이다. 다시 말해 문제의 소수 집단을 적으로 돌려서라도 나머지를 결집하는 것이다. 무엇보다 우선시 되는 것이 변화라면, 당장 답이 없는 이상에 사로잡혀 일보 전진 이보 후퇴하느니 변화를 관철하기 위해 일부의 반발과 분열을 불사한다고 보면, 때로 노골적인 '모디의 증오'엔 이유가 있다.

만약 힌두 민족주의로 결집해 강력한 힘으로 정책을 펼친 결과 입지전적인 성과를 낼 수 있었다면 어떻게 봐야 할까. 물론 다양성의 인도에 위배되지만, 앞에서도 언급했듯 점차 이슬람 인구는 줄어들고 힌두교의 비중이 절대적인 상황[40]에서 모든 종교의 공존과 번영이 아닌 '힌두의 번영'이라는 수혜 대상의 단순 명확화는 일종의 냉정한 타겟팅(대척점엔 무슬림이 위치한다)으로도 보인다.

이것은 경쟁 상대인 인도 국민회의(INC)와 뚜렷한 노선 차이를 드러내는 지점이기도 하다. 다시 말해 중도 좌익 성향의 인도 국민회의는 세속주의[41], 진보주의, 사회 민주주의, 사회 자유주의 그리고 '인도 민족주의'를 이념으로 통합을 표방해 왔다면, 모디의 인도 인민당(BJP)은 우익 성향으로 이와 구분된 힌두뜨바 즉, 보수적 '힌두 민족주의'를 이념으로 삼는 것이다.

한가지 주목할 점은 인도 정치의 흐름이다. 인도의 정치사는 크게 세 가지 시기로 나뉜다. 첫째는 건국 초기부터 80년대 초까지 지속된 인도 국민회의 일당 우위의 시기, 둘째는 인디라 간디의 인도 국민회의가 주도하며 군소 지방 정당과의 연대를 통해 우위를 이어 나간 시기, 셋째는 인도 인민당이 주도하는 연합 정당의 약진에 따른 인도 국민회의와 인도 인민당의 대립 시기다. 일찍이 2024년 총선을 통해 인도 인민당 일당 우위의 네 번째 시기로 넘어갈 것이라는 예측도 있었으나 실현되지 않았고, 아직은 대립의 시기가 이어진다고 볼 수 있다.

40 지난 20년간 전체 종교에서 힌두교가 차지하는 비중은 60% 대에서 80% 대로 증가한 반면, 이슬람교가 차지하는 비중은 20% 대에서 10% 대로 감소했다.
41 사회 제도나 그 운영에서 종교적 영향력을 제거하고, 정치와 종교를 분리한다.

타임라인		인도 국민회의	인도 인민당	주요 사건
독립 이전	1885~1947년	INC 회의 조직	-	◎ 1885년 아시아 최초 근대 민족주의 ◎ 1920년대 네루와 간디의 독립운동 주도
독립 이후	1947~1964년	네루 집권기	1950년대부터 일당 우위 정당 체제에 반하여 조직	◎ 1948년 마하트마 간디 암살 ◎ 1955년 첫 총선 승리 ◎ 세속주의, 국가 주도 사회주의 경제 정책, 비동맹 외교
	1966~1976년	인디라 간디 집권기	-	◎ 1975년 선거법 위반 판결에 불복하며 국 가 비상사태 선언
	1977~1980년	-	전신 인민당 (Janata Party) 집권	◎ 비상사태 종료 후 총선으로 최초의 정권 교체
	1980~1984년	인디라 간디 재집권기	인도 인민당 창당	◎ 1984년 인디라 간디 암살
	1984~1989년	라지브 간디 집권기	-	◎ 펀잡과 카슈미르 분리 독립 운동 진화 ◎ 1991년 타말 타이거에 의해 폭탄 테러 사망
	1991~1996년	나라심하 라오 집권기		◎ 아요디아 사태
	1996, 1998년, 1999~2004년	-	바지파이 총리 집권기	◎ 1996년 총선에서 최다 의석을 차지했으나, 연정이 철회되었다가 1998년부터 집권 ◎ 구자라트 힌두-무슬림 간 폭동
	2004~2014년	만모한 싱 집권기	-	◎ 1998년 라지브 간디의 처 소냐 간디를 당 대표로 선출 ◎ 사회 통합과 복지를 강조했으나 경기 침 체 및 부정부패 스캔들 지속

그림 29 정당(양당) 중심 현대 인도 정치사 요약 (모디 집권 전까지).

그때그때의 반락과 반등에 주목하지만, 중요한 건 변별점이다. 독립 후 인도를 디자인하며 한때 부동의 위치를 점했던 인도 국민회의는 경제 정책의 실패와 지지부진한 사회 개혁 그리고 비리와 부패에 대한 실망감으로 지위를 잃었고, 그 안티테제(Antithese)가 곧 인도 인민당의 정체성이라고 할 수 있다. 다만 어느 쪽이든 성장과 개혁 그리고 통합을 이야기하지 않을 리 만무하다. 인도 인민당 역시 표면적으로는 통합을 외친다. 또한 통합을 주장하면서도 정작 인도 사회는 다수인 힌두 위주일 수밖에 없다. 따라서 그러한 (마치 중도 좌익과 중도 우익 같은) 모호성 속에 보다 명확한 구분선을 긋는 것이 필요한데, 특히 인도 인민당이 그렇다. 인도 국민회의라는 거함을 넘어 표심을 얻으려면 단지 견제를 위한 결집만으로는 부족하다. 그런 의미에서 힌두 민족주의 노선은 분명히 정치적 차별화와 궤가 맞아떨어진다.

언뜻 소모적인 논란 같지만, 국가명의 변경 시도 또한 비슷한 맥락에서 이해해 볼 수 있다. 그간 공식 국가명으로 잘 사용되어 온 '인디아(India)'를 국내에서 통용되는 바라트 혹은 힌두스탄으로 바꾸려는 움직임인데, 요컨대 '신두(거대한 물)'에서 '힌두', 다시 영어로 '인더스'라고 발음한 데에서 기원하는 인디아는 식민지 시대의 연장선상에 있는 영어식 이름이란 것이다.

인도 내에서는 '바라트'라는 명칭이 더 일반적이긴 하다. 현지에서는 다들 그렇게 쓰고 부르는데, 바라트는 산스크리트어로 '빛을 찾는 사람'이라는 뜻이자 고대 인도의 전설적인 황제며 인도인은 그 후손임을 의미하는 것이다. 이에 따라 힌두 민족주의가 득세한 지금에 이르러 공식 국명을 아예 '바라트' 혹은 '힌두스탄(힌두의 땅[42])'으로 바꾸려는 움직임이 있는 것이다. 같은 논리에 따라 이미 식민지 시대의 많은 도시명이 바뀌었고 최근 국가 간 초대장에도 바라트를 명기해 이슈가 되었으니, 설마설마해도 흘러가는 분위기상 과연 못 할 것도 없어 보였다.

이는 오늘날 인도가 어디에 근본을 두려 하는지 잘 보여 준다. 무굴 제국이나 식민지 시대의 연장선에 있는 것을 부정하는 건 당연한 일이다. 그리고 그 명맥을 쫓아 가장 오랜 시간을 거슬러 올라갔을 때 나오는 이름이 곧 '바라트'다.

물론 국명을 바꾸는 일이 그렇게 서두를 문제는 아니다. 세계적으로 자타 공인받은 이름을 이제 와서 굳이 변경하려 드는 것은 뜬금없을뿐더러, 그다지 실속이 없는 일이기도 하다. 무릇 한 기업의 로고만 바꿔도 천문학적인 비용이 들어가게 마련이다. 밖에서 보기엔 국력 낭비에 보여 주기식 선동에 가깝고 차라리 그것으로 길을 하나 더 내고(그러지 않아도 선거철이 다가오면 도로를 정비하는 공사가 많아진다) 빈곤층을 살피는 것이 어떠냐고 할 수 있다.

그러나 다른 한편으로 볼 때, 거대 사원 건립에 공을 들일 만큼 힌두 민족주의에 의거한 다방면의 '우리 것 바로 세우기 사업'은 그만한 의미와 의도를 내포하고 있다. 먼저 당장 기별이 가는 화끈한 액션을 취함으로써 관련 사업을 벌이고 필요한 곳의 민심도 얻는 것이다. 단순히 힌두 민족주의에 근거한 선전 선동만은 아니다. 국명의 변경 시도 또한 실은 상대 야당인 인도 국민회의 주도의 범야권 연합에서 인디아 연맹(Indian National Development Inclusive Alliance)이라는 이름을 내걸자 이를 견제하려는 정치적 계산이 깔려 있었다. 상대가 국명(인디아)과 동일하게 불리는 것

---

42 신드에서 비롯한 '힌두'와 땅이라는 의미의 '스탄'을 결합한 이름이다.

이 달가울 리 없다.

그래도 국명의 변경은 너무 나간 듯했고, 합리적인 절차가 있어 인도 대법원은 이미 한 차례 이를 기각(2014년)한 바 있다. 진짜 바꾸려 했는가? 모른다. 가능한가? 글쎄. 하지만 그 의도만큼은 분명하다. 다분히 상대를 의식한 것인데, 앞서 인도 인민당의 정치적 차별화에 대해 언급했듯, 인도 국민회의의 오랜 명성과 상징성은 늘 신경이 쓰이는 부분이다. 독립 당시 인디아라는 이름을 계승한 인도 국민회의고, 때마다 언급(대중에 노출)되는 간디와 네루의 이름은 부담스럽다. 독립부터 근현대의 정치사에 이르기까지 그들의 발자국은 뚜렷하고, 이를 자양분 삼아 오랜 시간 인도 정치계의 중심에 서 왔는데, 유권자의 상당수가 그 상징성에 쉽게 기울 수 있다는 점은 요주의 사항이다(문해력의 이유로 선거에서 문자 대신 상징적 기호물로 정당의 표기를 대신한다). 그런 까닭에 이와 명확히 구별되고자 인도 인민당은 간디와 네루처럼 인도 국민회의를 대표하는 인물 대신 여타 독립운동가의 업적을 더 부각하고 그들의 거대 동상이나 기념관을 세우려 한다.

마찬가지로 가령 간디 자얀티(간디 탄생 기념일)[43]와 같은 기념일에 참석하냐 아니냐는 것도 예민한 문제가 아닐 수 없다. 어떤 행사에 정부와 여야 인사가 참석 혹은 불참한 것을 두고 말이 많듯, 참석하지 않으면 좋지 못한 소리가 나올 틈을 주고 참석하자니 상대 정당의 '대부'를 칭송하는 것 같은 딜레마에 빠진다. 네루 일가의 경우 현대 정치사에 있어 평가가 나뉠 수 있지만, 널리 존경받는 간디는 신성불가침의 영역에 가까워 그 행적을 두고 비판적인 시각을 보인 결과 오히려 역풍을 맞기도 한다.

---

43 10월 2일로 '세계 비폭력의 날'이기도 하다.

결국 인도 인민당 입장에서는 선명히 각인된 상대의 흔적을 지울 수 있느냐, 지우지 못하면 최소한 흐릿하게 만들 수 있느냐의 문제로 볼 수 있다. 세월이 흘러 인도 국민회의 역시 이제 옛 명성에만 기댈 순 없으나, 바라트의 후손을 자처하는 인도 사람들의 기억력도 쉽게 흐릿해지지 않는다. 선거에 가까워질수록 이러한 차별화 이슈는 늘 부각되고, 그 양상은 어느 정도 일관성을 가지고 반복된다고 할 수 있다.

한편 이것으로 인도 국내 정치는 늘 복잡한 속내를 가지고 잔뜩 신경이 곤두서 있다는 걸 알 수 있다. 대외 정치와 외교도 중요하지만 일단 내부를 단속한다는 일이 어렵고, 그래야만 걱정 많고 덩치 큰 코끼리를 원하는 방향으로 움직일 수 있다.

현실적으로 보자면, 그런 의미에서 모디는 나름의 해법을 제시한다고 볼 수 있다. 주류에 집중하는 것이다. 물론 이상적인 것과는 거리가 멀지만, 정의와 불의 혹은 옳고 그름을 떠나서 보면, 일보 전진 후 일보 후퇴를 거듭했던 인도가 최근 단번에 이보를 전진할 수 있었던 이유도 여기서 찾을 수 있다. 인도 민족주의가 아닌 힌두 민족주의이고, 거국적 통합이 아닌 힌두 중심의 통합에 의한 다수의 결집이다.

이에 따른 애국주의 여론몰이 또한 두드러지는 움직임이다. 소위 국뽕이다. 가벼운 예를 들자면 역시 최근 인도 영화가 그 분위기를 잘 반영한다고 본다. 가령 우주(화성) 탐사에 관한 실화[44] 등 자랑스러운 업적을 소재로 다뤄 자부심을 고취하는 영화는 기본이다. 더욱 노골적으로 '적'에 대

---

44 영화 <미션 망갈(2019년)>로 '망갈'은 힌디어로 '화성'을 뜻하는데, 다름 아닌 인도의 화성 궤도 탐사 임무(망갈리얀)를 실화로 다룬 것이다.

한 적개심을 드러내며 애국심을 자극하는 영화도 적지 않다. 주로 인도와 파키스탄 간에 일어난 테러와 분쟁을 소재로 삼는 경우인데, 카슈미르 등 접경지대에서 발생한 파키스탄 배후의 적대 행위와 이에 대한 복수를 다룬다. 그래도 이 정도는 목이 좀 걸쭉해도 기꺼이 삼킬 수 있는 오락 영화에 해당한다. 요컨대 (사건의 배경을 따지지 않고 즐긴다면) 인도판 <람보>나 <탑건> 정도로 볼 수 있다.

그보다 훨씬 파장이 큰 영화도 있다. 바로 어떤 의도성을 품고 사실과 다른 음모론을 가공한 경우다. 가령 인도의 젊은 여성을 끌어들여 ISIS(이라크 시리아 이슬람국가·The Islamic State of Iraq and Syria)에 가담시킨다는 '러브 지하드'의 음모론을 다룬 영화가 그렇다. 흥미롭지만 사실과는 차이가 컸는데, 이 영화에 정치계가 호응하며 갑론을박의 찬반 논란이 가열되기도 했다.[45]

물론 이와 같은 영화가 일반적인 다른 상업 영화만큼 광범위한 호응을 얻는다고 볼 수는 없다. 오히려 논란을 불러일으키며 사회 갈등을 조장한다는 면에서 비판을 면하기 어려운데, 그럼에도 지속해서 제작 및 개봉되고 있다는 점에서 최근 사회 분위기를 읽을 수 있다. 영화는 인도를 대표하는

---

45 영화 <케랄라 이야기(2023년)>에 대한 논란이다. 케랄라 지역의 많은 여성들이 친근하게 접근한 이슬람 극단주의자에 의해 무슬림으로 개종, 아프가니스탄으로 이주한 뒤 ISIS에 가담하도록 종용받았다는 '러브 지하드'의 음모론을 다루는데, 이 영화의 감독 수딥토 센은 일찍이 유사한 소재(케랄라를 이슬람 국가로 만들려는 음모론)에 대한 다큐멘터리를 연출한 바 있다. 영화는 사실을 크게 부풀려 왜곡했고 케랄라와 타밀나두 등 일부 지역에서 반대 시위가 일어나며 상영 금지 처분을 받기도 했다. 하지만 독립 이후 줄곧 인도 공산당 및 인도 국민회의가 집권한 케랄라의 정권을 불신한 극우 힌두 민족주의 정권이 의혹을 키웠다. 특히 모디 총리는 영화를 공개 지지하며 논란에 불을 지폈는데, 상영을 중단하자 정치 검열의 논란도 불거졌다. 덕분에 더욱 주목 받은 이 영화는 흥행을 거두었고, 논란에 편승한 상업주의라는 비판 또한 받았다.

그림 30 영화 <케랄라 이야기> 포스터.

문화 콘텐츠 산업으로 일부 영화는 정부로부터 제작 지원을 받는다는 점에서 그 영향 또한 간과할 수 없다.

이처럼 한때 '성난 젊은이'의 삶을 위무하고 대리 만족을 느끼게 했던 영화는 이제 자부심을 고취하고, 그 화(火)를 내외부의 '적'에게 돌리기도 한다. 비록 오락거리의 외투를 입고 있지만, 세태를 반영하고 대중에게 상당한 영향을 끼친다는 점에서 인도를 이해하는 입장에서는 그 속에 무엇을 껴입고 있는지 주목할 부분이다.

　냉정히 평가하자면, 이러한 영화들은 오랜 시간 쌓아 온 인도 영화의 명성에 반하고 앞으로의 발전에도 큰 도움이 되지 않는다고 본다. 무엇보다 일단 재미가 없다. 원래 인도 영화는 무해한 즐거움을 선사했고, 발리우드의 세계화 추세와 함께 인도를 넘어 해외 이주민 사회, 유사 문화권에서 크게 반기며 성장했다. 그러나 최근 애국주의 혹은 음모론을 바탕으로 한 정치 영화들은 얘기가 좀 다르다. 가령 특정 국가 혹은 집단(파키스탄과 무슬림)을 '적'으로 돌린 영화는 내수용에 그칠 수밖에 없다. 적어도 이슬람 문화권에서는 상영될 리 없고, 다른 곳에서도 낯 뜨겁게 여겨질 뿐이다. 한때 훌륭한 자질을 지녔고 자본이 몰렸던 중국의 영화가 왜 외면받고 있는지 돌아보면 이해할 수 있는 대목이다.

　비단 영화라는 대중문화에 국한된 것이 아니라, 사회 전반에 걸쳐 이러한 배타적 분위기의 조성은 선전성(프로파간다의 성격)을 띠며 앞서 말한 정치적 의도성을 함의하고 있다고 볼 수 있다. 힌두 중심의 민족주의에 애국심을 고취하며 갈등의 대상, 확실한 적을 설정해 내부를 결집하는 효과를 발휘하는 것이다.

② 분노가 북쪽으로 간 까닭

갈등의 대상에 대해서라면 인도와 중국의 관계에 대해서도 눈여겨볼 필요가 있다. 양국의 수장이 마치 꽃보다 남자들처럼 손을 맞잡고 웃어 보이지만, 이웃 나라 사이가 좋을 리 없단 말은 양국 간에도 해당한다.

식민지 시대, 인도와 티베트의 국경을 두고 맺은 심라 협정(1914년) 때부터 두 국가의 이해관계는 첨예하게 갈렸다. 세계에서 가장 긴 국경선을 두고 무려 백 년이 넘도록 거대한 두 국가가 맞닿은 만큼 분쟁의 '환부'가 여러 곳에 걸쳐 넓게 퍼져 있는데, 최근 카슈미르에서 양국 간에 물리적 충돌(2020년 갈완계곡)이 일어난 이후 평화적인 해결을 천명하긴 했으나 때에 따라 냉온탕을 오가는 분위기다.

양국 간의 국경 분쟁은 크게 세 지역에서 이어져 왔다. 먼저 동부의 접경지다. 인도에서는 아룬나찰 프라데시주로 명명한 지역인데, 거기엔 티베트 문제도 끼어 있다. 티베트의 주권을 인정하지 않는 중국의 입장에서 앞서 언급한 심라 협정은, 당시 강대국인 영국의 압력으로 영국령 인도에 유리하게 맺어진 것이기 때문에 그 국경선(맥마흔 라인[46])은 인정할 수 없다는 주장이다. 중국은 그 지역을 남 티베트로 부르며 이를 포함한 나름의 국경선을 긋고 있다.

다음은 중부 시킴의 실리구리 회랑(닭의 목)이다. 좁고 긴 형태로 다른 곳보다 상대적으로 짧은 접경 지역(길이 60km, 폭 20km)이지만 인도 본토와 동북부 지역을 잇는 관문이라는 지리적 중요성이 있으며, 전략적으로 결코 물러설 수 없는 곳이다. 인도로서는 중국이 길목을 끊을 수 있다는

---

46 맥마흔 라인(McMahon Line). 1914년 영국, 중국, 티베트 대표가 모여 정해진 히말라야의 국경선으로 영국 대표의 이름이 맥마흔이었다. 이는 인도와 중국 간 국경 분쟁에 있어 갈등의 씨앗이 되었다.

점에서 핵심 안보 지역으로 꼽는 곳이다.[47]

마지막은 최근 물리적 충돌이 일어난 바 있는 서쪽의 접경지 카슈미르다. 인도 입장에서 카슈미르는 매력적이지만 복잡한 이력을 가진 연인과 같다. 인도 사람들도 손꼽는 수려한 자연 풍경에 풍부한 자원을 가진 비옥한 땅으로 이곳은 파키스탄과의 오랜 분쟁이 이어지는 무대[48]이기도 하다. 그리고 그 가운데 악사이 친(Aksai Chin) 지역이 바로 인도와 중국 두 나라 모두 자국의 영토를 주장하는 곳이다. 이곳이야말로 양국 간 국경 분쟁의 핵심 지역이라고 할 수 있다. 중국의 신장과 티베트를 연결하는 길(카라코람)이 놓여 있어 이 길을 장악하는 것이 양국에 있어 전략적으로 매우 중요한 까닭이다. 중국은 이 길을 통해 군사적 영향력을 유지할 수 있는 반면, 인도의 입장에서는 중국을 견제하며 그 군사적 영향력을 억제할 수 있다. 이는 길과 더불어 물의 문제이기도 하다. 수자원이 귀한 두 대국에 있어서 히말라야 일대는 중요한 발원지이므로 양보하기 어렵다. 또한 인도에 있어 히말라야는 '신의 거처'로도 여겨진다. 과거 이 지역을 두고 전쟁[49]이 일어나기도 했는데, 이후 이 지역에 실질통제선(LAC[50])을 두고 양국 간의 임시 경계로 삼아 왔지만, 최근 카슈미르 라다크 지역의 갈완 계곡에서 다시 물리적인 충돌이 일어나며 양국 간에 긴장감이 감돌았던 바 있다.

양국의 국제 정치 및 외교적 관계에 있어서는 최근 다시 언급되는 '글로벌

---

47 1967년 한 차례 무력 충돌이 있었고, 양측이 많은 사상자를 낸 가운데 인도의 비교 우세로 끝났다. 2017년 중국이 이곳에 도로 건설을 시작하며 다시금 대립하고 있다.
48 인도와 파키스탄의 국경은 래드클리프 라인이다.

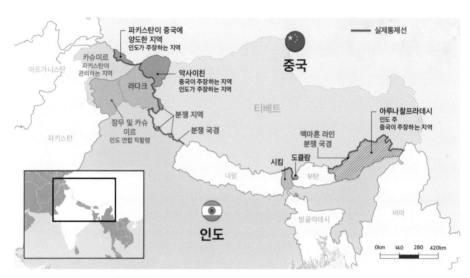

그림 31 인도와 중국의 국경 분쟁(출처: 인도 태평양 디펜스 포럼).

사우스(Global South)'가 화두다. 제3세계 개발 도상국을 지칭하는 이 개념은 미·중 경쟁 시대 재차 주목받는 키워드다. 지리적 차원에서 묶은 개념이지만, 북반구에 위치한 인구 대국 인도와 중국이 이들 남반구의 주요 개발 도상국의 리더와 대변인을 자처하고 있는데, 국제 관계에 있어 중심이 되는 한 축을 차지하려는 의도로 이는 단순히 지리적 차원을 떠나 정치, 외교 전략상 중요한 의미가 있고, 양국 모두 경쟁적으로 이들과의 협력을 주도하며 영향력을 강화하려 든다는 점에서 두 나라는 경쟁적 관계에 놓여 있다.[51]

이것으로 볼 때, 양국은 오랜 난제인 국경 분쟁은 물론, 남아시아에 대한 이해관계와 국제 사회에 끼치는 영향력까지 대립하는데, 갈수록 복잡 미묘해지는 이웃 관계다. 이에 따라 중국이 파키스탄 및 러시아와의 관계를 형성한다면 인도는 러시아와 미국과의 관계를 통해 이를 견제한다. 기

49 공산당 정권 수립 후 맥마흔 라인의 부당성을 주장한 중국이 티베트를 강제 합병(1950년)했고, 소련과의 관계로 사태를 방관했던 인도는 맥마흔 라인에 근거한 영토 확정을 원했다. 달라이 라마가 인도 망명 정부(1959년)를 세우며 양국 간 갈등이 고조되었고 냉전 시대엔 국경 문제 및 제3세계의 주도권을 두고 대립각을 세웠다. 인도는 중국과 파키스탄을 견제하며 소련과 가까웠던 반면, 중국과 소련의 관계는 악화되었고, 소련과 중국을 견제한 미국 또한 인도에 우호적인 자세를 취하며 정세는 인도에 유리하게 흘러갔다. 이러한 상황에서 양국 간 전면전(1962년)이 발생했고 제공권과 군수물자의 보급에서 인도의 우세를 점쳤으나 실전 경험과 전술적 우위를 바탕으로 중국이 전세를 뒤집었다. 파죽지세로 인도 영내까지 진군한 중국이 휴전 선언 및 군대를 철수하며 전쟁은 일단락되었는데 자존심을 건 싸움으로 인도엔 굴욕적인 결과였다. 중국은 이 전쟁으로 카슈미르의 악사이친 지역을 점령하고 신장과 티베트를 잇는 도로를 건설했지만, 인도는 이 지역에 대한 영유권을 계속 주장하고 있다.

50 양국 군대를 물리적으로 분리해 군사 활동을 금지하는 등 국제적으로 공인된 비무장지대(DMZ, Demilitarized zones)와 달리 실질통제선(LAC, Line of Actual Control)은 양국 불합의의 비공식적인 군사 경계선이다.

51 참고 문헌, <인도의 글로벌 사우스 전략과 시사점, 조원득, 국립외교원 외교안보연구소, 남아시아 이슈페이퍼 25>.

본적으로는 밀고 당기는 고지전, 서로 평행선을 그리며 국내외 정세에 따라 반목과 화해가 되풀이될 공산이 크다.

한편 경제적 관점에서는 이야기가 또 다르다. 무역에 있어서 당장 아쉬운 쪽은 중국이다. 인도를 무작정 적으로 돌릴 수 없는데, 인도 최대의 수입국이 중국[52]이기 때문이다. 반면 인도의 중국 수출은 미미하다. 한쪽으로 기울어져 있으므로 인도로서는 불만인 동시에 사용할 만한 패(覇)를 손에 쥔 셈이다. 최근 국경 분쟁에 대한 인도의 답이 그랬다. 중국 기업 및 중국산 제품에 대한 규제와 제재[53] 그리고 양국 간 직항 노선의 폐쇄 등 경제 보복의 양상을 띠었다. 급한 중국이 화해의 제스처를 취해도 인도 입장은 다르다. 얻을 건 얻어야 한다. 성장세가 꺾인 중국에 비해 지속해서 가파른 성장세를 이어 가고 있는 인도가 당장은 여러모로 유리한 입장이기도 하다. 특히 중국에 있어서 최근 인도의 경제 성장은 상당히 위협적이다. 라이벌이라고는 하나 과거엔 한쪽으로 기울어 있었다면, 오랜 잠에서 깨어난 인도가 잠재력을 제대로 발휘할 경우 중국의 위치는 더욱 흔들릴 수밖에 없다.

이처럼 규모의 경제에서 인도가 중국에 필적할 만한 대국으로 올라서고 있는 상황은 향후 양국의 관계에 있어 상당한 영향을 미칠 것이다. 경제적 관점에서는 경쟁하는 다른 한편으로 서로 간의 협력과 상생이 필요한 입장이다. 그러므로 두 이웃은 (적어도 겉으로는) 상생의 협력 관계를 추구한다고 말할 테지만, 분명 속내가 편할 수만은 없다. 서로를 기회로 삼

---

52 인도의 국가별 수입액은 중국이 약 1,200억 달러로 1위를 차지하는데, 이는 미국의 3배에 해당한다(2023년).

53 중국 기업의 세무 조사, 비자 발급 감소, 틱톡 금지, 화웨이 등의 인도 5G 사업 배제 등이 있었다.

아야 하지만, 그러기엔 맞닿은 분쟁의 국경선이 너무 길다. 다만 무엇보다 둘 다 민생, 대국을 배불리 먹여 살리는 문제가 중요하고, 경제적으로 서로에게 서로가 필요한 이상 이는 국경 분쟁과같이 첨예한 다른 이슈에서도 선을 크게 넘지 않게 하는 억제 요소로 작용할 수 있다.

한편 내재한 불만과 분노를 밖으로 돌린다는 점에서도 두 나라는 비슷한 방향성을 가진다. 그런 관점으로 보면 대국이라고 불리는 나라가 품고 있는 문제와 그에 대한 답이란 실상 밖이 아니라 안에 있는 것이라고도 볼 수 있을 듯하다. 그리고 보니 서로 간의 증오를 이용하고, 이를 필요한 분열과 결집의 운동 에너지로 치환하는 건 일찍이 어디선가 많이 본 듯한 솜씨다. 바로 식민지 시대의 반간계다. 하필 그로 인해 그어진 국경선으로 말미암아 분쟁의 씨앗이 자라났고 또 유사한 방식으로 서로 반목하니, 이제 와서 떠난 사람 탓할 수도 없고 안타까운 일이다.

　양국의 관계 또한 불안한(?) 내부의 또 다른 결집 수단으로 활용될 수 있다. 분쟁의 완전한 해소는 사실상 어렵고 앞으로도 여러 면에서 이해관계가 상충할 수밖에 없다. 다만 서로를 향한 분노를 동력으로 삼기엔 매우 위험천만한 일이 아닐 수 없고, 선을 크게 넘으면 두 나라 모두에게 손해인 것은 분명하니, 따라서 긴장과 화해의 관계가 되풀이될 공산이 크다.

③ 기원설의 숨은 의도

그래도 한 이불처럼 히말라야 자락을 붙잡고 함께 뒤척여 온 탓인지, 인도와 중국 두 나라는 가만 보면 닮은 점이 의외로 많다. 다들 헛웃음을 짓고 마는 기원설의 주장 또한 그렇다. 먼저 중국은 어느 순간부터 자신들의 '쿠주(蹴鞠)[54]'가 축구의 기원이라고 주장한다. 아주 먼 옛날 중국 한 왕조(B.C. 206~A.D. 220년)의 기록에 따르면 군대의 체력 훈련이자 상류층의 오락으로 인기를 얻었다는 것인데, 공 모양의 무언가를 차고 노는 것만이라면 뉘 집 강아지도 즐기거니와 인간의 본능에 가까우니, 과연 그러한 유희의 형태란 이미 오래전부터 등장했을 만하다. 또 가만 생각해 보면 우리가 굳이 영국을 종주국으로 보는 서구의 '축구 사관'을 고수할 이유도 없어 그건 왜 안 되냐고 반문해 볼 수 있다. 잃을 것이 없으니, 비위를 맞춰야 하는 처지에서는 살짝 눈 감고 고개를 끄덕여 주는 경우도 있다.

다만, 단지 공을 먼저 발로 찼다고 오늘날 축구의 기원이라고 주장하는 건 무리다. 일단 월드컵을 못 나가는 이상 설득력이 없는데, 발전된 형태의 현대 스포츠로 이미 세계인의 공인을 받은 것을 뒤엎는 그러한 주장은 오히려 생떼와 억지 같아 비아냥의 대상이 되고 만다. 그러지 않아도 자랑할 만한 문명의 유산은 많음에도 단 하나도 양보할 수 없다는 듯 안하무인격으로 "다 내가 처음이야. 세상의 중심은 나야 나!"라고 하는 것 같아 눈살을 찌푸리게 한다. 아이가 아닌 이상, 여유 없이 촌스럽고 게걸스럽게 보이며, 오히려 '대국'다운 품격이 없어 보인다. 자고로 인정은 강요하는 것이 아니라 받아야 하는 법이다.

그런데 재밌는 것은 중국만이 아니라, 인도 역시 그와 같은 기원설을 내놓는다는 점이다. 가령 비행기는 라이트 형제가 아닌 고대 인도 때 이미 개발되었다는 주장인데, 그 증거는 대서사시 속에서 비행체가 처음 언급된다는 것으로, <라마야나>에서 신들이 타는 비행체인 '바하나(일종의 탈 것)'가 나오고, 이는 또 다른 대서사시 <마하바라타>에서도 등장하며, 그것이 비행에 관한 상상의 시발점이 되었다는 얘기다. 이러한 설이 교육부

---

54 축구. 농구, 축구, 배구가 혼합된 것과 유사한 고대 중국의 공놀이다.

인사(청소년 교육부 장관)의 입에서 나왔다는 점은 자못 흥미로운데, 이 또한 '쿠주'처럼 기원전까지 거슬러 올라가니 라이트 형제는 도저히 이길 방법이 없다.

실제로 인도에서는 이러한 설을 모티브로 삼은 픽션도 꽤 많다. 가령 인도의 댄 브라운[55]을 연상케 하는 크리스토퍼 C. 도일의 소설 <더 마하바라타 시크릿>이 그러한 예로, '바하나'를 현대의 대량 살상 무기에 비유하고 이를 차지하려는 쫓고 쫓기는 싸움을 그리는데, 이와 같은 소재는 그 밖에도 신화를 기반한 픽션, 특히 SF 영화에서 흔히 쓰인다. 이러한 기원설이 너무 나갔다고 생각한다면, 물론 좀 더 현실적인 버전의 기원설도 마련되어 있다. 라이트 형제가 비행에 성공하기 8년 전인 1895년에 이미 쉬브카르 바푸지 탈파데(1864~1916년)라는 학자가 무인 비행체를 날렸다는 얘기다. 다만 대서사시 기원설이 입에 착 달라붙는 건 사실이다.

한편, 이 또한 인도 기원설의 끝판왕은 못 된다. 인도 기원설의 백미는 신화로 이어지는데, 바로 성형술의 기원에 관한 이야기다. 앞서 아이의 몸에 코끼리의 얼굴을 붙인 가네샤(코끼리 신)에 대해 소개한 바 있는데, 바로 그것이 최초의 성형술이라는 것이다. 프랑켄슈타인도 아차 싶을 주장인데, 그렇다면 파괴의 신 시바는 최초의 성형외과 의사, 성형의 신이며, 안면의 파괴는 곧 재건이다.

이쯤 되면 아마도 반응은 중국의 경우와 다를 바 없을 듯하다. 대체 그게 말이 되는가 싶다. 다만 중국이 학자를 동원해 이론적 논리를 제시한다면, 인도는 대서사시와 신화로부터 근거를 찾는다는 점에서 다르다. 참신

---

55 미국의 소설가로 대표작으로 <다빈치 코드>가 있다.

하고 풍부한 상상력에 더욱 비현실적으로 들리는 대신, 중국의 딱딱한 주장보다는 비교적 마음 편히 흘려 들을 수 있는데, 인도 사람들은 신화와 대서사시 속의 이야기를 평생 듣고 외우며 삶의 지침으로 따르니, 그렇게 (비현실적인 상상으로) 치부할 수만은 없다. 중국이 정색하고 이론적으로 접근한다면, 인도는 친숙한 이야기를 통해 접근하는 것이 '추구하고자 하는 어떠한 목적의 달성'에 더 부합한다.

결국 다소 황당한 기원설에서 주목할 점은 말이 되고 안 되고가 아니라, 그것이 의도하는 바다. 목적은 이를 근거로 자국민을 교육하고 긍지와 자부심을 고취해 하나로 결집하는 것이다. 또 하나의 내부 결집 수단이다. 그러한 측면에서 보면, 밖에서 어떻게 바라보더라도 크게 상관하지 않는다고 볼 수 있다. 그들도 일부는 억지라는 것을 모를 리 없고 곧이곧대로 받아들이지 않겠으나, 앞으로도 미처 상상하지 못했던 '놀라운 가설'이 등장할 가능성은 크다.

그러고 보면, 인도와 중국, 두 나라 모두 문명의 발상지다. 부담스러운 기원설 외에도 저작권을 주장할 만한 문명의 유산은 많다. 가령 오늘날 우리가 입는 잠옷(파자마)도 인도에서 유래했다. 불편하게 몸에 딱 달라붙는 옷을 입고 인도를 찾아온 유럽인들이 인도의 일상복인 쿠르타를 입어 본 것이 계기가 되었는데, 일상과 매우 밀접한 가벼운 예이고, 다시 말해 무리 없이 납득할 만한 설도 많다는 의미다.

그럼에도 굳이 '놀라운 가설'을 피력하는 이유는, 그것이 단지 대국의 허세나 '내부 용도'에 그치는 않음을 시사한다. 분명 의도가 있고, 이에 대한 나의 가설은 이렇다. 한동안 억눌려 있었던 두 문명은 이제 기지개를 켜며 반전을 꾀한다고 볼 수 있다. 문명의 반격이다. 따라서 품격 없어 보이는 기원설 또한 모종의 밑 작업으로, 충분한 시간과 공을 들인 이후 다가올 미래엔 기존의 설을 하나씩 '인해전술'로 압도하려 들 것이다.

그렇다면 위기감을 가져야 한다. 물론 중국의 축구, 인도의 비행기와 성형술 등의 기원설 정도는 그냥 웃고 넘길 수 있다. 어떠한 부분은 그렇다고 한들 크게 상관이 없다. 다만 어떤 가설, 가령 역사 공정이 위험하다는 건 모두가 공감한다. 패권 추구에 따른 장기적인 포석이기 때문이다. 이에 대해서는 단순한 비판과 항변으로 대응할 것이 아니라, 상응하는 나름의 공정을 이어 나가 가설과 논리를 공고히 해 두지 않으면, 자칫 뿌리째 휘말려 도태될 수 있다는 위기감을 가져야 한다. 우리는 그간 겸손한 것이 미덕이고 객관적인 진실에 관해 논하며 우리끼리 다투었지만, 바깥의 상대는 결코 겸손하지 않다. 객관적인 진실만을 말하지도 않는다. 그렇다면 과연 진실이란 객관적일 수 있는지, 우리의 겸손은 누구를 위한 것인지 되물어야 할 시기다.

4장
기초의 가능성

새 천 년이 시작되고 인도로 갈 두 번째 기회를 얻었다. 이참에 기필코 인도의 남쪽 끝까지 내려가 볼 작정이었다. 일단 델리에서 몇 주간 머물러야 했다. 그러는 사이 틈나는 대로 보폭이 닿는 몇몇 곳들을 탐하며 초조함을 달랬는데, 출발 신호가 울리자마자 자이푸르를 거쳐 곧장 라자스탄주 푸쉬카르로 건너갔다. 이번에도 역시 기차였고, 그보다 더 적당한 방법은 없어 보였다.

출발은 순탄했다. 두 번째라 꽤 자신감이 붙어 있기도 했다. 그런데 거기서부터 좀 곤란한 일을 겪었다. 구자라트주를 거쳐 무리해서 남진하다 보니 실수로 엉뚱한 기차에 올라탔다. 결국 어느 시골역에 내리고 말았는데, 이미 날은 어둡고, 주위를 헤매다가 급한 대로 하룻밤을 <황야의 무법자>에 나올 법한 여인숙에서 묵었다. 일층에 왁자지껄한 식당이 있고 바로 위층에 객실이 있었다. 하지만 돈은 있어도 더 괜찮은 숙소를 찾을 리 만무한 곳이었다.

　간단히 식사하고 방에 올라갔는데 이상하리만치 잠이 쏟아졌다. 여기가 어딘지 몰랐고, 보통 그런 상황이라면 걱정스러운 밤을 보내야 옳지만, 바닥에 물이 첨벙대고 침대가 눅눅해도 모처럼 단잠을 잤다. 한번 겪어 봤

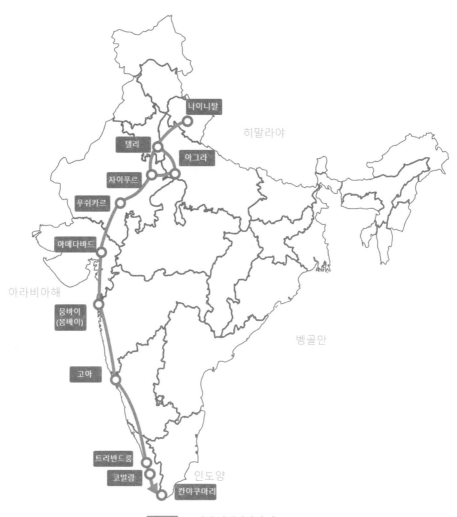

히말라야

나이니탈

델리

아그라

자이푸르

푸쉬카르

아메다바드

아라비아해

뭄바이
(봄베이)

벵골만

고아

트리반드룸

코발람

인도양

칸야쿠마리

그림 32 두 번째 여행에서의 여로(땅끝으로).

다고 부리는 만용이겠으나, 인도엔 절대 안 되는 일도 없다는 걸 이미 눈치챘던 것일지도 모른다.

물론 겪어 봤다고 긴장을 놓을 수 없다는 것 또한 그날 깨달았다. 다만 뜻대로 되지 않을 때는 속으로 '옴(Om)'하고 읊으며 평정심을 유지하면 된다. 마음을 가라앉힌 다음 차분하게 기다리면 또 길이 보인다. 이것은 때때로 곤란을 겪는 여행뿐 아니라 인도에서 겪게 될 다른 일들도 마찬가지, 크게 다를 바 없다.

다음 날, 우여곡절 끝에 다시 정상 궤도에 오를 수 있었다. 애초 조바심을 낸 까닭에 길을 이탈한 것이었다. 그러므로 어차피 길은 남쪽으로 이어진다며 마음의 여유를 가지기로 했다. 그러자 길이 보였다. 아라비아해를 따라 뭄바이, 고아, 트리반드룸, 코발람 등을 거쳐 대륙을 종단했다. 지난번은 동쪽 해안을 타고 내려갔다면 이번에는 서쪽 해안이었다. 그리고 마침내 남인도에 닿았다.

그건 또 다른 인도였다. 특히 케랄라주는 결이 좀 달랐다. 다른 지역과 다르게 인도 공산당이 주로 집권하며 사회주의와 공산주의가 득세한 곳이라고 들었고 어쩐지 가 보기 전부터 경계심을 느꼈는데, 막상 가 보니 긴장이 풀렸다. 여전히 인도이지만 조금 다른 느낌, 다소 여유로워 보였다.[1] 인도라는 우주에 수많은 별이 있어 인도가 어떤 곳이라는 것을 쉽게 단정하기 어렵게 만드는 또 하나의 표본 같았다.

그리고 마지막 종착지는 타밀나두주 칸야쿠마리였다. 그곳이 인도양과 아라비아해 그리고 벵골만이 만나는 인도의 땅끝이다. 당시만 해도 외

---

[1] 오랜 기간 지속된 주 정부의 교육 개혁과 복지 정책으로 다른 지역보다 교육 수준이 월등히 높고, 계급 및 빈곤 타파와 양성평등 또한 상당한 진척을 이룬 곳이다.

국인을 찾아보기 드문 그곳에서 혼자 맥주 한잔하는데, 역시 모르겠다는 생각이 들었다. 여전히 빙산의 일각만 보는 듯했고, 평생을 다녀도 모두 가 보긴 어려울 듯했다. 그래도 남쪽 끝까지 가 보겠다는 소망을 이뤘으니, 그것으로 족했다. 순식간에 취기가 올랐다. 기어이 찾아간 곳인데 생각보다 쉽게 잠이 들고 말았다. 자쿠지까지 있는 좋은 숙소를 잡았는데…… 또다시 잠이 쏟아졌다. 맘 편히 잠들었다기보다는 잠을 좀 자둬야 했다. 또 다음 일정이 코앞에 다가와 있었기 때문이다.

여행의 인도는 그것이 마지막이었다. 물론 당시엔 그것을 알 리 없었다. 하지만 (업으로 삼지 않는 이상) 평생 여행만 다닐 순 없었다. 과연 그때 이후로는 출장이나 주재원 생활 등을 통해 인도와 마주했다.

4-1 교육의 힘

인도의 자랑거리로 자주 언급되는 한 가지는 세계 무대에서 활약하는 특출난 인재들이다. 한 나라의 수장부터 천재적인 두뇌의 석학, 입지전적인 사업가와 소위 '인도 최고의 수출 자원'이라고 말하는 세계 굴지의 기업 경영진[2]까지 무수히 많다. 여기서 인도에 대한 이미지는 극명하게 갈린다. 인도에 온 누군가 고개를 갸웃하며 묻는다.

"어떻게 가능하죠?"

겉모습만 보면 그럴 수 있다. 그러면서 내리는 결론은 일단 인구가 많

---

2   마이크로소프트 CEO 사티아 나델라, 구글 CEO 순다르 피차이, 어도비 CEO 샨타누 나라옌, IBM CEO 아르빈드 크리슈나 등이 있다(2024년).

으니 인재도 많다는 것이다. 좀 더 나아가 명문가 출신의 해외 유학파를 언급한다. 또 식민지 시대에 세계 각지로 나가 영구 정착한 인도계 이주민의 자손도 있다. 일반적이지 않은 특별 케이스로 분류한다. 다만 그것이 다는 아니다. 인도 출생으로 순수 국내 교육 과정을 거쳐 해외로 나가 자수성가한 천재들도 적지 않다. 인도라는 틀에 머물지 않고 그곳에서 학부나 석박사 과정을 거치며 자신의 무대를 세계로 넓혔다. 이제 인도 사람이 CEO라고 크게 놀랄 이유는 없다. 세계 무대에서 성공하겠다는 꿈 하나 가지고 고국을 떠난 그들이 시간이 흘러 능력을 발휘하고 그 자리에 올랐을 뿐이다. 어찌 보면 인도에 대한 선입견이 그들을 인생 역전의 주인공으로 만드는 것인지도 모른다.

한편 인도 사람들이 일찍이 유학의 길에 눈을 뜬 건 사실이다. 명문가의 영재 교육이 그랬는데, 앞서 언급했듯 간디나 네루 같은 인물부터 영국 유학파 출신이다. 마하트마(위대한 영혼)가 되기 이전의 간디는 대대로 토후국의 수상을 지낸 명문가의 후손[3]이었는데, 앞날의 수상에 해당하는 직장이 무엇일지 고민한 끝에 종교적 금기를 어기고 유학을 떠나 법률가의 길을 걸었다. 지금도 귀한 자식 혼자 보내기를 주저하고는 하지만, 당시는 해외로 나가면 전통과 관습을 이어 나가기 어렵다는 이유로 원로들이 유학을 결정한 그를 퇴출하다시피 했으니, 변화하는 시대에 발맞춰 이른 시기 큰 결단을 내렸다고 할 수 있다.

유학을 보내는 목적은 지금도 그때나 다름없다. 세계로 나가 넓은 시각을 가진 인재로 성장할 수 있을뿐더러, 국내로 되돌아오더라도 금의환향할 수 있다. 아무나 갈 수 없으니, 제대로만 한다면 우위에 선다. 그러므

---

3   마하트마 간디의 본명은 모한다스 카람찬드 간디(1869~1948년)로 인도 서부의 항구 도시 포르반다르의 명문가 출신이다.

로 오늘날 인도 상류층의 자녀도 이른 시기에 유학을 보낸다. 그렇다고 설마하니 유학 지상주의란 의미는 아니지만, 그런 방식으로 가문의 명맥을 이어 나간다는 것이 아주 틀린 말은 아니다.

한편 자수성가형 인재들은 형편이 다르다. 주로 교육을 중시하는 중산층 집안에서 자라난 그들은 스스로 기회를 만들어야 하고, 그만큼 노력한다. 타고난 재능과 더불어 그것이 그들의 특별함이다. 그들은 앞으로도 '최고의 수출 자원'으로 세계 무대에서 돋보일 가능성이 크다.

그런데 이렇게만 보면 우리와 별반 다를 것도 없다. 교육열이 높은 한국도 일찍이 유학을 많이 보냈다. 서구권 국가로 간 것이야 굳이 말할 필요도 없다. 이미 20~30여 년 전에 중국에서 학부 과정을 다니는 경우를 보았고, 자녀의 인도 조기 유학을 문의하기도 했다. 유학이 인도 사람들만의 비결일 리 없다.

그보다는 각 분야에서 학업을 마치고 사회에 진출한 이후 어느 위치까지 올라가느냐에 있어 다소 차이를 보이는 듯하다. 가령 IT의 중심지 실리콘밸리로 보면, 개개인으로 평가할 때는 한국인 역시 못지않은 능력을 갖췄고 일 잘하는 성실한 인재로 통하지만, 인도계(혹은 대만 등 중국계)가 더 높은 지위로 올라가 전면에 나서고 있다.[4]

그 이유에 관한 주장은 이렇다. 말하자면 일종의 환경론인데, 인도 사람들은 워낙 인구가 많은 환경에서 태어나 자라 태생적으로 경쟁심과 투쟁심이 강할 수밖에 없다는 것이다. 그래서 어려서부터 생존하려다 보니 협력과 팀워크가 중요하다는 걸 배우고, 무질서한 문화(?) 속에서 창의력

---

4   실리콘밸리의 인종 비율 : 동양인 35%, 백인 33%, 히스패닉 25%, 흑인 2% / 동양인의 구성 : 중국계 18%, 인도계 13%, 베트남 10%, 필리핀 10%, 기타 12% (2019년).

마저 갖추며, 특히 출신 계층이 낮을수록 기존 인도 사회에서 벗어나는 기회로 삼고자 하는(돌아가지 않으려는) 절박함이 있다는 얘기다. 게다가 영어가 공용어이기 때문에 의사소통에 제약이 전혀 없고, 똘똘 뭉쳐 각계각층의 네트워크를 형성할 줄 안다는 점 또한 장점으로 꼽는다[5].

인구가 많아 빽빽하니 사는 것이 치열하고, 낮은 계층일수록 절박하다는 말은 과연 일리가 있는 말이다. 다만 이러한 주장엔 오해와 편견도 다소 숨어 있는 듯한데, 생존을 위한 협력과 팀워크라는 말은 비약이 심하다. 마치 갱스터의 세계인 것만 같은데, 물론 개천에서 용 나는 경우(낮은 계급 출신으로 찢어지게 가난한 환경에서 많은 형제들 가운데 태어나 어렵사리 교육받고 재능을 인정받아 그 위치에 오른 입지전적인 인물)도 있으나, 일반화하기는 어려운 이야기다.

그보다는 교육의 힘을 믿는 사람들이 만들어 낸 결과라고 말하고 싶다. 그들의 면면을 살펴보면, 중산층에 크게 유복하진 않아도 어려서부터 교육을 중시하는 환경 속에 자라나 재능이 두드러진 경우가 더 일반적이라고 할 수 있다. 나름의 크고 작은 무용담은 있을지언정 진짜 태생적으로 생존을 위협받았다고 볼 수 있는 사람은 드물다. 물론 전통적인 상위 계층 출신은 아닌 까닭에 그 굴레를 벗어난 곳에서 자리 잡고 싶은 간절함은 있을 수 있다. 다만 동의어처럼 섞어 쓰는 간절함과 절박함 사이엔 미묘한 차이가 있다. 아울러 기업과 금융 등 각 분야에서 나름의 네트워크를 형성한다는 것도 특성상 기본적으로는 계층의 상하를 넘나들기란 쉽지 않다고 본다.

---

5   반면 한국인은 겸손을 미덕으로 삼아 다소 순하고 샤이하게 겉돌며 적극적으로 사회 깊숙이 스며들거나 상부상조할 만한 그들만의 네트워크를 형성하지 못한다는 것이다. 영어 의사소통이 상대적으로 약하다고도 한다.

탓을 하자는 건 아니지만, 다소 억지로 이어 붙인 논리란 생각이 든다. 인도에 대해 알려진 몇 가지 이미지를 일렬로 나열시킨 결과 나오는 해석인데, 빈국이라는 이미지, 아마 무질서할 것이라는 편견에 (모두가 좋아하는) 할리우드식 인생 역전 스토리를 더한 것에 불과하다. 실제 외부의 시선으로 인도(혹은 인도 사람)를 다룬 영화나 다큐멘터리의 줄거리는 늘 그런 한계를 가진다.

'생존'이란 표현보다는 스스로 성공하기 위한 경쟁심, 투쟁심이다. 여기에 오랜 시간 적층된 문화적 깊이와 다양성의 공존(유학으로 서구 문화까지 습득) 등으로 인해 때에 따라 유연하면서도 창의적인 능력을 가감 없이 발휘하는 것이다. 이로써 경쟁력을 가지고 각계각층에 포진하게 된 인도의 하이 브레인을 중심으로 인적 네트워크를 형성한다고 보는 것이 보다 합리적인 해석으로 보인다.

가령 마이크로소프트의 CEO 사티아 나델라(Satya Narayana Nadella)는 공무원의 아들로 태어나 인도 마니팔 공과대학(MIT·Manipal Institute of Technology)에서 학사 과정을 마치고 뜻한 바 있어 미국으로 향했는데(IT 산업의 중심지에 뛰어들고 싶었다), 부유하지 않으니 석사 과정을 거치며 여러 가지 아르바이트를 했고, 연구실에서 쪽잠을 자며 2년 만에 석사 학위를 받았다. 성공에 대한 그의 남다른 집념은 엿보여도 공무원의 아들이란 환경이 생존을 위협하는 정도는 아니다. 이미 인도 유수의 공과대학에 진학했고, 더 큰 포부를 가지고 미국으로 향했다. 다시 말해 될 만한 사람이고, 국적과 문화, 개개인의 환경이나 문화적 성향을 불문하고 스스로 확실한 의지와 목표 의식을 가진 것이 그 자리에 오른 비결이라고 봐야 한다.

다른 예로 미 대선에서 민주당 후보였던 카멀라 해리스(Kamala Devi

Harris)의 경우, 그 모친의 행적에 더 주목하게 된다. 생물학자인 어머니 샤말라 고팔란(Shyamala Gopalan)은 1958년 대학원생 신분으로 미국에 건너왔다. 남인도 타밀나두 출신으로 매우 명석한 여인이었고, 이미 그 시대에 정혼을 거부한 채 홀로 미국으로 건너온 이민자였다. 인권 운동에 참여한 지식인으로 타지에서 결혼해 해리스를 낳았는데, 해리스가 아직 어린 시절 이혼을 겪었으나 딸을 훌륭한 인재로 길러 냈다. 미국에 온 이민자로 자수성가했다고는 하나, 그 시절 인도를 고려하면, 물려받은 것부터 범상치 않은 일종의 두뇌 금수저라고 할 수 있다. 해리스의 외조부 그러니까 고팔란의 아버지 역시 공무원이었다. 해리스가 인도의 외가를 수차례 방문했던 만큼 모친이 고향을 등진 건 아니었다는 점으로 미루어 볼 때, 성별 불문 '가문의 에이스'를 미국으로 보낼 정도로 뭘 좀 아는 집안이었다.

리시 수낵(Rishi Sunak) 영국 전 총리 또한 공무원 집안 출신이다. 친가는 파키스탄 상인이고 외가가 세무 공무원 출신인데, 금수저라고는 하지만 결혼도 능력이니 나름 자수성가에 해당한다고도 볼 수 있다. 그는 엘리트 경영학도로 인도의 대표적 사업가 집안의 사위가 되며 꽃길을 걷게 되었다.[6]

아무튼 그들의 성공이 전혀 이상할 건 없다. 그렇게 볼 뿐, 인도라서 특별한 것도 아니다. 오히려 특별하다면, 인도는 주목받는 시장이자 파트너로 실리콘밸리와 24시간 협업이 가능한 곳이란 점이다. 그런 후광은 분명 작용한다고 할 수 있다.

---

6   인도계 이주민 3세로 옥스퍼드 대학과 스탠퍼드 대학원을 졸업한 후 골드만삭스와 헤지펀드사의 임원 등을 거쳤다. 장인은 인도의 빌 게이츠, 인도 IT계의 간디로 불리는 나라야나 무르티로 인도 IT기업 인포시스의 창업자다.

우리가 인도에서 주목해야 할 점은 겉으로 보이는 척박함이 아니라 내실이다. 특히 교육이 그렇다. 국내 교육 과정에서 두각을 나타내는 것부터 쉽지 않은데, 기본적으로 교육의 힘을 믿는 곳이다. 유학은 보내지 못하더라도 이미 중산층의 교육열은 상당해 일찍이 다방면에서 자녀의 재능 계발에 힘쓴다. 스승의 권위는 살아있고, 많은 인구 가운데 엄격한 교육과 치열한 경쟁 과정을 통해 옥석을 가리며, 그 결과 배출된 인재는 풍부하다. 그 비중으로 보면 전체 인구에서 소수이지만, 절대적인 숫자로는 그 어느 곳보다 많다.

인도 대학을 직접 찾아가 보면 낡은 겉모습에 실망할 수 있다. 하지만 보이는 모습에 현혹되어서는 안 된다. 유서 깊은 곳이고 입시의 경쟁률이 매우 높으며 세계적인 석학들이 훌륭한 인재를 양성하는 장소다. 들어가는 것도 바늘구멍이지만 나오기는 더더욱 어렵다. 대표적으로 인도의 MIT로 불리는 인도 공과대학(IIT·Indian Institute of Technology)은 소프트웨어 강국 인도에 있어 엘리트의 산실이자 자부심이다. 장차 인도를 이끌어 갈 인재들을 육성하며 희망적인 인도의 미래를 상징한다.

물론 인도가 그러한 여건을 갖춘 건 우연의 소산이 아니다. IIT는 하나의 대학을 지칭하는 것이 아닌데, 1961년 관련법을 통해 인도 정부가 정책적으로 육성한 공과대학이다. 델리, 뭄바이, 첸나이 등 18곳이 운영되고 있으며 현재 인도 최상위권 대학으로 분류된다. 입학시험은 세계에서 가장 어렵기로 유명하다.[7]

반면 교육의 힘이 미치지 못하는 곳이 저소득층과 빈민가다. 가난할수

---

[7] 2019년 기준으로 BRICS 대학 100위권 중 인도는 IITB(봄베이 IIT, 8위) 등 8개 IIT를 포함 하이데라바드대, 델리대, 캘커타대 등 총 19개 대학이 포함되어 있다. (QS University Rankings : BRICS, 2019년)

록 오히려 많은 자녀를 낳는 경향도 보인다. 당장의 생계가 중요한 것으로 특별한 기술 없이 가족의 생계를 위해 어려서부터 생업에 뛰어들고, 저임금의 단순노동에 종사하는 경우가 많다. 의무 교육을 제공해도 먹고 살기 위해서는 한 사람이라도 더 낳아야 하는 모순 속에 진학률이 낮고, 모든 자녀에게 그 혜택이 돌아가기도 어렵다.

이를 개선할 정책을 마련하고 점차 신분과 계층의 벽을 깨는 사례를 늘려 나가는데, 교육의 힘이 피라미드의 아래까지 고루 퍼지느냐 또한 인도 사회의 중요한 숙제다. 앞서 직업이 곧 계급이라고 했는데, 장기적으로 인도의 뿌리 깊은 계급 사회에 변화를 불러올 수 있느냐는 여기에 달렸다고 본다. 예외적인 성공 사례도 많으나 아직 전체로 보면 미미하다. 인도는 무엇이든 당장 평균으로 나누어 보면 갈 길이 아득해 보인다. 높은 교육 수준 또한 평균의 낮은 문해율에 가려진다. 그것이 오해와 편견으로 이어지기도 한다.

한편 인도 출신 인재의 활약은 다른 분야보다 실리콘밸리에서 눈에 띈다. 인도 출신 인력이 없으면 실리콘밸리가 돌아가지 않는다는 소리가 나오는데[8], 그곳으로 향한 인재가 인도 최고의 수출 자원이라면, 제2의 실리콘밸리를 자처하며 이룩한 국내 IT 산업의 발전은 인도 최고의 히트작이라고 할 만하다.

이를 견인하고 있는 곳은 이른바 '인도의 실리콘밸리'라는 방갈로르와 일명 '사이베라바드(Cyberabad)'라고도 불리는 하이데라바드 등 주로 남인도의 도시들이다. 초창기 IT 산업의 육성이 타밀나두, 안드라프라데시,

---

8 가령 마이크로소프트는 개발 인력의 70%가 인도 출신이고, 구글에서도 핵심 요직을 맡고 있다.

카르나타카주에 집중되었기 때문이다. 핵심 성장 동력은 영어 사용이 가능한 저비용 고효율의 인력. 이를 바탕으로 글로벌 기업들을 위한 대규모 인력 아웃소싱을 제공했는데, 미국 실리콘밸리와의 적절한 시차로 가능해진 효율적인 업무 연계도 큰 장점으로 작용했다. 물론 일부 도시로의 편중과 전반적 교육의 낙후성 등은 문제점으로 지적되었으나, 핵심 산업에 대한 집중적인 육성은 크게 빛을 발했다.

이제 인도는 인력 아웃소싱의 수준을 넘어 글로벌 기업의 핵심 파트너로 자리 잡고 있는데, 오늘날 미국 실리콘밸리 또한 인도계 인력들이 주도하고 있다. 다만 그것이 독자적인 국내 산업의 성장으로 이어지진 못했는데, 인프라가 열악하고 창업에 대한 지원과 적극성 또한 떨어져 뛰어난 인력들은 대부분 해외로 유출되고 국내 산업의 기여로 이어지지 못한 것이다. 이는 인도가 넘어서야 할 또 하나의 숙제다.

이에 따라 스타트업(Start-up)에 대한 지원을 통한 신생 IT 벤처 기업의 육성을 도모하고 있는데, 앞서 남다르다고 했던 케랄라주의 경우 스타트업 빌리지를 조성해 가능성 있는 창업 아이템을 모집하고 투자로 연계시키는 기업 육성 시스템을 마련했다. 인재 확보의 문제 또한 해외 유학파의 유턴을 두고 정부 차원의 당근책을 제시하고 있는데, 성공 여부는 좀 더 지켜봐야 할 부분이지만 인도는 또 한 번의 신화를 기대하고 있다.

인도의 찬란한 미래를 믿는 이유는 탄탄한 기초에 있고, 기초의 힘은 교육에서 나온다. 이러한 힘을 동력으로 차크라를 움직일 것으로 기대한다. 선순환되는 지속적인 힘이다. 앞에서 다룬 IT 산업이 바로 그러한 예다. 수

준 높은 교육을 바탕으로 인재부터 육성했다. 거기에 언어, 시차, 인건비 등의 장점을 십분 발휘해 정책적으로 산업을 키웠다. 배출한 인재들은 세계로 나가 최고의 수출 자원이 되었고, 이들은 (정치, 금융 등 다양한 분야에 진출한 인재와 더불어) 서로를 끌고 당기며 그 시선을 다시 가능성 충만한 인도로 모았다. 그 결과 인도의 IT 산업은 최고의 히트작이 되었고, 앞으로의 성장 가능성 또한 무한하다. 얼마나 의도하는지 모르지만, 마치 거대한 우주의 계획 안에 쉽게 이탈하지 않을 성공 공식을 미리 하나 코딩해 놓은 듯하다.

여기서 한 가지 주목할 점이라면 인도 사람들의 남다른 교육 방식과 학습 능력이다. 물론 오늘날엔 서구식 교육이 도입되어 자리 잡았지만, 남다르다는 것의 근본적인 이유는 깊숙이 인도 본연의 방식에서 유래되었다고 할 수 있다. 바로 전통적인 교육 방식, 다시 말해 경전 교육에 있다.

① 최초의 지식

그것은 <베다>로부터 출발한다. 알다시피 인도는 인류 최초의 가르침이라고 일컫는 경전 <베다>의 원산지다. 그 자체로 '지식'을 뜻하는 <베다>는 이후 모든 경전의 근간을 이루는데, 인도 사람들의 핏속 깊이 근본(삶의 지침서)으로 각인되어 그 사상과 문화의 토대를 이루는 것이다.

<베다>는 <리그베다>, <야주르베다>, <사마베다>, <아타르바베다> 4개의 결집서로 요약할 수 있다. 앞에서 소개했듯 <베다>의 시작은 <리그베다>다. 최초의 결집서로 아리아인이 인도에 정착해 가는 과정을 담은 역사 문헌인 동시에 시가의 모음집이다. 다음으로 <야주르베다>는 종교 의례를 체계적으로 정리한 것이다. 제사 의식에 특화되어 종교적으로 중요한 문헌이다. 또 <사마베다>는 <리그베다>의 시에 곡조를 붙여 의식에서 사제들이 노래한 것인데, 인도 음악의 효시라고 말한다. 마지막으로

<아타르바베다>는 대중 주술에 관한 내용이다. 다른 <베다>들과는 조금 성격이 다른데, 종교와 무관하게 복을 빌거나 저주를 내리는 등의 주문이 담긴 주술서로 인류학적으로 의미가 있는 문헌[9]이다.

이를 모두 통틀어 <베다>라고 하는데, 경전이라고 해서 <베다>를 종교적 관점으로만 바라보면 곤란하다. 종교, 역사, 문학, 음악에 이어 심지어 주술까지 아우른 '교과서'나 다름없다.

② 신에게서 인간으로

<베다>는 <브라흐마나(범서)>로 이어진다. <베다>가 '교과서'라면 <브라흐마나>는 '참고서'라고 말할 수 있다. <베다> 가운데 종교적 관점에서 중요한 것은 <야주르베다>라고 했는데, <야주르베다>엔 사제들이 읊은 운문 외에도 '산문'을 담고 있고, 여기서 <브라흐마나(범서)>가 비롯된 것이다. 다시 말해 제사 의식에 조예 깊은 사제들이 관련 내용을 설명(산문 서술)한 해설서가 곧 <브라흐마나>다.

여기서 전후 흐름을 주시할 필요가 있다. <리그베다>와 <브라흐마나> 사이엔 중요한 차이점이 있는데, <리그베다>에서는 신들이 영향력을 가졌다면 <브라흐마나>에 이르러서는 중재자(해설자)인 사제들에게 그 힘이 옮겨가는 방식이다. 제사는 수단이 아닌 그 자체로 목적이 되고, 제사 의식 또한 정립되어 의식 자체가 중요한 것으로 여겨지기 시작한다. 그 내용은 의식을 집도하는 사제만이 알고, 신과 인간 사이를 연결할 지식을 아는 그들이 곧 힘을 얻은 것이다. 다시 말해 아는 것이 힘. 이 지점부터 사제의 권위가 더욱 높아진다.

---

9 제사 의식에 있어서 <아타르바베다>의 주술은 의식이 방해받지 않도록 보호하는 역할을 하기도 했다.

이와 더불어 <브라흐마나>에서는 바야흐로 <리그베다>에서 중요하게 여기던 자연신들 대신, 비슈누와 시바 등 인격신들의 영향력이 커진다. '신에서 사제로, 자연신에서 인격신으로' 힘이 이동한 것이다. 경이로운 능력과 함께 좋은 의미를 지녔던 '아수라'가 악마로 여겨지기 시작한 것 또한 바로 이때부터다. 인드라(비) 대 브리트라(구름)의 싸움 역시 의미가 퇴색되고, 점차 신과 악마의 투쟁 구도를 그리기 시작하는데, 힘의 이동에 따라 신앙의 관점이 조정된 것이고, 점차 우리가 아는 오늘날 인도의 모습이 자리 잡아간다. 신보다 인간, 지식이 중심이 되는 철학은 여기서 출발한다. 바꾸어 말해 이제 인간은 거친 자연환경을 어느 정도 컨트롤할 수 있게 되었다는 의미이기도 하다.

다시 정리해 보자면, 의식과 절차를 중요시하고 그 지식을 (널리 알리는 대신) 한정된 집단 내에 전승하며 독점적인 지위를 획득하며, 그 이론을 가다듬어 사상과 철학을 정립해 사회에 위계질서를 부여하는 과정에 <브라흐마나>가 역할을 한 것이다.

인도 종교 세계관에서 누가 헤게모니를 쥐느냐. 격투기로 비유하자면 일종의 굳히기 기술 같은 것일까. 인도는 신의 세계이지만, 사실 이때 이미 인간은 신을 이겼고, 어쩌면 인간 스스로 신이 되었을지도 모른다. 이로써 인도는 <리그베다>에서 <브라흐마나> 시대로 접어든다.

③ 나는 자연인이다(자연인의 철학)

지식의 독점은 사색을 통한 깊이의 추구로 이어진다. 다시 말해 사상과 철학이다.

가끔 국내 여행을 떠나 허기를 달래려 객지의 낯선 식당에 앉아 있다 보면 거의 어김없이 <나는 자연인이다> 같은 프로그램을 틀어 놓은 것이 눈에 띈다. 주위를 둘러보니 다들 가만히 '자연인'의 말을 경청하고 있는데, 우린 대개 자연인이 될 수 없기에 그들에게 공감하는 것으로 생각한다.

'인도'적 관점에서는 좀 다른 의미로 공감할 수도 있다. TV 속 자연인들을 볼 때마다 인도의 수행자들이 떠오르는 것이다. 그들이야말로 자연인이다. 지식이 미치지 않는 곳이 거의 없는 현대 사회지만 깊은 단계의 지식이란 과연 평준화되기 어렵고, 무릇 생각의 (소비가 아닌) 깊은 채굴 과정을 통해 진일보해 왔다고 볼 때, 인도의 사상과 철학 또한 마찬가지다. 숲으로, 내면으로 깊숙이 들어가 내실을 다지는 과정을 통해 발전해 왔다. 그처럼 숲에서 살던 사상가들이 조용히 깊은 사색(명상)에 빠져 더 높은 지식의 수준과 깨달음을 얻은 것이고, 그 결과물이 <아란야크>, 곧 삼림서(森林書)다.

자연인에 의한, 자연인을 위한 <아란야크>는 속세를 버리고 홀로 지내는 자를 위한 것으로 '산야사'를 중시한다. '산야사'란 힌두교에서 말하는 이상적인 삶의 마지막 단계[10]인 유행기로, 속세(가족, 재산)를 버리고 구걸하는 삶을 살며 영혼과 세계를 바라보는 성자가 되는 길을 걷는 것이다. <베다>로부터 출발해, 여기에 이르러 비로소 '속세를 버린다'라는 개념이 나오는 것이다.

<브라흐마나>가 <베다>의 '참고서'였다면, <아란야크>는 <브라흐마나>의 '부록'에 해당한다. <베다>를 산문 해설한 <브라흐마나(범서)>에서 확장된 내용[11]으로 <브라흐마나>처럼 제사 의식에 관한 규칙은 다루지 않는다. 대신 사색을 통해 제사 의식이 가진 의미와 중요성 등에 대한

---

10 인도인의 이상적인 삶은 흔히 '인생 4단계'로 요약되는데, 첫째는 수습기(브라흐마차리야)로 태어나 배우고 학습하며 성장하는 시기, 둘째는 가주기(그리하스타)로 결혼해 가정을 이루고 돌보며 세속적인 성취를 이루는 시기, 셋째는 임서기(바나프라스타)로 가업을 물려주고 은퇴해 내면의 자아를 성찰하는 시기, 넷째는 유행기(산야사)로 부부마저 헤어져 득도의 길을 걸으며 진리를 깨우치는 시기다.

그림 33 수행자의 나라.
-성지, 순례지 등에서 흔히 목격하는 사두(수행자)와 요기(요가 수행자) 및 구루(스승).

이해를 산문 형식으로 담는데, 다시 말해 형식이 아닌 의미와 정신을 쫓는 것이다. <아란야크>는 '영혼(아트마)'을 일깨우고, 이로써 인도의 (업·業 중심) 사상과 (깊이 고찰하여 연구하는 미맘사[12]) 철학이 발전한다.

④ 곁에 앉거나

<아란야크>에서 수행을 통한 사색이 이뤄졌다면, <우파니샤드>에서는 그것을 체계화하며 절정에 이르는데, 그것이 곧 오늘날 말하는 인도 철학이다. 물론 철학적 '사색'이란 것이 이때 처음으로 시작된 것은 아니다. 그보다 훨씬 이전 <리그베다> 시대에 이미 종교적 의식 중심에서 벗어나 사색을 중시한 사람들이 있었고, 그들은 불필요한 제사 의식을 행하거나 공물을 바치는 것에 부정적이었다. "아는 지식만 많으면 뭐 해, 곱씹어 봐야지."라는 지론을 가진 일부는 숲속으로 들어가 고행하며 사색적 철학을 추구했다. 그들의 철학이 일부 <베다>에 간헐적으로 나타나다가 <아란야크> 그리고 <우파니샤드>에서 무르익은 것이다. 그런 의미에서 <아란야크>와 <우파니샤드>는 베다의 마지막 부분, 즉 '베단타'라고 부른다.

　<우파니샤드>의 마침표를 찍기에 앞서, 일단 지난 흐름을 다시 한번 정리하는 것이 좋을 듯하다. 반만년에 가까운 도정을 마치 워프(warp·순간 이동)하듯 순식간에 요약했으니 이쯤 되면 조금 헷갈릴 만도 하다.

　모든 것은 <베다>에서 출발한다. 원주민(드라비다인)과 이주민(아리아인)의 문화가 융합(B.C. 1500~2000년)하며 모태를 이루는데, 그 정착 과정

11　<브라흐마나>와 마찬가지로 <베다> 결집서마다 각각의 <아란야크>가 존재한다.

12　육파 철학 중 베다 제사 철학. 육파 철학은 정통 브라만 사상에 속하는 여섯 가지의 철학 체계로 삼키야, 미맘사, 베단타, 니야야, 요가, 바이세시카 학파를 이른다. 모두 베다를 근거로 삼고 있다.

에서 비롯된 이야기가 곧 <리그베다>다. <리그베다>를 시작으로 여기에 <야주르베다(종교의식)>, <사마베다(음악)>, <아타르바베다(주술)>를 더한 것이 <베다>의 4개 결집서다. 이후 각각의 <베다>에 관한 참고서와 부록 격인 <브라흐마나>와 <아란야크>가 나오는데, <브라흐마나>에서는 자연신 숭배로부터 사제 중심의 인격신을 모시는 형태로 무게 중심을 옮기고, <아란야크>에서는 속세를 떠난 수행과 사색을 구체화한다. 그리고 이것이 <우파니샤드>에 이르러 인도 철학으로 가다듬어지게 된다. 시작이 <베다>였다면 <베다>의 끝판왕은 <우파니샤드>다.

또한 <베다>가 '지식'을 뜻한다면 <우파니샤드>는 '스승 곁에 앉는다'는 뜻이다. 즉, 스승 가까이에서 지식을 전수(교육)받는다는 것으로 결국 지식의 획득을 의미한다. 마침내 '교육'이라는 말이 나오는데, 앞서 보편적 교육의 부재와 서구식 교육의 이식에 대해 말했지만, 다른 한편으로 높은 지적 탐구를 바탕으로 한 교육을 통해 인간과 자연의 섭리에 대한 아주 심화한 차원의 지식을 쌓아 왔다. 아는 것이 힘이고, 아무나 전수받을 수 없는 그들만의 비밀스러운 지식이다. 그래서 <우파니샤드>는 다른 말로 '아하스야(비밀)'라고도 불렸다. 그렇다면 대체 어떤 지식, 얼마나 중요한 지식이길래 그랬을까, 인도를 이야기한다더니 왜 비밀을 논하는가…… 잠시만 더 곁에 앉아서 들어 주기를 청한다.

어느 날 낙산사를 찾았다. 바다회를 실컷 포식한 다음에 마치 속죄하듯 발걸음이 향한 곳이다. 바다 쪽 입구에서 오른쪽으로 의상대와 홍련암을 둘러본 뒤 돌아 나와 해수 관음상을 향해 관음지와 보타전을 지나가는데, 바닥에 고양이 한 마리가 누워 있다. 묘생(猫生)의 템플스테이에 방해가 될까 봐 조용한 걸음으로 곁을 지나쳤다가, 마치 죽은 듯 꼼짝도 안 하길래 걱정되는 마음으로 다시 뒷걸음쳐 돌아가 보았다. 가까이 가 보니 다행히 숨은 쉬는 것 같은데…… 걱정도 팔자, 고양이는 갑자기 기지개를 켜더니 온몸을 비튼다. 누가 '수행묘(猫)' 출신 아니랄까 봐, 그 품새가 마치 카포타사나(비둘기 자세)를 닮았다. 그때였다. 지나가던 스님 한 분이 말씀하신다.

"요즘엔 고양이 팔자가 상팔자랍니다."

과연 그렇다. 그런데 가만히 보니, 흰 바탕에 검정 페인트를 길게 흘린 털모양하며 어쩐지 낯이 익다. 몇 해 전에 이곳에서 한 번 마주쳤던 그 아기 고양이 같았다. 처음 보았을 때 이 녀석도 다 업보가 있겠거니 싶었는데, 그때는 어려서 앙칼스럽기 짝이 없었다. 그런데 이토록 의젓(?)하게 자랐다. 비결이 있는 걸까? 얼른 생각할 때 비결이란 달리 없다. 다만 빼어난 절경에 자리 잡은 사찰에 평생의 터를 잡고 나름 수행을 통해 가능한 바람직한 업을 쌓으며 다음 생을 기약할 뿐이다.

힌두교도 그렇다. 모든 것이 돌고 돈다. 신계부터 그렇다. 힌두교의 삼주신은 브라흐마(탄생), 비슈누(유지), 시바(파괴)로 거듭 순환하는 우주의 흐름을 반영한다. 인간계 또한 그렇다. 모든 존재는 순환하고 그 고리는 원인과 결과의 인과관계에 따른다. 바로 '업'과 '윤회'다. 다시 말해 스스로 행한 만큼 다음 생이 결정되는데 그 말인즉슨, 선업을 쌓으면 개와 고양이도 인간으로 태어날 수 있고, 인간이 악업을 쌓으면 서로 입장이 뒤바뀔 수도 있다는 의미다. 인도 신화 가운데엔 한때의 왕이 개미로 환생하는 이야기도 있는데, 정말이지 평소 잘할 일이다. 그러므로 선업을 쌓으려 노력하고, 일상에 신앙이 깃든 삶을 이어간다. 물론 행위의 결과란 곧바로 나타나지 않는다. 긴 시간의 굴레를 통해 드러나고, 쳇바퀴 돌 듯 거듭되는 윤회의 고리를 끊으려면, 언젠가는 인과관계를 깨고 반복된 흐름에서 벗어나야 한다. 그 유일한 수단이 곧 '해탈'이다. 아예 '업'이 없다면 '윤회'의 고통도 없다. 그리고 <우파니샤드>는 바로 그것에 관한 비밀스러운 지식을 전한다. 누군가 거듭 살기 위해 발버둥 치며 불로초를 찾아 헤맨다면, 이는 생사를 초월한 또 다른 이치다.

좀 더 나아가 비밀스러운 지식이란 곧 '범(梵, 브라흐마)'과 '아(我, 아트마)'에 관한 것이고, 그 핵심 사상은 '범아일여(梵我一如)'다. 여기서 '범'은 우주의 본질이자 보편적인 원리이고, '아'는 인간에 존재하는 본질적인 요인이다[13]. 우주의 본질이자 보편적 원리인 '범'이 모든 존재의 유일한 근원이고, 여기서 모든 것('아'를 포함)이 발생하고 존재하며 소멸하므로, 거기서 발생한 '아' 또한 필연적으로 '범'과 동일한 본질을 가진다고 보는 것이다. 그래서 '범'과 '아'는 같고('일여'하고), 그런 동일성을 가졌으니 인간도 '해탈'이 가능하단 의미다(거꾸로 말해 자기 자신을 모르면 우주의 본질도 알 수 없다는 것이기도 하다). 단, 해탈하지 못한 인간은 '업'에 따라 다시 태어난다. 마치 꿈에서 군대에 다시 가란 소릴 듣듯, 또 한 번 인생의 입영 통지서를 받는 셈이다.

재입대하지 않으려면 방법은 하나다. 이 비밀스럽고도 중요한 지식을 전수받아 '수행'을 통해 무지를 깨고 그 지식을 얻어 '범아일여'의 최고 경지에 오르면 비로소 '해탈'할 수 있다. 수행의 구체적인 형태는 다름 아닌 고행과 요가다. 때론 고행이라며 온몸을 뚫고 찢기도 하니 꼭 끝없는 직쏘의 트랩에 빠져 고군분투하는 듯한데, 이 세상을 초월하는 데엔 그만한 대

13 힌두교와 달리 불교에선 '아(我)'를 인정하지 않는 점에서 차이가 있다.

가가 필요하다. 그러니 좀 다른 시각에서는 (설마 유료로 해탈하려는 건 아닐 테고) 요즘 사람들이 돈을 지불해 가며 요가를 배우는 것도 자못 흥미로운 일이다.

한편 인도 바깥에서 <우파니샤드>가 널리 알려진 이유는 그 철학적 가치 때문이다. 다양한 언어로 번역되었는데, 동서양의 철학에 지대한 영향을 끼친다. 쇼펜하우어는 이렇게 말했다.

"<우파니샤드>는 내 삶과 죽음의 위안이다."

자신들의 학문과 지성, 그리고 교육의 우수성을 널리 전파해 온 서구 사회도 알고 보면 그 근간이 되는 사상과 철학에 있어 인도의 영향을 적지 않게 받은 것이다.

또한 '범'과 '아'라는 이질적이고 상반된 것의 본질을 동일하게 본다는 개념은 다양한 인도가 통일성을 가질 수 있는 사상적 토대가 되기도 했다. 그러니 <우파니샤드>라고 불린 다양한 짝퉁(유사품)이 존재해 왔음은 물론이다.[14]

하지만 철학은 어렵다. 대중의 지적 소화력을 결코 가벼이 여길 수 없지만, 그 지식이 보다 널리 퍼지려면 다른 수단이 필요하다. 그리고 그에 걸맞은 수단이란 역시 이야기만 한 것이 없다. 그래서 <우파니샤드>에서 한참의 시간이 흘러 <마하바라타>, <라마야나> 등의 대서사시가 나온다. 대서사시 속 이야기들은 맛도 좋고 잘 씹혀 쉽게 소화되는 음식과 같다. 인도 사람인 이상 태어나 거듭 읽고 듣고 보는 삶의 지침서가 되는데, 특히 <마하바라타>의 일부로 이름 그대로 '신을 향한 찬가'를 의미하는 <바

---

14 무굴 시대 이후로도 쓰여 현재 200여 편의 <우파니샤드>가 전해지고 있다. 하지만 그 중 진본(B.C. 6세기 전)으로 여겨지는 것은 12~13편에 불과하다.

가바드기타>는 그 핵심적 메시지를 전달하며 인도 사상의 정수로 꼽힌다. 요컨대 흔들리지 말고 주어진 바 책임과 의무를 다하라는 메시지를 담고 있는데, 인도 사회에 이보다 적절한 강령과 지침은 달리 있을 수 없다고 본다.

그 밖에도 많은 이야기(신화, 전설, 무용담)가 입에서 입으로 전해지고 있다. 그것을 거듭 읽고, 보고, 듣다 보니 자연스레 어린아이도 줄줄 외울 정도다. 그래서 인도 사람들은 타고나기를 암기력이 매우 뛰어나다. 또한 기본적으로 매우 수다스러운 이야기꾼이다. 그러므로 대학의 석박사 과정에서 스스로가 쓴 논문을 거의 외다시피 하며 발표하는 것도 어찌 보면 당연한 능력이다.

그와 같은 인도의 이야기만 다뤄도 책 몇 권에 담기 무색할 만큼 무궁무진하다. 그래도 조금 알고 있다면 대화가 잘 통할 것인데, 문화적으로 유별한 우리 입장에서도 이야기를 통해 인도를 이해하기가 쉽고, 인도 사람들 입장에선 자신들이 평생 사랑해 온 이야기를 언급하는 외국인을 각별히 여길 것이다.

다만 여기선 모두 다룰 수 없으니 요약하자면, <베다>, <우파니샤드>, <바가바드기타> 이렇게 셋을 꼽아 인도에서는 3대 성전이라고 한다. 인도 사상의 핵심 키워드다. <베다>, <우파니샤드>, <바가바드기타>는 순서대로 '지식'과 '전수' 그리고 '배포'로도 정리해 볼 수 있을 듯하다. 언뜻 종교인지 철학인지 문학인지 구분은 모호해 보이지만, 알고 보면 서로 다를 것 없는 하나의 맥락으로 이어진다.

<베다>에서 대서사시까지의 흐름을 살펴본 이유는 단지 인도 사상과 철학의 우수성을 설파하려는 것이 아니다. 물론 심오하다. 철학을 전공한다면 종종 인도를 거쳐 독일로 향한다. 다만 그런 이야기는 멀게 느껴진

다. 불교를 통해 투영하지 않는 한 우리에겐 접점이 별로 없다. 상대의 사상과 철학을 알고 사고 방식을 이해하면 좋으나, 다른 세계의 사람을 인도인의 정신세계에 동기화시키기는 어렵다. 일방적일 경우 오히려 오해를 사기도 쉬운데, 인도를 다룰수록 고민은 깊어진다. 이러한 부분(사상과 철학인 동시에 종교)에 대해서도 다뤄야 할까. 눈치 없이 이야기를 꺼냈다가 고개를 돌려 외면받은 경우도 없지 않다. 무관심과 부정도 난감하지만, 마냥 신비롭게 느껴져도 곤란하다. 따지고 보면 14억이 살아가는 세상의 진리인데 너무 그러한 틀에 머물러도 좋을 리 없다. 그러면 이 부분은 그냥 넘어가야 할까. 하지만 이에 대한 분명한 견해를 밝히자면, 아니다. 그럼에도 다뤄야 한다. 이를 일별하지 않으므로 인도는 늘 멀고 어렵다. 사고 방식을 이해하지 못한 까닭에 아쉬운 판단을 내리며 실패를 겪기도 한다. 14억의 바탕을 알아야 나름의 변주도 가능하다.

그렇다면 지금 본인은 모든 걸 이해하냐, 물론 아니다. 범과 아가 일여 할 리는 더더욱 없다. 범과 아는커녕 인도인들이 말하는 '인생 4단계'의 두 번째 단계도 미처 통과하지 못했는데, 어쩌면 이번 생엔 어려울지도 모른다. 다만 믿는 것이 아니라 가능하면 함께 알아 두자는 의미고, 또 나름 이해하는 맥락이 있다는 취지에서 간추려 서술해 본 것이다.

이 부분을 다룬 또 한 가지 이유는 인도가 가진 기초의 힘, 교육이 어디서부터 비롯되었는지 보기 위함이다. 근본에 철학이 있기에 무엇을 추구하든 기본기가 코끼리 다리처럼 튼튼하다. 학문과 교육이 그렇다. 서구식 교육의 이점을 취했으나 인도답게 전통 교육 방식의 장점 또한 계승했다. 스승(구루) 밑에 도제식으로 모여 경전을 배우고 암송하며 담론을 나눈 것(경전 교육)이 바로 인도의 전통 교육이다. 암기력이 뛰어나고, 사고와 논리에 강하다. 토의와 토론도 활발하다. 거기서 합의점이 도출되고 융합된 이론이 나온다. 그것이 철학 일번지 인도가 딛고 있는 밑바탕이다.

또 다른 의미에서 토의와 토론이 그들의 일상적 방식이란 점도 주목할 만하다. 거기에 계급 의식의 본능 또한 자리 잡고 있는데, 인도인을 상대하며 의견이 다름에도 매너 있게 져 주는 것이 우리의 생각처럼 바람직하지만은 않다. 때로 물러서지 않고 격렬한 토의와 토론을 피하지 않아야 한다.

4-3	영과 구십구

인도 사람은 숫자에 능한 것으로도 잘 알려져 있다. 암기에 뛰어난 것처럼 암산에도 능한데, 누구나 구구단을 외우지만, 인도에서는 9단으로 만족하지 않고 19단을 기준으로 하며 단수를 훌쩍 뛰어넘어 그 이상을 외기도 한다. 다만 핵심은 맹목적인 암기가 아니라 그 원리를 이해하는 데에 있다. 언젠가 현지 회계 담당 직원을 곁에서 살펴보니 고성능 계산기 같아 몹시 흡족했는데, 실은 계산법과 암산의 요령 자체가 달랐다.

결국 그들의 암산 능력보다 연산법 등 원리의 이해에 따른 응용에 주목해야 하는데, 수리(數理)에 관한 이야기를 할 때 빼놓지 않고 언급되는 곳이 바로 인도이기도 하다.

무엇보다 처음으로 '0'을 발견한 곳이 인도다. 명확히 하자면 무(無)의 '0', 일부 문명에서 숫자의 자릿수를 정하는 '기호'로만 사용되던 것을 최초로 정상적인 '수'로 간주하고 사용(연산)하기 시작한 곳이 인도라는 설이다. 하지만 굳이 '0'의 역사가 아니더라도 파괴가 재탄생, 끝이 곧 시작으로 이어지는 세계에서 '0'의 개념이 탄생한 것은 필연적으로 보인다. 기존에는 1에서 9까지 숫자를 셌지만, 그 뒤에 '0'을 넣음으로써 인류는 '수'

10단	11단	12단	13단	14단	15단	16단	17단	18단	19단	20단
10*1 =10	11*1 =11	12*1 =12	13*1 =13	14*1 =14	15*1 =15	16*1 =16	17*1 =17	18*1 =18	19*1 =19	20*1 =20
10*2 =20	11*2 =22	12*2 =24	13*2 =26	14*2 =28	15*2 =30	16*2 =32	17*2 =34	18*2 =36	19*2 =38	20*2 =40
10*3 =30	11*3 =33	12*3 =36	13*3 =39	14*3 =42	15*3 =45	16*3 =48	17*3 =51	18*3 =54	19*3 =57	20*3 =60
10*4 =40	11*4 =44	12*4 =48	13*4 =52	14*4 =56	15*4 =60	16*4 =64	17*4 =68	18*4 =72	19*4 =76	20*4 =80
10*5 =50	11*5 =55	12*5 =60	13*5 =65	14*5 =70	15*5 =75	16*5 =80	17*5 =85	18*5 =90	19*5 =95	20*5 =100
10*6 =60	11*6 =66	12*6 =72	13*6 =78	14*6 =84	15*6 =90	16*6 =96	17*6 =102	18*6 =108	19*6 =114	20*6 =120
10*7 =70	11*7 =77	12*7 =84	13*7 =91	14*7 =98	15*7 =105	16*7 =112	17*7 =119	18*7 =126	19*7 =133	20*7 =140
10*8 =80	11*8 =88	12*8 =96	13*8 =104	14*8 =112	15*8 =120	16*8 =128	17*8 =136	18*8 =144	19*8 =152	20*8 =160
10*9 =90	11*9 =99	12*9 =108	13*9 =117	14*9 =126	15*9 =135	16*9 =144	17*9 =153	18*9 =162	19*9 =171	20*9 =180
10*10 =100	11*10 =110	12*10 =120	13*10 =130	14*10 =140	15*10 =150	16*10 =160	17*10 =170	18*10 =180	19*10 =190	20*10 =200
10*11 =110	11*11 =121	12*11 =132	13*11 =143	14*11 =154	15*11 =165	16*11 =176	17*11 =187	18*11 =198	19*11 =209	20*11 =220
10*12 =120	11*12 =132	12*12 =144	13*12 =156	14*12 =168	15*12 =180	16*12 =192	17*12 =204	18*12 =216	19*12 =228	20*12 =240
10*13 =130	11*13 =143	12*13 =156	13*13 =169	14*13 =182	15*13 =195	16*13 =208	17*13 =221	18*13 =234	19*13 =247	20*13 =260
10*14 =140	11*14 =154	12*14 =168	13*14 =182	14*14 =196	15*14 =210	16*14 =224	17*14 =238	18*14 =252	19*14 =266	20*14 =280
10*15 =150	11*15 =165	12*15 =180	13*15 =195	14*15 =210	15*15 =225	16*15 =240	17*15 =255	18*15 =270	19*15 =285	20*15 =300
10*16 =160	11*16 =176	12*16 =192	13*16 =208	14*16 =224	15*16 =240	16*16 =256	17*16 =272	18*16 =288	19*16 =304	20*16 =320
10*17 =170	11*17 =187	12*17 =204	13*17 =221	14*17 =238	15*17 =255	16*17 =272	17*17 =289	18*17 =306	19*17 =323	20*17 =340
10*18 =180	11*18 =198	12*18 =216	13*18 =234	14*18 =252	15*18 =270	16*18 =288	17*18 =306	18*18 =324	19*18 =342	20*18 =360
10*19 =190	11*19 =209	12*19 =228	13*19 =247	14*19 =266	15*19 =285	16*19 =304	17*19 =323	18*19 =342	19*19 =361	20*19 =380

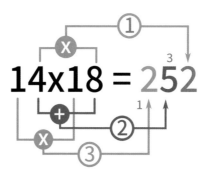

그림 34 인도의 구구단 원리.

를 표현하는 데에 있어 날개를 달았고, 수학은 비약적으로 발전한다.

이처럼 일찍이 수리 능력이 발달한 이유는 분명하다. 그만큼 정밀하게 계산해 예측할 일이 있었다는 것인데, 그 어떤 일이란 물론 농업이다. 농경 사회에서 필요한 '계산'은 한 해의 성공적인 경작을 위한 것인데, 먹고 사는 문제와 더불어 식수의 확보 또한 마찬가지다. 그래서 모든 문명은 강변에 자리 잡았지만, 너무 마르거나 넘치는 것이 문제였다. 결국 무엇보다 우선시 되는 건 물을 다스리는 일, 곧 치수(治水)였다.

앞서 고대 인도의 종교가 자연을 통제함으로써 다음 시대(인격신의 시대)로 진화했다고 설명한 바 있다. 자연의 통제란 곧 농경 사회로의 성공적 전환을 의미할 것인데, 민심을 달래며 안정적인 권력을 유지하려는 통치자로서는 치수에 진심일 수밖에 없다. 그러므로 단지 가뭄에 비가 오기를 바라며 기우제를 지낼 것이 아니라, 언제 비가 올지 정확히 예측해야 할 필요성이 있었다. 그리고 때가 오면, 마치 촉나라의 제갈량이 적벽대전에서 언제 남동풍이 불 것인지 그 이치를 알면서 바람을 빌려 오겠다고 부채(학우선)를 휘저은 것처럼, 대대적인 종교의식과 행사를 벌여 통치자의 능력을 과시하고 권력을 공고히 했다.

이를 위해 관찰하고 분석한 바를 숫자로 정밀하게 계산하고 예측한 것이 결국 숫자의 발달이다. 인도는 이 분야에서 상당히 앞서 나갔고, 여기엔 건축 문화의 발전 또한 동반될 수밖에 없었다. 즉, 그 용도에 맞는 여러 가지 시설이 필요했다.

그러므로 타지마할에 매료된 시선을 조금만 옮기면, 인도의 건축은 결코 겉치레가 아니라는 것을 알 수 있다. 오늘날 남아 있는 인도의 찬란한 유적지는 요새나 사원 그리고 무덤만이 아니다. 우물 및 천문 계측을 위한 시설 등도 포함되며, 인도의 치수법은 그러한 건축물을 통해 살펴보면 더욱 흥미롭다.

① 마르지 않는 샘

먼저 인도 특유의 계단식 우물을 빼놓을 수 없다. 인도에서 강변을 중심으로 발달한 도시 지역은 우기에 내린 비로 강이 넘쳐 문제지만, 또 그 밖의 지역은 가뭄이 너무 길어져서 문제다. 한해 농작의 성패가 우기의 강수량에 달려 비가 오기를 간절히 염원하는데, 심지어 온 동네에 물이 넘쳐 난리가 난 도시민들도 이렇게 말한다.

"다행이네요. 올해 농사는 괜찮겠어요."

농사가 잘되어야 물가가 안정되게 마련이다. 그러니 민생을 살핀다는 것은 예나 지금이나 곧 치수와 직결된다고 할 수 있다.[15] 특히 부족한 수원을 가능한 확보해 두는 일이 중요한데, 우물은 필수적인 시설이다. 그런 까닭에 인도에서는 압도적인 규모의 '물의 사원', 다시 말해 계단식 우물을 찾아볼 수 있다.

당시로서는 진일보한 기술을 접목했는데, 지금도 지진에 끄떡없을 만큼 튼튼할뿐더러, 다방면에서 매우 실용적인 건축물이다. 우물이 계단식인 이유는 지하의 수맥을 찾기 위해 착안한 방법으로 조금씩 계단을 만들어 땅을 파 내려간 것이다. 이로써 지하수를 담는 동시에 비를 저장할 수 있다. 또한 환기 시설을 갖춰 무더위를 식힐 수 있는 휴식처가 되어 주기도 하는데, 실용적 목적과 더불어 통치자의 은덕을 만방에 알려야 했으니, 직접 보면 매우 화려한 모습에 감탄하게 된다. 인도의 더위에 지친 여행자도 한동안 가만히 머물다 갈 만하다.

---

15 마찬가지로 중국 또한 치수(治水) 관련 학과 출신이 엘리트로 꼽히는데, 가령 후진타오 전 주석의 경우 칭화대 수리공정학과 출신이다.

하와 마할

잔타르 만타르

찬드 바우리

히말라야

자이푸르

아바네리

아달라지 우물

아메다바드

코나라크 태양 사원

푸리

벵골만

아라비아해

인도양

그림 35 겉치레가 아닌 인도의 건축(실용 건축물의 예).

그러한 계단식 우물은 아직도 인도 곳곳에 남아 있는데, 대표적으로 구자라트 아메다바드의 아달라지 우물과 라자스탄 아바네리의 찬드 바우리를 들 수 있다. 먼저 15세기에 만들어진 아달라지 우물은 루다바이의 우물이라고도 부른다. 술탄 베가다와의 전쟁으로 남편을 잃고 지조마저 빼앗길 처지였던 힌두 왕비 루다바이는 오히려 기지를 발휘해 먼저 백성의 삶을 두루 살필 우물부터 끝까지 지을 수 있게 해 달라고 술탄에게 요청했고, 요구한 바가 다 이루어지자, 그곳에 몸을 던져 자신의 무덤으로도 삼았던 곳이 바로 아달라지 우물이다. 우물이자 무덤이고 또 하나의 비극이자 정절의 상징인 셈이다. 게다가 무려 15m나 파 내려간 우물은 아래가 힌두, 위가 이슬람 양식이니 힌두와 이슬람 건축의 퓨전을 보여 준다.

그보다 훨씬 앞서 9세기에 건설된 찬드 바우리엔 아달라지처럼 회자되는 멋진 이야기는 없다. 대신 실제로 보면 감탄을 자아낸다. 이름 그대로 '달의 우물'을 뜻하는데 정말로 거대한 계단식 우물이다. 직접 찾아가 보면 사방이 탁 트인 농토 한 가운데 서 있는데, 무려 3,500여 개의 계단을 통해 20m의 깊이로 내려간다. 주변이 강렬한 햇살에 노출된 농경지인 까닭에 일반적인 설계라면 저장한 빗물이 마를 우려가 있는데, 찬드 바우리는 정사각형 모양으로 우물 하부로 갈수록 깔때기처럼 좁아져 햇빛의 유입을 줄였다. 또한 지하를 냉토로 만들어 열을 차단하는 단열재 역할을 하게 했는데, 표면보다 5~6도 낮은 온도를 유지할 수 있는 천연 냉방 설계이기도 했다. 아울러 아달라지와 마찬가지로 내진 설계를 갖추고 휴식처나 공연장으로도 썼으니, 이것이 인도의 치수인 것이다.

② 통풍의 법칙

거대 우물의 자연 냉방 설계에 대해 언급했는데, 알다시피 인도는 몹시 덥다. 우기엔 습한 더위가 이어지고 겨울엔 더운 낮과 서늘한 밤의 일교차가

그림 36 인도의 치수, 아바네리의 계단식 우물 찬드 바우리.

그림 37 통풍의 법칙, 자이푸르의 하와 마할(바람의 궁전).

심하다면 나머지는 메마른 더위다. 30도의 날씨는 평범하고 가장 더울 때는 50도에 육박하는데, 세상 만물이 아지랑이가 피어오르듯 더디게 느껴진다. 그리고 이런 곳일수록 일찍이 자연 냉방의 묘수가 두드러지곤 하는데, 과거 인도의 건축 설계가 그랬다.

18세기 말에 지어진 자이푸르의 하와 마할이 그 좋은 예일 것이다. 하와 마할은 이름 그대로 '바람의 궁전'인데, 이곳은 왕궁의 부속 건물로 왕족의 거주지이자 별장이었다. 크리슈나[16]의 왕관을 본뜬 아름다운 외관에 정교한 문양의 발코니와 퇴창으로 이루어져 있는데, 여기엔 많은 구멍이 나 있어 왕실 여인들이 뭇 남자들로부터 모습을 감춘 채 창밖을 내다볼 수 있었다(당시 보통 남성들은 왕가의 여인들을 볼 수 없었다). 먼지와 열기를 막아 주는 퇴창의 상단은 다단으로 이루어져 빗물의 유입을 차단해 주고, 모든 벽을 붉은 사암의 석재로 만들고 틈을 석회로 막아 내구성을 높이는 동시에 탁월한 냉방 효과를 발휘하는데, 이는 오늘날 인도 건축물에도 그대로 적용되고 있다.

특히 통풍에 있어서는 건물 전체가 병풍과 같은 모양으로 벽 내부에 조그만 수로가 만들어져 있어 외부의 뜨거운 공기는 이 수로와 석재 벽을 통과하는 사이 열기를 잃고 증발하거나 차단되며 차가운 공기만이 내부로 유입된다. 또한 건물 상단부에는 통풍구가 마련되어 있어 뜨거워진 공기를 배출하는 등 전체적인 공기 흐름을 조절하는데, 여름엔 시원하고 겨울엔 따뜻하다.

16 비슈누의 여덟 번째 화신.

이처럼 물과 바람을 능숙하게 다룬 인도 사람들의 시선은 일찍이 하늘로 향해 있었다. 하늘을 봐야 별을 따고 별을 보아야 시간을 헤아리듯, 일찍이 천문을 통해 시간을 측정할 도구부터 고안했던 것인데, 그 증거가 되는 곳이 바로 코나라크 태양 사원이다.

13세기에 건립된 이 사원은 오디사주 부바네스와르에서 65km가량 떨어진 벵골만에 위치해 있는데, 이름 그대로 '코나'는 모퉁이 '아르크'는 태양을 뜻한다. 태양신(수르야)을 모시는 사원 겸 천문대로 태양의 궤도에 맞춰 지어졌는데, 당시 인도 사람들은 망원경 없이도 이미 별을 관측하고 연구했다.

사원 측면은 흡사 마차와 같은 모양으로 태양신이 일곱 마리 말이 끄는 전차를 모는 듯한 장관을 연출하는데, 그보다 훌륭한 것은 모든 요소가 태양의 움직임을 감안하여 절묘하게 설계되었다는 점이다. 풀어서 설명하면, 먼저 일곱 마리 말은 일주일(7일)과 일곱 가지 빛의 스펙트럼을 상징한다. 그리고 양 측면에 12개씩 24개가 조각된 바퀴 중 반은 햇빛이 내리쬐고 나머지 반은 그늘 속에 머물러 낮과 밤을 상징한다. 아침 햇살이 사원의 바퀴를 비추면 그림자가 만들어지고 그것으로 시간을 계산할 수 있는데, 24개의 바퀴 중 4개가 해시계 역할을 하고 해당 바퀴는 각기 16개의 두껍고 얇은 바큇살을 가지고 있어 그중 8개의 두꺼운 바큇살은 각기 3시간을, 나머지 8개의 얇은 바큇살은 각각 1시간 반 단위를 표시한다. 여기에 더해 바퀴 안쪽 둘레에 구슬 모양의 결이 새겨져 각기 3분의 시간 간격을 나타낸다. 두꺼운 바큇살 안에는 세 시간마다 이뤄질 상징적 활동 또한 조각해 두었다. 첫 3시간은 요가, 두 번째는 목욕, 세 번째는 사냥, 그리고 네 번째는 성관계를 묘사해 참으로 부지런한 삶을 추구했다는 걸 보여 준다.

그림 38 인도의 천문과 시간, 코나라크 태양 사원.

태양사원의 해시계 바퀴. 사원에 새겨진 바퀴에 비치는 햇빛 그림자로 시간을 계산하는 해시계다. 8개의 두꺼운 바큇살은 3시간씩, 8개의 얇은 바큇살은 1시간 30분 단위를 표시한다. 바퀴 안쪽 둘레에 구슬 모양의 결은 3분 간격을 나타낸다. 두꺼운 바큇살 안에는 3시간 단위의 일상을 상징적으로 조각했다. 첫 3시간은 요가, 두 번째는 목욕, 세 번째는 사냥, 네 번째는 성관계를 묘사했다.

사원 내부도 못지않다. 내부엔 세 개의 태양신상이 세워져 있고 시간과 조광에 따라 빛이 신상을 다양하게 비추는데, 요컨대 첫째 신상을 비추면 아침, 둘째 신상을 비추면 오후, 셋째 신상을 비추면 저녁임을 알 수 있다. 이처럼 사원의 모든 디테일이 정확한 시간 개념을 바탕으로 설계되었다는 점에 감탄을 금치 못한다. 치밀한 계산에 따라 사원의 위치는 동쪽으로 향하지만 살짝 비틀어져 있는데, 빛이 드는 미세한 각도를 염두에 둔 것으로 사원 이름에 '코나(모퉁이)'란 뜻을 담은 이유다.

다음은 그 유명한 잔타르 만타르다. 사원인 동시에 하늘의 시간을 헤아린 코나라크 사원이 은유라면, 자이푸르의 잔타르 만타르는 인도 과학의 직유다. 18세기 지어진 천체 관측만을 위한 시설로 잔타르 만타르라는 이름은 우리말로 하면 '기구와 공식[17]'으로 풀이되는데, 말 그대로 기구와 공식을 이용해 천체의 위치를 계산했다는 것이다.

건립의 목적은 그곳의 위치를 위도와 경도로 확인해 정확한 달력을 만들려는 것[18]이었고, 각기 용도가 다른 16가지의 기구들로 구성되어 있다. 가장 처음 세워 핵심이자 기준이 되는 것은 북극성 관측기로 관측된 북극성을 통해 북극 방향을 확인했고, 여기에 지구의 축이 기울어졌다는 것을 감안, 오차 측정 기구를 두고 오차를 줄임으로써 측정과 기록의 정확성을 더했다. 나머지 기구들은 이를 기준으로 제작되었는데, 힌두력(인도 날짜 체계) 별자리와 길을 계산하는 것과 더불어 출생 천궁도를 만들었고, 태양과 행성의 위치, 자전, 공전 등을 측정할 수 있었다.

---

17 얀트라(기구) 만트라(공식)에서 유래했다.
18 무굴 제국 치세, 쿠시바하 왕조의 왕 비산 싱이 건설했다. 그는 어릴 적부터 천문학에 관심이 많은 천재적인 인물이었는데, 스스로도 뛰어난 과학자이자 사상가로 성장했고, 통치의 문제와 직결되는 과학 분야(천체 관측과 강우량 측정)를 장려하며 국내외 인재 교류도 활발히 했다.

한편 세계 최초의 해시계 또한 이곳에 있다. 기본적으로는 다른 해시계와 동일한 원리로 시간을 알려 주지만, 일반적인 해시계가 25~30초 단위로 시간을 알려 주는 반면, 이곳의 해시계는 태양이 멀리 있고 기구가 가능한 한 커야 정확성이 높다는 것을 감안한 설계를 통해 2초 단위의 정확한 시간을 알려 준다.

이처럼 천문 기술이 발전한 데엔 이유가 있다. 당시 기술 교류에 열정을 보이며 해외로 보냈던 과학자들이 프톨레마이오스(83~168년경)의 연구 결과를 가져왔고, 지구가 우주의 중심에 있다고 주장한 천동설에 영향을 받았던 것이다. 잔타르 만타르를 만든 건 힌두 라지푸트 왕조였음에도 무굴 제국 치세에 극찬받았고, 이후 이러한 관측소는 델리, 우자인, 바라나시, 마투라의 네 개 지역에도 설치되었다.

잔타르 만타르는 오늘날에도 유용하게 쓰이는데, 바로 매해 6~7월 보름달이 뜨는 날, 풍속과 풍향을 확인할 때 이용하는 것이다. 이로써 강우량 예측에 도움을 받는다는 것인데, 물론 오늘날 중세의 관측 기구에 의지할 이유는 전혀 없다. 다만 그만큼 기술이 뛰어났다는 것이고 자부심을 느낀다는 의미다.

정리하면, 환경에 적응하고 날씨를 예상하기 위한 기술의 발전이 일찍이 수학과 천문학의 발달로 이어졌고, 이것은 우물과 같은 치수 시설에서부터 천체 관측 시설에 이르기까지 건축 문화에도 상당한 영향을 끼쳤다. 이를 보면 인도가 주장하듯 식민지 시대의 후유증을 겪었을 뿐 인도 역시 산업화 시대에 발맞추어 스스로 변화할 수 있는 기본기(기구와 공식)를 갖추고 있었다는 말도 일리가 있다.

누군가는 인도의 과거와 현재의 건축물을 번갈아 보며 의문을 표할 것이다.

그림 39 인도의 천문대, 자이푸르의 잔타르 만타르.

"왜 인도의 건축은 과거가 더 훌륭할까?"

저렇게나 찬란한 과거의 유산에 비해 지금은 어떻게 이 모양이냐는 의미다. 답은 간단하다. 과거만큼 풍요롭지 못하기 때문이다. 하지만 보이는 것만으로 너무 성급한 판단은 금물이다. 말했다시피 인도는 이제 막 '성난 젊은이'의 긴 터널을 빠져나오고 있다. 그리고 탄탄한 기본기를 바탕으로 이미 지나가 버린 과정은 월반하려 한다. 그 신호는 여러 곳에서 감지되는데, 탐사선을 달과 화성으로 쏘아 보낸 것도 하나의 신호탄이라고 볼 수 있다. 할 수 있으니까 우주 경쟁이다.

그리하여 숫자의 발달은 이제 과학의 발전으로 이어지고 있다. 앞서 철학에서는 인문계의 입장을 대변했다면 이번엔 이공계의 입장에서 표현해, 결국 숫자가 세상을 지배한다고 할 수 있다.

4-4 **반복하지 않을 미래**

흔히 두 얼굴의 인도라고 표현할 때, 그 극단적인 면모 중 하나로 꼽는 부분이 아마 과학 기술력일 것이다. 인도의 과학 기술력은 매우 우수한데, 이제 인도는 IT, 국방, 우주 등 주요 과학기술 분야에서 향후 세계를 선도해 나갈 것으로 예상된다. 그 저력은 앞서 설명했듯 찬란한 과거로부터 비롯되었다. 코끼리의 다리처럼 기초가 탄탄하다. 물론 치수가 어떻고 천문학이 어떻고 호랑이 담배 피우던 시절의 탁월함이 현재까지 유효하다고 말하려는 건 아니다. 오히려 오늘날 과학기술의 발전은 과거에 대한 반성에서 출발했다고 볼 수 있다. 문득 언젠가 주고받은 우문현답이 떠오른다. 혹자가 묻는다.

"이렇게 가난한 나라에서 어떻게 우주선을 쏘아 올리는 거죠?"

그러자 누군가 답한다.

"지구에선 가난하니까, 우주에서는 그러지 않기 위해서죠."

반쯤 농이 섞인 대답이지만, 그 말엔 씨가 담겨 있다. 암울했던 역사의 교훈을 바탕으로 일찍이 교육을 중시하고 중앙 정부의 전폭적인 지원 아래 인재를 육성해 핵심 기술 확보와 연구에 중점을 둔 것이 지금으로 이어진다. 한번 뒤처져 봤기에 다시 반복하지 않으려 했다. 다만 과학기술 분야는 정부 주도로 성장한 반면, 독립 초기 사회주의 경제를 모델로 한 경제 개발 계획은 부진을 겪었다. 이에 따라 정부 주도로 이뤄진 과학기술 개발의 결실 또한 민간 분야의 산업 기술로 치환되지 못했다. 흐름이 유기적으로 이어지지 않았다(지금은 민간 분야의 연구 개발을 장려하고 있다). 그러한 까닭에 인도의 눈에 보이는 현실과 과학기술은 두 얼굴의 사나이마냥 얼핏 비대칭(?)하게 보인다. 하지만 알고 보면 전혀 이상할 것이 없는 일이다. 과학을 대하는 진중한 태도란 이미 1947년 독립과 거의 동시에 자리 잡았고, 계획은 일찍이 착수되어 착실히 실행에 옮겨 왔기 때문이다.

① 결의와 선언

그 주도적인 역할을 한 인물이 다름 아닌 초대 총리 자와할랄 네루였다. 과학이 인도 국민의 물질과 정신적 혜택을 가져올 국가 발전의 핵심 분야라고 본 그는 과학기술의 촉진을 위한 지원과 투자를 아끼지 않았고, 중앙 정부 주도의 현대적인 조직을 갖추는 데 심혈을 기울였다.

이에 따라 과학 기술국, 과학 산업 연구국, 원자력국, 우주국, 생명 공학국, 해양 개발국 등 관련 부처를 정비[19]했고, 과학기술 자문 위원회 등 자문 기관을 두고 개선해 나가며, 장기적인 비전과 구체적인 목표 아래 지속 가능하고 통일성 있는 정책을 마련하는 한편, 중앙과 지방 그리고 각 부처 간 유기적인 협력 및 연계가 가능한 과학기술 발전의 토대를 닦아 놓았다.

정부 조직을 갖추며 인재의 양성을 위한 고등 교육기관도 늘려 나갔는데, 독립 당시 20개에 불과했던 대학은 비약적으로 증가했고(1,100여 개), 이 가운데 인도 공과대학(IIT)과 같은 곳은 인도 과학 인력의 요람이자 세계가 인정하는 인재의 화수분 역할을 하고 있다.

한편 과학기술에 대해 정부가 일종의 계획 정책을 시작했다는 점은 주목할 부분이다. 다름 아닌 이른바 '5개년 계획'을 실행했던 것인데, 가령 1차 5개년 계획(1951~1956년)에서는 우선 인프라의 구축에 중점을 두고 기관 설립 및 자원과 설비를 조달했고, 2차(1956~1961년)에서는 그 시설을 강화하고 프로그램을 조정해 중앙과 지역에 배분하는 한편 인력 육성에 초점을 맞추기 시작했다. 이처럼 5개년 단위로 시대 상황에 맞는 구체적인 계획을 설정했고, 이에 따라 더 심화한 다음 단계로 나아갔다.

이 과정에서 고유한 연구 개발 프로세스 또한 발전했다. 먼저 정부가 광범위한 정책 방향을 정하면, 이에 따라 하위 연구 기관의 과학자들이 의견을 교환하고, 이로써 하나의 계획이 마련되면 그 계획에 대해 다양한 층위의 전문가들이 모여 토론을 벌이는데, 그 결과물을 반영해 최종적인 계획을

---

19 (순서대로) Department of Scientific & Industrial Research, Department of Atomic Energy, Department of Space, Department of Biotechnology, Department of Ocean Development, Scientific Advisory Council.

확정 짓는 것이다. 인도의 '덩치'를 고려하면 분명 지난한 과정이지만, 인도의 '코어 프로세서'를 가능한 한 거쳐 가는 만큼 '결괏값'은 상상을 초월한다.

　우리도 어떤 주제에 대해(가령 인도에 대해) 논할 때 필요한 것이야말로 바로 이러한 집단 지성의 협의 과정이 아닌가 생각하는데, 말처럼 쉽지 않다는 건 동의할 것이다. 어찌 보면 당연한 프로세스임에도 이상에 그칠 경우가 많은데, 각각의 논의는 있어도 이해관계에 따라 서로 충돌하며 다음 단계로 넘어가기 어렵다. 반면 인도는 그 과정을 실현해 낸다고 볼 수 있다. 앞서 철학 일번지라는 표현과 함께 인도의 전통 교육 방식에 관해 이야기한 건 바로 이 때문이기도 하다. 인도는 거대한 자문과 토론의 땅이다.

　자문에 관한 설명을 덧붙이면, 인도 과학기술 분야에 있어 최초의 자문 위원회는 1948년에 출범했다. 이후 내각 과학 자문 위원회(1956년), 과학기술 위원회(1968년)가 설립되었는데, 네루의 딸 인디라 간디의 집권기에 기술자 원탁회의(1967년)를 통해 국가 과학기술 위원회가 출범한 데 이어 과학 조정 그룹이 추가[20]되었고, 각 주 단위로도 주 과학기술 자문 위원회가 조직되었다. 이후 내각 과학 자문 위원회가 다시 구성되어 국가 과학기술 위원회[21]를 대체했다가(1981년) 다시 총리 과학 자문 위원회[22]로 바뀌기도 했는데, 등장하는 부처가 많고 이름이 비슷해 헷갈릴 수 있지만, 요점은 그 정도로 국가 차원에서 해당 분야에 중점을 두고 장기간 심혈을 기울여 왔다는 것이다.

20　(순서대로) SACC(Scientific Advisory Committee to the Cabinet), COST(Committee on Science and Technology), Round Table Conference of Scientists and Technologist, NCST(National Committee on Science and Technology).

21　State Councils for Science & Technology.

22　SAC-PM(Scientific Advisory Committee to the Prime Minister).

물론 시행착오는 겪었다. 부처가 커지고 기능이 확대되며 정책의 방향성이 서로 어긋났음에도 조율이 쉽지 않아 효율성이 떨어졌다. 요컨대 관료주의다. 하지만 이때마다 중앙 정부의 과학 기술국이 구심점 역할을 했다. (또다시) 산하 자문 기관을 두고 부처 간의 간극을 조정하는 등 균형을 잡았고, 중심축이 흔들림 없이 굳건한 가운데 다양한 의견을 수렴해 하나의 기조를 이어 나가려 노력했다.

또한 그러한 과정에서 도출된 바를 널리 공표했다. 그래야 되물릴 수 없다. 발표한 결의문과 정책 선언을 살펴보면, 가장 먼저 인도 정부는 '과학 정책 결의문(1958년)'을 채택했다. 관련 기관과 인력, 재정 그리고 과학기술 촉진에 관한 실행 및 조정 방안 등 과학기술을 통한 물질적 성취뿐 아니라 문화와 정신 영역을 포괄한 사회 비전을 담았는데, 인문과 자연 과학의 문제란 별개가 아니고 어우러져 균형을 이뤄야 하듯, 과연 우주 만물이 연결되는 인도다운 '선언'이다. 우스갯소리로 기술이 발전해 모든 인류가 우주선을 타고 우주로 나갈지라도 (영화처럼 엔딩 크레딧이 올라올 리 없고) 그때부터 새로운 정착에 필요한 건 인문인데, 한쪽에 쏠림 현상 없이 양쪽의 균형을 잘 잡아 나가는 것은 우리도 반드시 배워야 할 점이라고 본다.

아무튼 그러한 선언과 함께 기조를 이어 나가던 인도는 이후 '기술 정책문(1983년)'을 발표하기에 이른다. 이는 경제 여건에 비해 지나치게 과학만을 강조한다는 목소리가 반영된 결과, 과학기술 진흥 정책을 통해 달성하고자 하는 구체적인 목표와 전략을 제시한 것이다. 다시 말해 사회, 문화, 경제적 요소를 고려해 자체 기술을 어떻게 개발 및 활용할 것인가, 어떤 기술을 해외 도입하고 어떻게 국산화할 것인가, 각 개발 기관과 어떻게 연계 및 상업화할 것인가, 정부 및 금융 부문에서는 어떠한 진흥책을 쓸 것인가 등을 다뤘고, 이를 장려하며 중앙 및 지방 정부의 협조를 촉구했는데, 자체 기술 개발과 도입된 기술의 국산화를 통해 기술 자립도를 높이겠다는 내용이었다. 요컨대 국가 차원의 과학기술 발전과 현실의 괴리감을 인지하고, 그 대응책을 고심한 것이다.

이처럼 인도는 결의와 선언을 통해 굵은 방향성을 가지고 과학기술 정책을 추진해 왔다. 중도에 물리거나 수시로 바뀌는 정책도 비일비재한 반면, 과학기술은 나라의 미래를 좌우할 백년지대계로 보고, 폭넓은 의견을 수렴해 올곧게 추진해 나갔다는 점이 인상 깊다. 또한 과학 대회와 같은 토론 모임이 활발해 다양한 분야의 학자들이 특정 주제에 대해 다각도로 심도 깊은 토론을 거쳐 그에 대한 적절한 권고 방향을 도출해 내는데, 상당히 민주적인 의사 결정 구조를 발전시켰다는 점을 알 수 있다.[23]

다른 관점으로 통합된 인도가 가진 힘의 최대치를 가늠할 수 있는 곳이 바로 과학기술 분야다. 통합이 어려운 여타 분야에 비해 과학기술 분야는 독립 초기부터 중앙 정부의 적극적인 인큐베이팅(배양)을 통해 유기적인 조직과 뛰어난 인력을 갖추었고 이를 바탕으로 통합적인 네트워크를 형성할 수 있었다. 그리고 그 결과는 오늘날 우리가 목격하고 있는 그대로다.

이는 인도의 미래를 낙관할 수 있는 근거가 될 수 있다. 비록 갖은 암초에 발목이 잡히더라도 국가 중대사에 있어서는 합리적이고 건설적인 방향으로 풀어 갈 수 있음을 보여 준다. 유일하게 3연임에 성공한 두 명의 총리를 비교해 봐도 좋다. 과거 네루가 실패한 경제 정책을 모디는 성공으로 이끌고 있다. 또 과학기술에 대해서는 네루의 이상이 이어져 오늘날의 결실을 보고 있다. 토론의 과정이 지난할 순 있으나, 머리를 맞댄 결과 제대

---

23 참고 문헌, <인도의 과학기술 체제와 정책, 임덕순, 과학기술정책관리연구소, 1997>

로 된 방향을 잡는다면 그 기조를 이어 나갈 가능성이 크다는 의미다.

② 월반의 에너지

빈곤과 부유함의 대비가 풀어야 할 숙제라면, 낙후된 기반 시설 대비 뛰어난 과학 기술력은 인도의 희망이라고 할 수 있다. 극단적인 대비의 최대치만을 기대할 수 없으나, 인도는 한 단계를 건너뛸 능력을 갖추고 있다. 그 대표적인 예가 유선 통신에서 무선 시대로 바로 넘어간 일일 것이다. 유선의 시대에는 충분한 통신망을 갖출 수 없었으나, 한 단계 건너뛰어 무선 통신의 시대로 간다는 발상이고, (스마트폰은 아니어도) 휴대폰이 널리 보급된 것이다.

마찬가지로 월반이 필요한 건 전력 부족 문제다. 빈번하게 지적되는 인프라 문제로 인도는 전기 공급이 수요에 미치지 못하는 국가다. 세계 3위의 전기 생산국이지만 시골 등 지방을 포함 3억 명에 가까운 인구가 전기 공급을 받지 못하는 것으로 알려져, 비교적 낮은 전기세에도 불구하고 1인당 전기 소비량은 상당히 낮다.

실제로 정전은 매우 일상적인 일이다. 하루에도 수차례 반복되는데, 여행이나 출장을 가면 대비가 필요하고, 상주할 경우 가전제품 등 전자 기기에 스테빌라이저라는 전압 안전장치와 UPS(무정전 전원 장치) 같은 보조 전원 장치를 이용한다. 특히 인도에서 공장을 운영하면 빼놓을 수 없는 필수적인 설비가 자가 발전기고, 인도에 납품되는 제품일 경우 분야에 따라 UPS 기능을 기본 사양으로 요구하기도 한다. 그리고 이러한 문제를 해결할 방법은 역시 월반이다. 전기 공급의 확대를 위해 인도 정부는 원자력 발전에 관심을 가지고, 전기 공급량에서 원자력 발전의 비율을 2050년까지 25% 수준으로 끌어올리는 것이 계획[24]이다.

사실 인도는 아시아 최초의 원자로 개발국이다. 1950년대부터 원자력 발전소 설계의 자체 기술 확보 노력을 시작했는데, 초대 총리 네루가 원자력 에너지청[25]을 설립하고 핵물리학자 호미 바바로 하여금 원자력 연구를 할 수 있도록 지원했다. 이로써 호미 바바는 인도 원자력의 아버지로 불리게 된다. 앞서 기술한 과학기술 발전 전략과 궤를 같이하며, 일찍이 닦아온 기초가 오늘날 시너지를 발휘한다고 볼 수 있다.

1954년 인도는 이미 연구용 원자로를 만들었고 1958년 다시 '결의와 선언'에 따라 3단계의 원자력 프로그램을 설계했는데, 1962년 미국과의 협정으로 원자력 발전을 시작했다. 이후 1974년 인도는 최초 핵 실험을 감행했고, 제재로 인해 우라늄 수입이 어려워지자 수입 의존도를 줄이고 원자력 발전소의 자체 설계 역량을 확보하기 위해 노력했다. 캐나다와 협력해 최초의 (가압중수형) 원자력 발전소를 라자스탄에 건설했고, 그 설계를 표준화하며 1989년 우타르프라데시의 나로라 원자력 발전소를 건설했다.

한편 핵 실험에 대한 제재는 50년 만에 풀렸다. 2008년 미국과의 협정이 체결[26]되며 상업용 우라늄의 수입 또한 가능해졌는데, 인도는 2010년부터 원자력 발전 용량의 확대를 의욕적으로 추진했다. 다만 일부 단체와 지방 정부의 반대에 직면했는데, 이미 2004년 남아시아 대지진에 따른 쓰나

---

24 2019년 기준 원자력 발전의 비율은 3.2%이다. 2013년 기준으로는 석탄이 59%, 수력 발전이 17%, 태양력과 풍력 등 재생 가능 에너지가 12%, 천연가스가 9%, 원자력 발전이 2%, 석유가 1%를 차지했었다.

25 Department of Atomic Energy.

26 2008년 9월 오바마 행정부는 인도에 대한 원자력 제재를 풀었고, 이후 미국 등 세계 각국과 원자력 협정을 체결했다.

미[27]를 겪은 데다가 2011년 일본의 후쿠시마 원전 사고 이후 여론이 악화했다.

그럼에도 상황을 바꾸기 위한 월반의 에너지란 달리 없고, 원자로의 발전 용량은 지속 증가하는 추세[28]다. 인도는 전기 생산량뿐 아니라 이산화탄소 배출량 또한 세계 3위인데, 14억 인구 중 아직 전기가 미치지 않는 인구가 상당하고 화석 연료의 의존도가 높다는 점에서 원자력 발전은 탈화석 연료를 추진하기 위해서도 거의 유일한 대안으로 보인다. 공격적인 인프라 확충의 기조를 이어 나가는 모디 정부 또한 인도 서부에 대규모 원전 건설을 적극 추진하며 지속 확대해 나갈 계획[29]인데, 세계의 공장 역할을 하고 더 나아가 새로운 소비 시장으로 성장하기 기대한다면, 가장 서둘러 월반해야 할 부분이기도 하다.

반대의 목소리라면 역시 그 위험성 및 환경 문제에 대한 우려다. 특히 지역 사회의 이권과 복지 이슈는 정치 사회적으로 큰 파장을 일으킬 수 있는 만큼, 그 입지를 가급적 인구 밀집도가 낮고 '버려진 땅(사막)'이 있는 서쪽으로 정한 데엔 이유가 있다(참고로 서부 라자스탄은 핵 실험을 한 곳이기도 하다).

또 한 가지 풀어야 할 숙제가 있다면, 원자력 발전은 초기 투자 비용이 많이 든다는 점이다. 건설 비용이 만만치 않고 자금 조달이 어렵다는 점에

---

27 2004년 인도양 지진해일.

28 2018년 기준으로 라자스탄, 첸나이 등 지역의 7개 원자력 발전소에서 22개의 원전을 가동.

29 2023년 서부 해안 지역인 구자라트주 카크라파르의 원자력 발전소 3호기에 대한 상업 운전을 개시했고, 이곳의 4호기 건설을 비롯해 서부 사막 지대인 라자스탄에서도 발전소 2개를 건설하고 있는데, 2023년 현재 건설 중인 발전소는 15개에 달하고, 2027년 완공이 목표다. 원전 6기를 건설 중이며 향후 추가로 35기를 건설할 예정이다.

서 민간 투자의 규제 완화가 필요한데, 기존엔 원자력 분야에 대한 외국인 직접투자가 금지되어 있었던 만큼, 관련법[30] 정비와 개정을 고려하고 있다.

한편 원자력 발전은 건설 기간이 길고, 공기 지연 및 연장에 따른 비용 초과 또한 부담이다. 그러한 측면에서 인도는 한국의 경쟁력을 높이 평가하며 사업 참여로 인도 원자력 발전에 기여해 주길 바란다고 제안한 바 있는데, 우리 입장에서도 좀 더 적극적인 자세로 다가갈 필요가 있는 대목이다.

③ 붓다의 미소

자원으로써 전기는 월반이 필요하고 그 해답이 원자력 발전이라면, 무기로써의 원자력은 이미 완비된 전력으로, 인도는 핵보유국이다. 애초 호미 바바 박사에게 맡긴 건 평화와 전쟁을 위한 양날의 칼이었던 것인데, 그의 핵 연구 센터가 프로그램을 주관했다. 파키스탄과의 분쟁이 심화하고, 1962년 인도-중국 전쟁에서 밀리자, 인도는 핵무기 개발에 더욱 박차를 가하게 되었다. 1974년 부처님 오신 날에 라자스탄에서 '스마일링 붓다(Smiling Buddha)'라는 작전명으로 첫 실험이 진행되었고 결과는 성공적이었다. 이후 얼마간 공백기를 가지다가 1998년 개발을 재개했고 '오퍼레이션 샥띠(Operation Shakti)[31]'라는 작전명으로 두 번째 핵 실험을 거치며, 인도는 핵보유국으로 인정받게 되었다.

다소 반어적으로 느껴지는 작전명은 '평화를 유지하는 절대적인 힘'을 가지겠다는 의도를 피력한 것일 텐데, 1999년 인도는 '핵무기선제사용포기(no-first-use)' 정책을 통해 최소 억제력을 조건으로 핵무기의 방어적 사용을 선언하기도 했다. 또한 '작명의 일관성'을 유지하며 파괴적

---

30 원자력법(Atomic Energy Act 1962).

31 샥띠는 신성한 힘, 에너지 등으로 풀이되며, 포카란 2차 핵 실험이라고도 한다.

인 무기에 신의 이름을 부여했는데, 핵탄두를 탑재할 수 있는 미사일로 단거리는 프리트비(Prithvi·지구의 여신 또는 어머니의 여신), 사정권이 700에서 8,000km에 이르는 중장거리 미사일은 아그니(Agni, 불의 신) 그리고 10,000km 이상의 장거리 미사일은 수르야(Surya, 태양신)로 명명하고 있다. 신처럼 초인간적이고 초자연적인 힘을 지녔고, 그처럼 파괴적인 힘은 함부로 다룰 수 없다는 의미로 볼 수 있다.

한편 약 100기 이상의 핵탄두를 보유한 것으로 알려진 인도는 세계 4위의 군사 강국으로도 평가받는다. 병력으로 보면 세계 2위, 국방 예산으로는 3위, 화력 지수로는 4위로 꼽고, 화학 무기 보유국이기도 하다.[32] 형식상의 최고사령관은 대통령이지만 실질적인 권한과 책임은 총리와 내각(정부 국방부 산하)에 있는데, 현재의 편제는 물론 영국의 영향을 받은 것이다. 인도 육군은 동인도 회사 소속 군대(세포이)인 영국-인도군(British Indian Army)에서 출발했고, 해군의 역사는 17세기로 거슬러 올라가 왕실 인도 해군(Royal Indian Navy)에 뿌리를 두었으며, 공군 또한 1932년에 창설되었다.

　　그런데 또 다른 한편으로 그러한 토대 위에 가다듬은 군사력과 대량 살상 무기의 보유는 역설적으로 '강한 인도'가 되어야 한다는 역사의 교훈에 따랐다고 볼 수 있다. 과연 실질적인 군사력 수준이 어떠하고, 대외적으로 얼마만큼의 힘과 영향력을 발휘하게 될는지는 모르나, 중립적 지위

32　육해공 순으로 간략히 살펴보면, 먼저 육군은 연대 체제로 지정학적 군사 전략에 따라 7개 사령부로 나뉘고 자원병은 약 110만 명, 예비군은 약 96만 명에 이른다. 다음으로 해군은 약 5만 8,000명의 병력에 2척의 항공모함, 24척의 구축함, 1척의 핵잠수함을 포함한 15척의 잠수함과 25척의 호위함 등을 갖추고 있다. 마지막으로 공군 병력은 약 12만 명으로 총 1,820대의 항공기 중 905대의 전투기를 보유하고 있다.

를 자처하며 불살생과 비폭력의 이미지로 언급되어 온 국가가 '강함'을 추구하는 까닭은 패권 경쟁(혹은 이를 통한 내부 단속)의 목적보다 적어도 역사를 되풀이하지 않겠다는 분명한 의지로 풀이된다.

그럴(강해야 넘보지 않는다고 여길) 만큼 인도는 오랜 전쟁터이기도 하다. 그래서 신들의 거처(히말라야)에서 발원한 강줄기를 따라 긴 시간 젖과 꿀이 흐른 인도엔 피의 흔적 또한 깊고 진하게 배어 있는데, 그 결정적인 순간을 장식했던 전쟁만을 띄엄띄엄 연결해 봐도 고대에서 오늘날에 이르기까지의 역사적 흐름이 얼추 그려지는 것이다.

이미 앞서 필요에 따라 군데군데 서술했으나 떠오르는 대로 다시 정리하면, 먼저 경전과 대서사시의 시대부터 그랬다. 알다시피 <베다>는 기원전 13~15세기 사이 아리아인의 인도 정착 시기에 이뤄진 원주민(혹은 이미 유입된 아리아인)과의 투쟁을 담고 있고, 주요 대서사시는 마땅한 자격을 갖춘 주인공이 갖은 고초 끝에 승리하며 정의를 이루는 내용으로, <마하바라타>와 <바가바드기타>의 결전(크루크셰트라 전투)이나 <라마야나> 속 람(라마)과 악마 라반의 대결이 모두 이야기의 주요 하이라이트를 장식한다. 그 밖에도 전쟁을 배경으로 전해지는 이야기(신화와 설화)들은 많은데, 저작 시기를 가늠하기 어려운 경우도 있고 세월의 각색 또한 감안해야 하지만, 단지 이야기가 아닌 역사적 사건으로 본다는 점에서 이야기 속에 언급된 전쟁은 승자가 전하는 역사의 클라이맥스와 다름없다.

명확히 기록된 역사 시대로 접어들어서는 상흔이 더욱 분명해진다. 가령 동서양의 의미 깊은 충돌이었던 알렉산더의 인도 원정(포루스 군대와의 히다스페스 전투 등), 그것이 실마리가 되어 정복의 야망을 품은 결과 이룩한 인도 최초의 통일 제국 마우리야 왕조, 그 절정기 아소카 왕의 칼링가 정복 등 모두 역사의 결정적인 장면이다(아소카 왕은 그 잔인했던 정복 전쟁 이후 불교에 귀의하며 평화의 시대에 걸맞은 치세를 이뤘다). 이후 중세의 굽타 제국 시대엔 훈족과 마주했고, 이슬람 침입과 무굴 제국 시대, 식민지 시대를 차례로 거쳤다. 그 사이 외세의 침입, 제국의 흥망성쇠와 토후국의 이합집산 등 국내외 분쟁과 갈등에 따라 무수한 전쟁을 겪어 왔다.

전쟁이 먼 과거의 일만도 아니다. 양차 대전에서 많은 병력이 대거 참전했던 것을 비롯해, 중국 및 파키스탄과의 분쟁으로 인해 크고 작은 무력 충돌을 겪어 왔다. 그 밖에 여러 군사 작전(예를 들어 포르투갈령이었던 고아를 해방하기 위한 비자이 작전 등)을 포함하면 전쟁의 기록지는 새까맣게 채워지는데, 지금도 젖과 꿀이 흐르는 곳(카슈미르)을 사이에 두고 적과 대치하고 있는 곳이 인도다. 이러한 흐름을 되새겨 보면, 독립 이후 인도가 먼저 쏘진 않겠다(no-first-use)면서도 군사력을 강화하고 핵을 보유한 이유는 충분히 설명된다.

어떤 의미에서는 우리와도 서로 공감할 부분이 많다. 삼면이 바다에 북쪽으로는 핵을 보유한 적국과 대치한 채 기본적으로 강대국에 둘러싸여 있다. 식민지 시대를 겪었고, 지난했던 역사의 한 챕터는 지났다고 하나 여전히 긴장을 늦출 수 없다. 더욱이 인도는 국경이 맞닿은 분쟁 지역이 넓다. 이해관계가 얽혀 있는데 사실상 합의는 어렵다. 물론 평화를 모색하지만, 지정학적인 위치와 지난한 역사는 손에 힘을 뺄 수 없게 만든다. 평소 온화한 미소를 짓겠으나, 그건 신처럼 압도적인 힘을 가진 까닭에 지을 수 있는 미소다.

④ 코끼리, 우주로 날다

멀리 높이 쏘아 올릴 수 있다면 우주도 멀지 않다. 탄탄한 기초를 닦아온 인도의 과학기술이 더 높이 도약하기 위한 다음 고지는 분명 우주 과학 분야에 있다.

우주 분야의 경우, 마찬가지로 네루의 지원 아래 '인도 우주 개발의 아버지' 비크람 사라바이의 주도로 인도 국가우주연구위원회[33]가 조직되며 출항을 알렸다. 때는 1962년으로 아직 인도의 1인당 GDP가 100달러도 채 안 되던 시기였다. 인도 국가우주연구위원회는 1969년 이름을 바꿔 인도 우주연구기구(ISRO)[34]가 되었는데, 1962년 인도-중국 전쟁의 여파로 중국을 견제하고자 구소련과 맺은 친교 관계가 관련 기술의 획득으로 이어졌다. 이때부터 인도는 본격적인 우주 기술 개발에 뛰어들었고, 1975년 최초의 인공위성을 쏘아 올리는 데 성공했다. 그런 와중에 미국의 초청 교육을 받았던 압둘 칼람 박사[35]에 의해 인도 최초의 우주 발사체가 개발되었고, 1980년 이 발사체와 함께 위성을 발사하는 데 성공함으로써 인도는 세계 일곱 번째로 자체 기술만으로 위성을 발사할 수 있는 우주 강국의 위치에 올라설 수 있었다.

현재 인도 우주연구기구는 1만 8,000명 이상의 인력이 소속되어 있으며, 예산은 12억 달러를 넘는다. 이미 달과 화성에 무인 탐사선을 보내는 등 다양한 임무를 수행해 왔고(총 109회의 임무 중 발사체가 41회, 인공위성이 68회), 다른 국가에서 의뢰받은 임무(19개 국가 35개의 인공위성)까지 더하면 이미 상당한 우주 개발 성과를 보여 주고 있는 곳이 바로 인도다.

한편 2000년대에 접어들며 기술 발전과 무인 탐사에 따른 비용 절감으로 유인 탐사의 부담이 완화됨에 따라 우주 탐사에 대한 관심이 다시금 커지며 미국, 러시아, 중국, 유럽 연합, 일본 등 전통적 강호들의 우주 경

---

33 Indian National Commitee for Space Research.
34 India Space Research Organization.
35 인도 11대 대통령이다.

쟁이 치열해지는 추세인데, 반세기의 우주 기술 개발 역사와 함께 이미 80년대에 우주 강국의 대열에 합류한 인도 역시 최근 눈에 띄는 결실을 보여주며 우주 강국으로서의 존재감을 유감없이 드러내고 있다.

2014년에는 화성 탐사선 망갈리얀이 궤도에 안착해 인도는 미국, 러시아, 유럽 연합에 이어 네 번째로 화성에 탐사선을 보낸 국가가 되었고, 2023년에는 세계 최초로 달의 남극에 무인 탐사선 찬드리얀 3호를 착륙시키며 인도 우주 기술의 주가를 높였다. 이는 단순히 국가 간의 경쟁이 아니라 다양한 민간 투자 및 국제 협력 관계로 이어질 가능성을 지닌다는 점에서 크게 주목할 만하다.

특히 인도 우주 기술의 장점은 가성비. 미국에 비해 매우 적은 예산으로 목표를 실현해야 한다는 점에서 접근법이 달랐던 것인데, 기존에 사용된 기술을 최대한 활용함으로써 리스크는 줄이고 개발 기간을 단축한 결과 비용을 절감할 수 있었다. 가령 망갈리얀의 경우 기존 정지 궤도 위성의 기술을 공유함에 따라 미국 화성 탐사선의 10%에 해당하는 예산밖에 쓰지 않았다. 심지어 영화 <마션>의 제작비보다도 적은 비용이라고 하는데[36], 그럼에도 소기의 성과를 충분히 이뤘다고 할 수 있다.[37]

결국 인도가 손꼽히는 우주 강국이 된 이유는 잘 살고 못 살고의 문제와는 아무런 관계가 없는 일이다. 당장 나오지 않는 성과에 아낌없이 투자할 만큼 부국도 아니지만, 지금의 현실에만 사로잡혀 미래를 등한시할 만큼 꿈

---

36 화성을 배경으로 한 영화 <마션(2015년)>의 제작비 1억 800만 달러보다 훨씬 적은 7,400만 달러가 들었다.

37 참고 문헌, <인도의 우주개발 역사 및 시사점, 이균호, 세종대 우주항공시스템공학부, 남아시아 이슈페이퍼 21>

그림 40 인도 찬드리얀 3호 발사 성공(출처: AFP).

이 가난한 나라도 아닌 까닭이다.

어쩌면 우주의 기회란 현재의 인도가 미래를 위해 쌓아온 선업이라고도 볼 수 있다. 진지하게 어제와 오늘이 내일의 발목마저 잡지 않게 만들기 위한 것이다. 못 사는 나라가 무슨 우주냐는 핀잔에 지금은 못 살기에 월반하여 우주는 선점하려 한다고 답하지만, 만약 일찍이 그러한 비전을 제시하고 목표한 바를 실행하지 않았다면, 오늘의 인도는 가난한 하나의 얼굴로 보일지언정 절대 달과 화성에 우주선을 쏘아 올리는 나라가 될 수 없었다.

문득 그 말이 떠오른다.

"인도는 스스로 발목이 잡히고 말 겁니다."

누군가 비관하며 그렇게 말한다. 갖은 부정적인 요인들이 해소되지 않은 채 갈등과 분열이 되풀이되며 다시 이보 후퇴할 것이라는 얘기다. 반면 좀 더 긴 흐름에서 인도를 읽고 그곳이 지닌 저력(기초의 힘)을 고려한다면, "그렇지는 않다."라고 말할 수 있다. 핵심 관전 포인트는 어떠한 문제의 해소 여부가 아니다. 문제는 늘 있다. 그럼에도 일관된 흐름을 유지하느냐에 달려 있다. 그리고 미래를 위한 선업을 쌓아 간다고 본다면 과연 그 가능성에 기대를 걸어 볼 만하다.

4-5　　　　　　　　　　　　　　　　　　　　**오랜 여행자들의 나라**

① 여행자의 천국

이제 좀 편안한 이야기를 꺼내 본다. 흔히 세계적 관광 국가는 조상 덕을 좀 보고 산다는 말이 있는데, 그런 의미에서는 사실 인도야말로 관광 대국이 될 만한 타고난 잠재력을 지닌 곳이다. 풍부한 이야깃거리를 잔뜩 머금고 전국 곳곳에 널리 퍼진 유적지부터 삶을 대하는 관점을 재고하게 만들 성지와 순례지, 그리고 중간중간 느긋하게 망중한을 즐길 휴양지까지 두고두고 자산이 될 만한 장소가 그득하다. 조금이라도 더 눈에 담으려 두루 살피며 쉼 없이 움직이는 사이 그런 말이 절로 나온다.

"세상은 넓고 가 본 곳은 적구나!"

물론 한 번에 다 볼 수 없고 한 번만 맛볼 수도 없다. 한 번 가면 매료되고 두 번 가면 현실을 직시하며 세 번째에 비로소 인도를 만난다는 말이 있는데, 그만큼 볼수록 제대로 된 윤곽이 그려진다는 의미이지만, 현실적으로 그런 기회가 주어지기란 쉽지 않다. 기회가 있더라도 모두 섭렵한다는 것은 거의 불가능해 평생 여행만 다녀도 다 보기는 어렵다. 그러므로 누군가 지도 밖으로 행군하라고 하지만, 인도는 굳이 그러지 않아도 된다. 발걸음이 닿는 곳마다 이미 익숙한 지도 밖에 서 있다는 것을 깨닫는다.

인도는 다양성의 대식가다. 그래서 언뜻 혼돈과 무질서의 카오스로 보이고, 누군가는 아차 싶으며 번지수를 잘못 찾았다고도 생각한다. 하지만 바로 그래서 여행자에게는 축복의 땅이다. 그만큼 다양한 문화가 한데 모인 곳은 드물다. 만약 그 가치에 주목하고 세상의 다채로운 모습에 굶주렸다면, 가장 손쉽게 배불리 포식할 수 있는 곳은 인도다.

무엇보다 드넓은 땅 위에 지리적 환경에 따라 다채롭게 발전한 문화는 알고 찾아볼수록 더 깊은 풍미를 느끼게 된다. 삼 면이 바다에 북쪽으로 산맥이 병풍처럼 둘러싸고, 서쪽은 사막, 중부와 남부는 평야와 고원이 자리해 동서남북의 모습이 판이한데, 각각의 이질적 환경 속에 오랜 세월을 거쳐 여러 인종과 문화의 융합이 이뤄졌고, 이에 따른 결정체가 겹겹이 쌓여 곳곳에 배어 있다고 할 수 있다.

그렇게 다듬어진 각각의 언어, 문화, 풍습은 하나만으로 "무엇이 인도다."라고 단정 내리기 어렵게 만든다. 가령 건축 문화만 해도 지역마다 뚜렷한 차이를 보인다. 사원을 예로 들면 힌두교, 이슬람교, 시크교, 불교, 자이나교 사원부터 식민지 시대 조차지의 교회까지 그 이력에 따라 거의 모든 종교의 교당을 찾아볼 수 있음은 물론, 서로의 만남과 조화로 여러 가지 진귀한 퓨전을 펼쳐 보여 준다.

힌두교 사원만 해도 북쪽과 남쪽의 모습이 매우 다르다. 밀교 사원도 그렇다. 다신교의 특성상 그 세계를 확장해 각각의 신을 모시는 다양한 사원이 거리 곳곳에 공존하고, 지역마다 같은 신이 다른 이름으로 자리하거나, 여러 신이 하나로 일체화된 모습도 수시로 보여 준다.

계급도 마찬가지다. "인도는 사성 계급이다."라고 단정하듯 말하지만, 그 또한 모든 지역이 일치하진 않는다고 이미 언급한 바 있다. 각기 주어진 환경에 맞게 자리잡은 결과다. 현대의 도시만 해도 동서양의 문화, 과거와 현재가 공존한다. 하나의 나라를 방문해 이처럼 다양한 모습을 한 눈에 담을 수 있는 것이야말로 인도 여행자만이 가질 수 있는 특권이고, 타의 추종을 불허하는 매력 포인트다. 죽기 전에 한 번은 가 봐야 한다는 표현이 과장인지는 각자 판단할 몫이지만, 어딜 가도 심심치 않고, 한 번 가 보지 못하면 섭섭할 일이다.

한편 인도 여행의 백미는 (순례자의 나라답게) 찾아가는 여정 자체에 있다고도 본다. 갈수록 보이는 풍경이 달라진다. 가는 곳마다 언어가 바뀌고 보지 못한 외모의 사람들과 조우한다. 이를 하나로 맞추면 인도라는 퍼즐이 완성되는데, 꼭 어딘가를 부지런히 탐방하는 것만이 전부도 아니다. 어느 한 곳에 진득하게 머무는 데에서 의미를 찾는 경우도 많다. 젊으면 젊

북인도 카주라호의 힌두 사원.

남인도의 힌두 사원.

서부 주나가드, 바하우딘의 묘(인도-이슬람 건축 양식의 퓨전).

그림 41 동서남북 다채로운 인도 사원과 건축물의 모습.

은 대로 나이가 있으면 나이가 있는 대로 나름의 방식으로 빠져든다. 물론 순례자는 순례자라서 남다른 의미가 있을 것이다.

다만 아직 부족한 점이라면 역시 인프라다. 무궁무진한 자원을 관광지로 제대로 조성하고 지금보다 쉽고 편하게 접근할 수 있도록 만들어야 한다. 다만 인도 입장에서는 성지 순례가 너무 쉬워져도 곤란할지 모른다. 평생 마음에 두고 그곳에 가기를 꿈꾸는 진지한 순례자들의 나라일뿐더러, 과거 히피들의 방문으로 핫한 여행지(배낭여행의 천국)가 되었던 반면 홍역도 치렀다. 관광산업의 개발과 발전 이전에 그곳을 보호하고 보존하는 일은 잠시 거쳐 가는 현생의 인도 사람들에게 중요한 사명이다.

어딜 가나 대부분 잘 갖춰져 있고 어디든 맘먹으면 떠나는 시대에 '고행길'이 뻔한 인도는 유행에 맞지 않을지도 모른다. 평생 한 번은 꼭 가야 할 곳으로 꼽지만, 예기치 못한 여러 이유로 비난과 기피의 대상이 되기도 한다. 때론 가지 말란 소리도 들린다. 그렇다면, 가지 않아도 그만이다. 다만 유행과 무관하게 환경이 훨씬 열악했던 시절부터 지금껏 무수한 사람들이 인도를 찾았던 이유가 있다. 인도는 편안한 길에서 답을 찾지 않는 그런 여행자들의 공간이다.

또 다른 세상과 만날 때는 편안함에 대한 기대를 잠깐 버려도 좋다. 믿지 못하겠지만, 인도를 경험하기 전까지는 매우 깔끔을 떨던 성격이다. 하지만 인도 여행에서는 잘 씻지 못하고 허름한 옷을 걸친 채 돌아다니기 일쑤였는데, 어느 순간 깨달았다. 잠시 내려놔도 괜찮겠다. 그러자 자유로워졌다. 그렇다고 자이나교도처럼 자연인이 되겠다는 건 아니었다. 다만 주위를 둘러보니 다들 별반 차이가 없다는 것을 알았다. 그냥 돌아갈 때 입을 깨끗한 옷 한 벌만 가방 안에 고이 모셔 두면 든든할 일이다.

그보다는 떠나기에 앞서 과거 여행자의 행적을 알아 두면 여정의 좋은 나침반이 되어 주리라 믿는다. 먼저 정복자라면 이미 언급한 알렉산더 외에 '두 얼굴의 술탄들'이 있다. 인도에서는 치고 빠지는 약탈과 살육을 거듭하며 잔인한 침략자로 기억되는 반면, 이슬람 세계에서는 불세출의 영웅으로 꼽는 가즈니의 술탄 마흐무드(971~1030년), 환갑이 넘은 나이에 인도의 풍요에 군침을 흘려 침략의 명분으로 성전을 외치며 인도로 진군한 '성전의 학살자' 티무르(1336~1405년), 전매특허인 매복 전술을 펼쳐 천출임에도 자수성가해 페르시아의 나폴레옹이라고 불리지만[38], 델리의 학살자로 기억되며 종국엔 권력을 잃고 자신의 경호원에게 암살당하고 마는 나디르 샤(1688~1747년) 등이 바로 그들이다. 이들을 알면 오늘날 북인도가 어떤 곳인지 짐작할 수 있고, 오늘날로 이어지는 갈등의 뿌리엔 무엇이 있는지 보인다.

한편 정복자들과는 상반된 하나의 소망으로 인도로 떠난 순례자들이 있다. 달마(다르마)의 뿌리를 쫓아 서쪽으로 간 것인데, 단지 순례의 목적만이 아니라 불교의 원산지에서 보고 배우고 원서(자료)를 얻어 가기 위한 길이었다는 점에서 당대의 유학생이었다고 할 수 있다. 다만 '의문을 풀기 위한' 길은 멀고도 험했다.

특히 바닷길이 열리기 전에는 '죽음의 사막'인 타클라마칸을 건너야 했다. 중국 장안(지금의 서안)에서 출발해 둔황을 거쳐 위먼관, 양관을 지나 두 길로 나뉘었는데, 투르판을 거쳐 톈산산맥 기슭을 따라 중앙아시아로 빠지거나, 타림분지 남쪽을 우회해 천축(오늘날 북인도)로 향하는 것으

---

38 4만의 군대로 10만의 무굴 제국군에 맞서 배수의 진을 친 카르날 전투(1739년)가 있다.

신라의 고승인 여행자 혜초(704-787년) 모습. 그는 인도 기행문인 《왕오천축국전(往五天竺國傳)》을 썼다. 1908년 둔황석굴에 두루마리 형태로 축약본 일부가 남아있던 것을 프랑스의 탐험가 펠리오가 발견했고, 원본은 현재 프랑스 루브르박물관에 소장돼 있다. 그림은 문화유산디지털복원 전문가인 고려대 박진호 교수 제공.

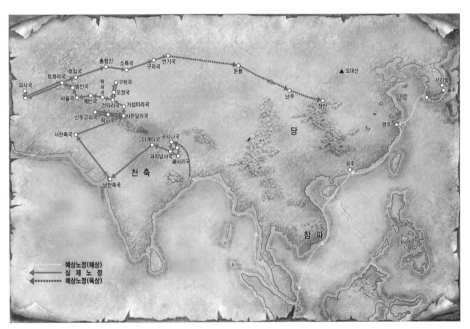

그림 42 혜초의 여행로. 고려대 박진호 교수 제공.

로 이른바 '서역 남북도[39]'다. 모진 모래바람을 뚫고 사막을 건너도 다시 눈보라를 버티며 힌두쿠시산맥을 넘어서야 비로소 목적지에 다다를 수 있었다.

순례자이자 유학생의 험난한 여정이기에 술술 글이 써지기 마련이고, 중국 동진의 법현(334~420년)은 <불국기>, 당나라의 현장(602~664년) 즉 '삼장법사'는 <대당서역기>를 남겼다. <대당서역기>를 바탕으로 명나라 때 각색된 소설이 <서유기>고, <서유기>의 손오공은 인도의 대서사시 <라마야나> 속 충신 하누만(원숭이 신)과 통한다. 현장의 뒤를 이어 의정(635~713년)이 타클라마칸 남쪽 길을 택해 인도로 들어갔고, 이후 신라의 혜초(704~787년)는 바닷길을 통해 인도로 들어가 중앙아시아를 거쳐 육로로 귀환해 <왕오천축국전>을 남겼다. 다르게 말해 살아서 돌아온 사람만이 기록을 남길 수 있었다. 이처럼 죽음을 각오하고 떠난 순례자의 여정은 많은 영감을 주고, 그 밖에도 이루 헤아릴 수 없는 중요한 가치를 지니는데, 오늘날 인도로 떠난 사람들에게도 큰 힘이 되는 것이다. 곤란해질 때마다 이런 생각이 머릿속을 스친다. 그에 비하면 이건 아무것도 아니다.

백만이(일 밀리오네) 마르코 폴로(1254~1324년)[40], 기독교 선교사 신분으로 동방으로 향한 사제 오도릭(1265~1331년), 무슬림 순례자로 메카를 순례한 뒤 일자리를 구해 인도에서 취업한 이븐 바투타(1304~1368년), 대상단을 이끌고 간 정화(1371~1434년) 등 탐험가의 여정과 기록 또한 흥미롭다. 특히 마르코 폴로의 <동방견문록>이 그렇다. 베네치아로 돌아간 그가 전

---

39 서역은 중국 서쪽에 있던 여러 나라를 지칭하며 중앙아시아, 인도 등을 포함한다.
40 입만 열면 100만 명이 어쩌고 해서 사람들이 허풍쟁이라며 붙인 별명이다.

쟁에 참전했다가 포로로 잡혀 옥고를 치르던 사이, 감방 동료들에게 들려줬던 무용담을 정리한 것인데, 마침 그곳에 수감 중이던 작가 루스티첼로가 이런 이야기가 알려지지 않으면 아깝다며 대필한 여행기다. 재밌지만 다소 황당무계한데, 죽음을 앞둔 그에게 가족들이 물었다.

"말씀해 보세요, 다 뻥이죠?"
그러자 그는 그 유명한 유언을 남겼다.

"난 내가 본 것의 절반도 말하지 않았다."

좋은 이야기꾼은 역시 끝에 긴 여운을 남기는 법이다. 다만 한 가지 간과할 수 없는 점은 이야기에 조미료를 뿌려 흥미를 추구한 결과, 인도에 대한 신비감을 자아내며 환상을 심어 주었다는 것이다. 이후 그것은 인도를 바라보는 편견으로 자리 잡는데, 흔히 사용하는 엑조틱(Exotic)과 인크레더블(Incredible)이란 우리를 인도로 이끄는 매력적인 표현인 동시에 그 본질을 가리는 가림막이 되기도 한다. 사람 사는 세상이 결코 놀랍고 신비롭기만 할 리 없는데, 놀라움의 감탄사는 필요한 질문을 되삼키게 만든다. "인도니까 그러려니 한다."라는 말 속에 많은 것들이 생략된다. 반면 인도는 오히려 계속해서 질문을 던져야 하는 곳이다. 물론 인도는 놀랍지만 거기서 멈추지 말아야 하고, 의문을 풀며 우리의 관점을 쌓을 수 있다면, 거기서 인도와의 새로운 이야기가 잉태될 수 있다.

정복자와 순례자, 탐험가 외에도 언급될 만한 인도 여행자는 많다. 가령 문학가라면 인도를 영혼의 본향이라고 여긴 헤르만 헤세를 비롯해 봄베이(뭄바이)에서 태어나 <정글북>을 쓴 조지프 러디어드 키플링

그림 43 마르코 폴로의 여정.

(1865~1936년), 두 번의 인도행을 바탕으로 <인도로 가는 길>을 쓴 E.M. 포스터(1879~1970년), 뱅골에서 태어나 <동물농장>과 <1984>를 쓴 조지 오웰(1903~1950년) 등을 들 수 있다. 지금은 평가가 엇갈리지만, 모두 당대의 문호로 이들이 (직간접적으로) 경험하고 다룬 인도는 이후 그곳을 바라보는 관점에 많은 영향을 주었다. 다만 조지 오웰이 키플링에 대해 '영국 제국주의의 선지자'라고 평했듯, 인도를 향한 이들의 시각이 진리는 아니다.

그럼에도 아직 '그 시각'으로부터 자유롭지 못한데, 최초 인도의 이미지를 형성하는 데에 있어 영향을 받는다. 여전히 그런 관점에서 교육받고 그와 같은 시각으로 인도를 바라보기도 한다. 미디어 또한 마찬가지다. 놀라움을 금치 못한다거나 측은지심으로 가득하다. 물론 전혀 없는 말을 하는 건 아니지만, 재고의 여지 없이 이미 정해진 관점으로 하나의 면모만을 지속해서 노출한다는 점이고, 정보의 옳고 그름을 떠나 그것이 선입견으로 자리 잡으며 오해와 편견이 싹튼다는 의미다. 가 보기도 전에 겁부터 내고 냉담한 반응을 보이게 만든다. 거기서 벗어나 다른 시각으로 인도를 바라볼 필요성을 느끼고, 이를 계기로 우리 스스로는 과연 어떠한 인도 여행자가 될 것인지 진지하게 자문해 볼 일이다.

　가끔은 가혹한 편견과 마주한다.
　"인도는 사람 살 곳이 못 됩니다."

　하지만 무엇을 기대하는 걸까, 낯선 타향에서 어려움이야 겪겠지만, 14억이 살아가는 곳이 살 곳이 못 될 리 없다. 단언하며 타인의 관심과 기회마저 뺏으려 하기 이전에, 앞서 인도로 떠난 선배들처럼 적어도 진취적인 여행자가 될 준비는 되어 있는가, 자기 적성부터 확인해 봐야 할 것이다. 본디 불만의 목소리는 더욱 크게 들리나, 만약 맹인모상으로 무용하다는 뻔한 결론으로 치닫고 있다면 삼가야 한다. 그보다는 사실에 근거한 객관적인 비판과 어려움을 타개할 방법을 말해, 차후 반드시 인도에 가야 할 사람들에게 도움이 되는 편이 모두에게 이롭다. 비록 백만이일지라도 생환한 자가 전하는 기록은 적어도 그런 가치가 있어야 한다.

반대로 지나친 미화도 도움이 되지만은 않는다. 아름답고 낭만적인 여행의 글귀가 본의 아니게 또 다른 편견을 심어 주기도 하는데, 서정과 낭만을 부각하며 그곳으로 사람들을 이끌지만, 그 이면은 다루지 않는(혹은 좋게 순화한) 까닭에 실망감과 괴리감이 커지고 때로는 잘못된 길로 빠져 실수를 유발하게 만든다. 사람 사는 세상은 다 마찬가지다. 인도 사람들은 대체로 선하고, 대개는 좋은 경험을 가지고 돌아오겠지만, 세상 어디든 악인은 존재한다. 따라서 필요한 정보와 주의할 점을 숙지하고 평소대로 균형감을 유지하는 것이 바람직하다.

세상에 안전한 여행이란 것이 존재하는지 모르겠으나, 인도는 (마음의 준비도 포함해) 약간의 준비가 필요하므로 난이도가 낮은 편이라고는 할 수 없다. 그렇다고 아주 험지도 아닌데, 대개 익숙해졌다는 방심과 순간의 무모함 때문에 곤란을 겪는 경우가 많다. 지킬 것을 지키면 여행이 결코 어렵진 않다.

한편 인도에 어느 정도 적응하고 경계와 두려움이 줄어들며 내딛는 발걸음에 거침이 없어질수록 '사건의 확률'은 점차 높아진다. 사실 이건 어디나 적용되는 여행의 룰일 것이다. 예를 들어 진짜 인도를 보겠다며 굳이 우범지대에 들어가고, 해가 저문 이후에 혼자 돌아다니며, 낯선 사람의 호의를 무심코 받아들이면 곤란하다. 더 이상은 노파심에 하는 잔소리가 되어 버리고 말지만, 그러지 않아도 진짜 인도는 충분히 경험할 수 있다.

첫째는 안전이고 둘째는 (기회가 있을 때) 가능한 길고 오래 보는 것이다. 인도의 진가는 볼수록 드러난다. 물론 알고 갈수록 여행의 풍미는 더한다. 무엇이든 봐 두면 도움이 되겠지만, 이때 연구서나 학술서는 부담되고, 에세이나 체험기는 작자 개인의 경험과 생각에 치우칠 수 있다는 점에서 아쉬운데, 일단 사회와 문화 전반을 다룬 소개서와 여기에 곁들여 신화나 역사 이야기를 담은 서적을 한두 권 참조(혹은 지참)하면 좋을 것 같다. 다만 좀 몰라도 괜찮은데, 이동하는 사이 걸리는 시간도 많으니 가면서 확인하면 된다. 또 선입견보다는 오픈 마인드를 가지는 것이 더 유용할 수 있다. 열린 생각과 긍정적인 마음으로 향한다면 약간의 시련과 고난도 기꺼이 감수할 만하다.

③ 인생 여행자들의 나라

여행자의 천국이라고 했지만, 인도 사람들 자체가 워낙에 타고난 여행자이기도 하다. 앞서 인도인의 이상적인 삶은 '인생 4단계'로 요약된다고 했다. 첫째는 수습기(브라흐마차리야)로 태어나 배우고 학습하며 성장하는 시기, 둘째는 가주기(그리하스타)로 결혼해 가정을 이루고 돌보며 세속적인 성취를 이루는 시기, 셋째는 임서기(바나프라스타)로 가업을 물려주고 은퇴해 내면의 자아를 성찰하는 시기, 넷째는 유행기(산야사)로 부부마저 헤어져 득도의 길을 걸으며 진리를 깨우치는 시기다.

인생 여정의 종점이 다시 수행 길로 이어지니, 인도인들은 곧 순례자, 타고난 여행자다. 인도인이라면 누구나 한 번쯤 성지 순례를 꿈꾼다. 스스로 못 가면 대리로 보낸다. 그리고 죽어서라도 그곳에 가 육신을 태우려 한다. 대표적인 성지인 바라나시에 가면, 강가(갠지스)강 한편에 무수한 인파가 모여 몸을 담그는 사이, 다른 한편으로 화장터의 매콤한 연기가 타오른다. 거기서 태운 시신은 강 위를 떠내려간다. 장작은 가진 만큼이라 부족하면 부족한 대로 떠내려간다.

놀라지만 말고 마침 파괴의 신을 떠올리면 좋다. 바라나시는 시바의 도시고, 파괴는 곧 재생. 눈앞에서 생의 한 바퀴가 돌아가는 모습을 목도한다. 처음 바라나시에 갔을 때의 감상은 이미 이야기한 바 있다. 미로와 같은 골목을 통과해 마침내 강변으로 나오자 아이들이 연(鳶)을 날리고 있던 모습이 아직도 눈에 선하다. 마치 나의 눈에 그건 인생의 연(緣)만 같았다.

　아직 4단계의 반조차 마스터하지 못한 입장에선 인도인 인생 참 어렵다는 생각도 든다. 태어나서부터 한참 무거운 짐을 어깨에 짊어진 듯하다. 다만 대부분의 인도인(인생 여행자)들 또한 그러한 삶을 달성할 수 없다. 이뤄지지 않기에 '이상'이다. 그보다 그들이 추구하는 바가 무엇인지, 삶의 지향점을 엿볼 수 있다는 점에서 의미가 있다.

물론 우린 인도인이 아니다. 다만 인도로 향한 이상, 그들과 인생의 일정 구간을 한배에 오른다. 그리고 때때로 자문해 보게 된다. 나에게 있어 그것(이상적인 인생)은 무엇일까, 그건 점차 인도를 알아가며 품게 될 의문이기도 하다. 여기서 무엇을 하고 있고, 무엇을 하려 하는가. 풀기 어려운 의문의 참고서는 역사다. 과거를 돌아본다. 오래전 누군가는 정복을 위해 인도를 찾았다. 누군가는 무역과 거래가 목적이었고, 또 누군가는 모험과 순례가 이유였다. 영혼의 본향이라며 찾아온 문호도 있었다. 그 밖에도 각기 다양한 목적과 이유가 있다. 하지만 그것이 반드시 이상적인 방향으로만 이어지지 않고, 앞날은 또 어찌 될지 모르지만, 목적지를 향해 계속 자문하며 나아가는 것이 인생 여행자. 여정은 미완이고 이상적인 삶은 요원하다. 다만 거듭 지향하며 되묻는 사이, 인생 여행자의 의미를 조금 이해할

그림 44 성지 하리드와르의 풍경.

그림 45 바라나시의 가트에서 연을 날리는 소년.

뿐이다.

우리도 그렇지만, 인도 사람들은 종종 상대에게 언제 결혼하고 가정을 이룰지 묻고는 한다. 세상이 달라진다고는 하지만 인도는 아직 대가족 중심의 사회다. 앞서 직업적 계급에 대해서도 언급했지만, 대대로 가업을 잇는 경우가 많고, 그러므로 가진 직업이 사회적 위치를 드러낸다고도 했다. 이른바 패밀리 비즈니스와도 맥락이 통한다. 마치 호구 조사를 하는 기분이 든다. 그렇다고 꼭 의도를 가지고 묻는 것만은 아니다. 인도 사람들도 모두 '인생 4단계'를 밟으며 이상적인 삶을 살지 않듯, 상대가 인생 여행을 잘하고 있는지 안부를 묻는 것이다.

인도가 관광 대국이 될 수 있을까. 그 잠재력은 충분하다. 다만 배낭여행의 천국이란 말이 더 어울리기는 한다. 인도에서 목격한 한 가지 장면이 자꾸 머릿속에 떠오르기 때문이다.

고아 해변이었다. 여행의 대미를 장식하며 지난한 여정의 끝을 휴식으로 보상받는 곳이고, 그래서 여행 중에 어떤 일을 겪었더라도 그곳에 묻어둔 채, 좋은 기억만을 가지고 떠나 다시 인도로 돌아오게 만든다는 실없는 '음모론'이 떠도는 곳이기도 했다. 실제로 거리 상점의 쇼윈도엔 마치 전당포처럼 비디오카메라 등의 중고 물품을 진열해 놓았고, 호주머니가 가벼운 배낭여행자들은 가지고 있던 이런저런 물품을 팔아서라도 가능한 한 오래 머무르려 했다. 사막의 오아시스나 다름없어 보였다.

그런데 그들만 고아를 그렇게 생각한 건 아닌 듯했다. 무례를 범하고 싶지 않지만, 자꾸 눈길이 가는 광경이 눈앞에 펼쳐졌는데, 인솔자의 안내를 따라 해변의 모래사장 위로 수많은 한국인 스님들이 오와 열을 맞춰 앉아 계셨다. 긴 여정의 뒤풀이가 필요한 건 스님 또한 매한가지지만, 단체 순례 관광이란 얼른 상상이 되지 않는 풍경이었다. 물론 고된 여정만이 순

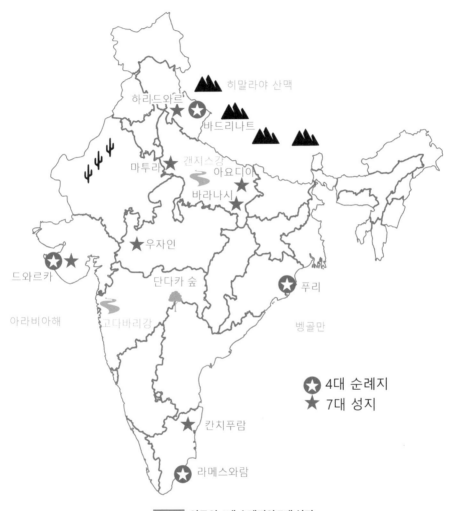

히말라야 산맥

하리드와르

바드리나트

마투라
갠지스강
아요디아
바라나시

우자인

드와르카
단다카 숲
푸리

아라비아해
고다바리강
벵골만

⭐ 4대 순례지
★ 7대 성지

칸치푸람

라메스와람

그림 46 인도의 **4대 순례지와 7대 성지.**

례의 정답이란 말은 아니다. 모두가 그럴 수 없고, 더 좋은 방법이 있는데 굳이 그럴 필요도 없다. 실제로 성지와 순례지에 가 보면 인도인 단체 순례자가 탄 버스도 많이 오간다. 다만 때와 장소 그리고 대상에 따라 좀 더 어울리는 여행이 있다는 생각은 들었다.

한편 모두가 여행자일 수도 없다. 다시 말하지만, 평생 여행만 다닐 수는 없다. 시간이 흘러 인도 여행자가 아닌 담당자가 되었을 무렵이다. 이제 법인 설립 절차는 어느 정도 마무리 되어 가고 곧 주재원으로 발령되기 전이었는데, 최종 입지 선정을 위해 본사 임원들과 같이 인도로 건너와 함께 공장 부지를 살펴보던 참이었다. 분명 새 건물이지만 인도 방식대로 임대인을 찾기까지 내부를 그냥 잿빛 콘크리트 상태로 놔둬 마치 폐허 같았다. 창문도 뼈대만 선 채 휑하니 뚫려 있는데, 그곳에서 멀리 일대의 풍경을 바라보며 서 있던 누군가가 말했다.

"앞으로 담배 많이 태우겠네. 다시 입대한 기분이겠어."

그냥 미소를 지어 보일 뿐이었지만, 물론 알고 감수하는 일이었다. 다른 선택지가 없었던 것도 아니다. 선택의 여지는 늘 있다. 다만 쉬운 길엔 답이 없다. 말하자면 그런 것이 아닐까, 인도를 배우고 여행했으니, 그다음은 일하는 것이다. 그게 쉽지 않거나 원하는 바가 달라 때때로 갈등도 겪지만, 처음 인도 땅을 밟은 이후 그 일련의 흐름 속에 들어왔고, 대단한 과업은 아닐지라도 그 나름의 과정을 묵묵히 따라가는 것이 순리에 맞는다고 생각했을지 모른다. 그래서 인도로 떠나는 사람들의 선택지는 사실 하나밖에 없다. 가야 하는 사람은 가서 부딪칠 뿐이다. 그리고 흐름을 따른 지금, 인도에 대한 글을 쓴다. 끽연은 몸에 해롭고, 입대하면 제대하는 날도 온다.

기초의 가능성에 대해 여러 가지 부분을 다뤘는데, 마지막으로 살펴볼 부분은 정치 체제다. 인도의 저력은 민주주의에 있다. 그렇다고 인도의 민주주의가 완벽하다는 말은 아니다. 그것이 지향하는 대로 인도가 기본적 인권, 자유권, 평등권 등에서 최고 수준에 이르렀다는 의미 또한 아니다. 오히려 반대로 지적되는 면이 많은데, 가령 인권과 양성평등[41] 등에서는 분명 최고의 민주주의 사회와는 거리가 먼 모습이다. 그럼에도 힘은 역시 거기에서 나온다고 본다.

인도는 최고는 아니지만, 최대의 민주주의 사회다. 최대의 저력은 무엇보다 선거를 통해 확인할 수 있다. 인도는 의원내각제로 5년마다 직접 선거를 통해 하원의원을 선출하는데, 그야말로 억 소리 나는 규모라고 할 수 있다. 2024년 총선을 기준으로 보면, 전체 14억 인구 중 약 9억 7,000만 명의 유권자를 대상으로 일곱 차례에 걸친 투표를 포함, 총 44일 동안 진행된 역사상 최대 규모이자 세계 최대 규모의 선거였다. 이미 2019년 총선 당시 미국 다음으로 세상에서 가장 비싼 선거를 치른다고 했는데, 모든 면에서 최대라는 수식어를 다시 한번 경신했다.

현지에서 느끼는 열기는 더욱 대단하다. 바야흐로 모디의 시대가 열릴 무

---

41   세계 젠더 격차 지수는 146개국 중 135위다(2022년).

그림 47 인도의 선거 유세장 분위기.

렵이었다. 구름 같은 인파가 유세 현장에 쏟아져 나왔고, 곳곳에서 열띤 토론이 벌어졌다. 인도 직원과의 회식 자리에서도 화두는 선거였고, 모디와 함께 할 인도의 미래였다. 그러다가 마침내 선거 결과가 드러나자 점입가경이었다. 선거철엔 마침 도로 보수 공사가 많아져 평소보다 길이 혼잡한데, 도로 위는 마치 축제와 같았고, 사람들은 트럭이나 릭샤에 매달린 채 경적에 맞춰 승리의 깃발을 휘날렸다. 어쩌면 쉽사리 나아질 것이 없는 소외된 계층의 사람들이지만, 그처럼 미래에 대한 기대와 희망을 표현했다.

인도의 긴 선거는 한 편의 블록버스터와 같다. 영화보다 강력한 흥행 콘텐츠가 선거라고도 말할 수 있는데, 그 어떤 발리우드 영화보다 그 과정이 흥미진진하다. 그런 까닭인지 사시사철 영화에 열광하고 거듭된 흥행 기록 경신으로 조용할 날이 거의 없는 인도 극장가도 선거 기간만큼은 대작의 개봉을 피한다.[42]

그 열기를 온몸으로 느끼던 당시, 나는 조금 지쳐 있었던 것도 같다. 열악한 환경에 쉽게 넘어가는 일이 없어 다소 의기소침해져 있었는데, 때로 내적인 갈등을 겪으며 비관적인 생각에 사로잡히기도 했다. 하지만 그날 거리에서 목격한 광경은 새삼 인도라는 곳의 힘을 다시 실감하게 만들어 주었다. 최고는 아니지만, 최고의 가능성을 지닌 최대의 민주주의. 인도는 힘이 있다(살아 있다)고 느꼈다. 비록 느릿해도 코끼리의 발걸음은 묵직하고, 부침을 겪어도 저력을 발휘할 것이란 생각이 절로 들었다.

문득 토끼와 거북이 이야기가 떠올랐다. 아니다. 여기서는 판다와 코끼리로 비유해야겠다. 이쯤에서 그 둘을 비교하지 않을 수 없다. 판다는 일단

---

42 대개 블록버스터는 축제나 공휴일에 맞춰 개봉하는데, 반대로 그 밖의 비수기나 선거 기간엔 외화나 작품성에 초점을 맞춘 저예산 영화를 만나볼 수 있는 시기이기도 하다.

낙관했다. 이상적인 계획을 세우고, 당장 풀기 어려운 문제는 뒤로 미뤘다. 함께 궁리할 필요 없었다. 대신 강력한 리더십으로 빨리, 저만치 멀리 앞서 나갔다. 그러나 계획(점-선-면의 전략[43])은 계획일 뿐이고 결국 문제는 피할 수 없다. 직면한 문제에 발걸음이 점차 느려진다. 단단하게 다지지 못한 땅에 자꾸 발이 걸린다. 빠르다가 느리니 분위기 또한 좋지 못하다. 외면하며 다른 곳으로 시선을 돌리려 한다. 하지만 문제가 그냥 없어질 리 없다. 다만 다들 불만은 있어도 목소리를 낼 권리가 없으니 침묵해야 하는데, 만약 묵혀 둔 불만이 화산처럼 폭발한다면 어떻게 될까…… 고민이다. 혹 그간 누린 영화가 한낱 일장춘몽이 되어 버리지 않을까 걱정이다.

그에 비해 코끼리는 힘을 모아 자리에서 일어나는 과정이 힘겨웠다. 문제가 있다는 볼멘 목소리가 곳곳에서 들려왔다. 그러다가 일단 앞으로 걷기 시작했는데 누군가 밟힐까 봐 시원하게 속도를 내지 못했다. 방향을 착각해 시행착오를 겪었고, 젊은 사람들은 앵그리 버드마냥 잔뜩 화가 났다. 문제는 현재 진행형이다. 예로부터 엉덩이에 박힌 가시는 잘 뽑히지 않는다. 빠른 시간 안에 크게 바뀔 것 같지 않은데, 기다리며 바라보기에 느리고 답답하다. 갑자기 세상이 뒤집힌다든지 하는 불가항력의 변화가 생길 가능성 또한 거의 없다. 다만 이미 보이는 그대로가 문제의 전부다. 문제를 방치하는 것도 아니다. 거듭 궁리하며 움직인다. 무엇보다 목소리를 낼 권리가 있어 싫다면 싫다고 말할 수 있다. 그렇게 변화의 목소리를 낸 결과 코끼리는 비로소 확신의 큰 걸음을 내딛고 있다. 막상 달리면 코끼리도 결코 느리지 않다. 여전히 문제가 있고 좀 뒤지긴 했어도 서광이 비친다.

---

43 개혁 개방에 따른 덩샤오핑의 발전 전략. 기점이 되는 도시를 발전시키고, 그 발전을 선과 면 결국 중국 전역으로 확대하겠다는 전략이다.

판다가 다소 주춤하는 사이 코끼리의 시간이 다가오고 있다. 인도의 인구는 이미 중국을 추월했다. 젊은 노동 인구가 줄고 인건비가 증가하며 중국은 세계 공장의 지위를 잃을까 봐 전전긍긍한다. 물론 중국만큼 덩치가 큰 인도 역시 결국 같은 숙제를 안고 있다. 다수의 마음을 보듬으며 지속적인 성장과 발전의 길을 모색해야 한다. 다만 소수 엘리트의 주도로 이룬 중국의 빠른 성장이 한계를 보인다면, 같은 인구 파워라도 결국 유권(有權)의 인도인들이 가진 저력은 좀 다르다.

밖에서 보면 인도는 늘 시끄럽다. 사사건건 의견이 갈리고 대립하며 싸운다. 이에 따른 피로감 또한 적진 않다. 다만 더 이상 기대하는 바가 없다면 차라리 무관심할 뿐이다. 그럼에도 유권의 인도 국민이 정치에 깊은 관심과 열의를 드러내는 이유는, 여전히 기대한다는 의미다. 그런 이상 인도는 희망적이라고 볼 수 있다. 이 대목에서 다시금 주목할 점은 인도가 토의와 토론에 능하다는 것이다. 인도의 교육, 인재 개발, 과학기술의 발전에 대해 다룰 때 이미 언급했듯, 단지 대립하는 것이 아니라 다양한 분야에서 각계각층의 의견을 수렴해 바람직한 길을 찾아낸다. 그런 까닭에 때로 과정이 느려 보였을지언정, 중지를 모아 긍정적인 방향으로 나아갈 것이라는 기대가 있다. 관상으로 치면, 인도는 더디지만 단단한 변화를 이끌어 낼 상(象)이다.

인도가 '기초'와 '교육'을 다루는 방식은 우리에게도 시사하는 바가 있다. 인문 분야는 배고프다며 전문직이나 이공계 쏠림 현상이 심하고, 진로와 취업에 대한 고민에 학교가 점차 직업 양성소가 되어가는 요즘이다. 전통 학문에 따른 학과의 구분은 언뜻 무용해 보이고, 학생 수가 점차 감소하는 대학은 시류에 따라 당장 주목받고 관심을 끌 만한 분야(가령 지금은 AI 분야)를 위주로 학부를 개편하고 학과의 이름을 바꾼다. 덕분에 이제 뿌리 없는 나무처럼 출신 학과가 사라진 졸업생도 많아졌다. 취업난 때문이라고 하지만, 실상 채용자는 그런 변화로 '즉시 전력'을 기대하지 않는다. 어차피 현장에서 처음부터 다시 가르쳐야 하는데 전공이 모호해 보일 뿐이다. '즉시 전력'을 바란다면 차라리 경력직을 찾고, 그렇지 않으면 어설픈 변용보다는 변치 않는 튼튼한 기초에 뿌리를 둔 원석이 오히려 낫다.

한편 시류에 따른 섣부른 변화란 시류에 따른 또 다른 변화를 예고한다. 그때마다 학부와 학과의 명칭을 바꿔야 하는 것일까. 그러므로 만약 지금이 그 시기고 반드시 변화를 꾀해야 한다면, 과연 그것이 장기적으로 유효한 일인지 심사숙고해 볼 일이다. 눈길을 끄는 근사한 작명보다는 내실의 문제가 아닌지, 그로 인해 실용과의 괴리감이 커진 것은 아닌지부터 돌아보아야 한다. 무엇보다 교육은 백년대계고, 제아무리 세상이 바뀌어도 기초는 기초다. 그다음이 변용이듯, 흔들림 없는 기초를 다져 나가는 교육이 중요하다는 것을 인도의 약진이 보여 주고 있다.

3부

힘의 조정

- 대국의 거짓말

5장
대국의 거짓말

다양성의 힘부터 기초의 가능성까지, 대국은 거짓말하지 않는다. 다만 거짓된 환상을 품고 대국으로 향할 뿐이다. 그것이 인도를 대하며 줄곧 품어온 생각이다. 그리고 지금껏 내가 꿈꾸고 애타던 대국은 인도만이 아니다. 거기엔 중국도 포함되어 있다. 글의 마지막 챕터인데, 여기서부터는 적절한 에피소드와 함께 이야기해 나가는 편이 좋을 것 같다. 그 시작은 2002년이다.

2002년은 내게 매우 특별했다. 그해의 특별한 사건이라고 하면 아마도 이론의 여지 없이 한일 월드컵부터 꼽을 것이다. 온통 붉게 물든 거리, 대~한민국. 그로 인해 어지간한 사건들은 쉬이 묻히기도 했다. 주관적이지만, 어쩌면 한국은 그때를 기점으로 많이 것들이 바뀌었다고 생각한다.

그런데 그해 내게 가장 특별했던 일은 월드컵이 아니다. (굳이 꼽자면 세 번째 정도?) 붉은 물결 속에 나는 없었다. 그 시기, 나는 중국의 고도(古都) 시안(과거의 장안)에 머물고 있었다. 물론 이 글의 중심은 어디까지나 인도에 두고 있다. 그러므로 시간의 태엽을 조금 앞으로 되감아 우선 '사실혼 관계의 본향(인도)'으로 돌아가 보겠다.

시안에 도착하기 불과 몇 주 전, 나는 인도 최남단 칸야쿠마리에 서 있었다. 수많은 인도인 순례자들 속에 외국인은 나 혼자였고, 기어이 여기까지 왔다는 득의감과 함께 곧 미지의 다음 목적지로 향해야 한다는 설렘 혹은 부담감을 안은 채 홀로 해변에 서서, 인도양과 벵골만 그리고 아라비아해가 섞이는 대양을 향해 고요히 잠들어 가는 석양을 바라보고 있었다.

생각만큼 마음이 후련하지는 않았다. 아직 갈 길이 9만리였다. 아니, (그때는 알 리 없었지만) 이후의 시간은 주마간산으로 더욱 숨 가쁘게 흘러갈 참이었다. 돌아가 짐을 풀면 또 짐을 싸야 하는 일이 무수히 반복될 것이었다. 이전까지는 여행을 자주 다닌다고 할 수 없었는데, 사람의 속성이 바뀌어 가고 있었다. 역마살이 들고 말았다. "또?" 하지만 그럼에도 그건 반드시 거쳐야 할 관문처럼 느껴졌다.

그때 그 관문이 칸야쿠마리였다. 처음 인도를 다녀온 이후로 그런 생각이 집요하게 머릿속을 맴돌았다. '꼭 거기로 가서 못다 한 여정을 마무리해야 하는데…….' 하필 닿기 어려운 남쪽 끝에 있고, 첫 여행에서 끝내 고지를 밟지 못했던 것이 발병의 이유였던 것인데, 해야 할 일을 미룬 듯 늘 찜찜한 기분이었다. (주변 사람들에게도 거듭 말하지만) 숨겨둔 연인이 있었던 건 절대 아니다.

다행히 '인생 여행자들의 나라'는 내게 다시 오라며 손짓했다. 복학생으로 엉거주춤 실망스러운 학기를 보낸 뒤였는데, 마침 델리 대학에서 힌디어 연수 과정이 열렸고, 다시 인도로 갈 명분이 생겼다. 겸사겸사 미완의 고지를 밟을 생각이었다.

그런데 밟아야 할 고지가 인도 하나만은 아니었다. 중국도 마찬가지였다. 덩샤오핑에게 흑묘백묘론[1]이 있다면, 나는 두 마리의 '대국'을 동시에

---

1 개혁 개방을 추구한 덩샤오핑의 경제 정책이다. 검은 고양이든 흰 고양이든 쥐만 잘 잡으면 되듯, 자본주의든 공산주의든 인민이 잘살면 된다는 의미다.

쫓을 수 있다는 당돌한 패기를 가지고, 두 번째 전공을 중국어로 택한 상황이었다. 이론적으로야 이웃한 크고, 많고, 넓은 두 대국을 하나로 이을 수 있으면 좋다. 하지만 일이 커지고 말았는데, 머릿속에서 힌디어, 중국어, 영어 등이 섞여 곤죽이 되었다. 언어엔 딱히 요행이 없어 과정에 충실히 따르며 열심히 노력할 뿐이지만, 하루에 시험을 연달아 치르기라도 하면 언어 고문이 따로 없었다. 여러 가지 두루 한다는 건 하나가 정말 뛰어나기 어렵다는 말의 의미도 깨달았다.

전환점이 필요했다. 물론 능력 밖이라면 그쯤 해서 관둬도 상관은 없었다. 등을 떠미는 사람은 아무도 없었다. 다만 칸야쿠마리에 반드시 가야 했던 것처럼 이 또한 완주의 문제였다. 인도에 '해야 할 일을 하라'는 가르침이 있다면, 중국엔 '반도이폐(半途而廢)[2]'라는 말이 있으니, 중도에 관두는 일만큼은 도무지 내키지 않았다. 가령 중국 저장성(浙江省) 항저우의 시후[西湖]를 건너다 보면 알게 된다. 너무 멀어 그만 돌아갈까 뒤돌아보면, 이미 앞으로 가야 할 만큼 다시 돌아갈 길 또한 까마득한데, 걸음을 되돌리는 건 계속해서 가는 것만 못하다.

그럴 땐 못 먹어도 고, 일정을 조율해 인도를 다녀와 곧바로 중국으로 넘어가기로 했다. 그렇게 한꺼번에 관문을 통과할 작정이었다. 두 번째 인도와 첫 번째 중국, 판이 점점 더 커지고 있었다. 그 결과 2002년은 나만의 월드컵, 또 다른 의미에서 특별한 한 해가 되었다. 개인적으로는 분명한 전환점이자 시작이었고, 그때부터 인도와 함께 중국을 노래하게 되었다. 그리고 이제는 확신한다. 인도를 이야기할 때 중국을 빼놓을 수 없다.

요컨대, 앞으로 이어질 글 또한 다 애정이 있으니 하는 말이라는 의미다.

2 　일을 하다가 중도에 포기한다는 의미다.

1. 국력이 강하거나 국토가 넓은 나라

2. 과거 한국이 중국을 이르던 말

대국에 대한 사전적 의미다. 첫 번째 의미엔 절로 고개를 끄덕이게 된다. 다만 두 번째에서 고개를 갸웃하게 된다. 역사적 사실이기는 하나, 우리 사전의 정의에 버젓이 그렇게 적혀 있을 줄은 몰랐다. 일절로 족한데 긁어 부스럼이다. 또한 중국만을 특정한다는 점이 흥미롭다. 곰곰이 생각해 보기를, 혹 여기서부터 인도와 중국을 보는 시선의 차이가 존재하는 건 아닐지 싶다.

대국의 정의가 어찌 되었든 사실 중요한 건 아니다. 그 보편적 의미를 모르는 사람은 없다. 다만 과연 우리가 중국과 그 건너 인도를 대등하게 바라보는지 돌아볼 필요가 있다. 이제는 인도에 주목하자거나, 반드시 인도여야 한다는 것이 아니라, 인도 또한 겸비해 두어야 한다는 의미다. 그러니까 이제부터 관심을 기울이자는 말 아니냐고 할 수 있으나, 중요한 것은 지속성이다. 아직도 인도는 반짝 주목받다가 식고 다시 반짝이기를 반복하는 머나먼 등대의 불빛과 같다는 느낌을 지울 수 없다.

진전이 전혀 없다는 건 아니다. 가령 아는 사람은 안다. 학술 분야에서도 그렇고 일부 산업 분야에서는 이미 인도가 낯설지 않다. 그러나 관심의 영역은 국한되어 있고, 대부분은 여전히 멀게 느낀다. 앞서 인도의 기본기, 과학기술 발전의 대목에서 교육의 중요성을 말했는데, 그것은 인도에 대한 우리의 기본기에서도 고스란히 적용된다고 볼 수 있다.

우리가 정규 교육 과정을 통해 인도에 대해 알게 되는 정보는 그리 많지 않다. 기본적으로 언급하는 내용은 미량이고, 오랜 세월 그다지 변화가 없어 보인다. 아쉽지만, 판단 근거는커녕 최소한의 의견을 가질 만한 기초 정보도 못 된다. 수십 년 전 인도를 배우기 시작할 때도 그랬고 지금도 큰 변화는 없어 보이는데, 처음엔 거의 눈을 감고 있는 상태와 다름없다. 인도가 난해하다는 반응 또한 그런 상황과 통한다. 결이 다른 문화를 가지고 있는 한편, 도모하는 모든 일은 결국 그 문화의 이해를 바탕으로 해야 하는데, 쌓아온 바탕 없이 갑자기 처음부터 한꺼번에 습득해야 하니 엄두가 나지 않는다.

반면 중국은 다르다. 최초의 접근이 비교적 용이했다(혹은 그렇다고 생각했다). 지리적 인접성과 역사적 유대 관계, 문화적 동질성으로 인해 심리적으로도 가깝다. 공유하는 기본 지식이 있고. 인적 자산 또한 충분히 확보 가능하다. 물적으로나 심적으로나 가깝다는 점 외에도 중국은 가시적인 기회가 있었다. 국가 주도의 경제 성장은 매우 빨랐고, 중국 시장에 참여시키려는 움직임 또한 적극적이었다. 가령 애초 (일본의 자본 투자에도) 일본보다 한국 기업에 호의적인 면도 있었다.

그러므로 중국에 기회의 문이 열리자 우리는 '오픈런'을 했고, 많은 '준비 운동' 없이 본론으로 직행할 수 있었다. 가깝고 위화감이 덜한 곳을 최우선 목적지로 삼는 건 당연했다. 바로 길 건너에 대형 마트가 있는데 조금 거리가 있는 또 다른 마트에 쉽게 눈이 갈 리 없다. 현장에서도 중국은 늘 우선이었다.

언어 장벽도 큰 문제는 아니었다. 중국은 반드시 중국어를 할 줄 알아야 한다는 점이 있으나, 초창기엔 중간에서 즉시 가교 역할을 할 사람들(중국의 소수 민족인 조선족)이 있어 의사소통의 간극을 좁혀줬고, 이후엔 중국어 붐이 불어 다들 배워서 갔다. 언어 전공으로도 중국어는 이미 대과에 속했는데, 한자라는 교집합이 있어 중국어를 유창하게 구사하며 중국을 이해하는 사람 또한 나날이 증가했다. 중국으로 조기 유학을 가는 경우도 많았다. 분위기는 뜨겁고 적극적이었다.

반면 인도에 대해서는 미지근했다. 역시 땅이 넓고 인구가 많아 새로운 기회로 보이지만, 중국과 나란히 두었을 때, 상대적으로 멀고 낯선 면이 부각되며 아직은 시기상조란 반응이 지배적이었다. 인도는 인프라가 미비하다는 수십 년간 반복되는 레퍼토리. 하지만 동시에 적극적으로 도모하지 않으니, 우리도 늘 미비할 수밖에 없다. 물리적으로 중국처럼 가깝지 않지만, 미국이나 유럽만큼 멀지 않은데, 심리적으로 그보다 더 멀게 느끼는 것엔 다 이유가 있을 듯하다. 다만 관심이 부재한 이상, 인도는 늘 중국 또는 어딘가의 차선일 수밖에 없다. 그리고 우린 지금도 인도가 낯설다.

    이것은 뎁스(depth)와 다양성의 추구에 관한 문제라고도 본다. 자원은 한정적이고 다방면으로 추구하기보다 선택과 집중을 한다고 볼 수 있으나, 미리 다양한 유망주를 발굴해 둬야 지속 가능한 동력을 얻고 하나에 집중하는 데 따른 위험 또한 분산할 수 있다. 그런 의미에서 뎁스와 다양성의 추구는 앞으로 우리에게 던져진 화두라고 본다. 물론 인도 또한 거기에 포함되어 있어야 한다. 공교롭게도 마침 인도가 다름 아닌 다양성 그 자체 아닌가.

기억나는 에피소드가 하나 있다. 2000년대 중반, 여행이 아닌 출장으로는 처음 인도를 다녀왔다. 아직 초보 티를 벗지 못한 신입 사원이었으나 아무도 동행하지 않아 단독으로 갔는데, 그나마 다행이었다. 마침 우기였고, 거리에 빗물이 차올라 구두와 바지가 흠뻑 젖은 채 돌아다녀야 했다.

    아무튼 우여곡절 끝에 무사히 다녀와 결과 보고서를 작성했는데, 산 넘어 산이라고 임원 회의에서 그 내용을 발표하게 되었다. 부서장은 아직 피도 마르지 않는 녀석이 혹시 실수라도 저지를까 봐 전전긍긍했지만, 다녀온 사람이 직접 보고하라는 지시가 있었던 모양이다. 덕분에 나도 '이 판사판'을 배웠다. 다행히 발표는 무난하게 끝마쳤는데, 돌아온 반응이 그랬다.

"신선하네요, 그러니까 인도는 아직 시간이 필요하다는 거군요."

등줄기에 식은땀이 흐르는 것이 느껴졌다. 실은 희망적인 메시지를 던지려 했다. 하지만 그보다는 극복해야 할 문제에 더 방점이 찍힌 듯했다. 의도한 바가 아니지만, 그 자리에서 감히 뭐라고 할 순 없었다. 가만 생각해 보면 최초 작성은 했으나 그 보고서를 사전에 감수하고 조율한 건 다름 아닌 부서장이었다. 신출내기 보고자는 그 의도에 충실해야 했다.

추가로 더할 말이 있냐고 물었지만, 모두가 입을 다물고 있었다. 벙어리 삼 년은 아니지만 딱 봐도 젊은 혈기에 입을 함부로 놀리면 안 되는 눈치였다. 발표 이후 혹시 있을지 모를 질문에 대한 답변 또한 선임이 대신하기로 되어 있었다.

끝으로 "인도도 계속 주시하세요."라고 했지만, 자리에 돌아오자 곧바로 회의를 소집한 부서장이 고개를 가로저으며 말했다.

"말이 그렇지, 인도는 영 아니란 뜻이야."

벌써 눈치챘겠지만, 이미 결론은 나 있었다. 그러지 않고서야 신입만 보낼 리 없다. 그리고 답은 중국이었다. 인도 출장 전에 이미 중국 출장도 다녀온 뒤였다. 비중 자체가 달랐다. 중국은 전시회 참가는 물론 임원과 관련 부서의 담당자가 대거 참관하며 업체와의 미팅까지 빼곡히 잡혔다. 거기서 맡은 역할은 통역이었다. 일단은 중국, 그것이 당시 분위기였다.

물론 해야 할 일을 하기 마련이다. 얼마 지나지 않아 베이징에 파견 근무를 나가게 되었고, 이후 다시 인도의 운명이 내게 손짓할 때까지 중국에서 열정을 다했다. 밥 먹듯이 한국과 중국을 오갔는데, 말이 파견이지 베이징은 명목상의 베이스캠프고, 필요에 따라 중국의 거점 도시들을 맘껏 돌아다녔다. 대개 이 주 정도 중국에 머물다가 돌아와 보고하고, 다시 다음 일정을 준비해 떠났는데, 그만큼 중국은 가깝고 출장자가 머물만 한 환경이었다.

처음엔 대체로 순조로웠다. 당시만 해도 아날로그의 낭만이 있었는데, 뭔가 만들어 보겠다는 일념으로 호텔에 비치된 전화번호부에서 이곳저곳 업체의 이름을 찾아 전화를 돌렸고, 안내 데스크를 통해 담당자를 알아낸 뒤 만나러 다녔다. 전시회를 통해 접점을 만드는 방법이 가장 좋으나, 그밖엔 뾰족이 다른 수가 없었다. 인터넷은 허접했고 홈페이지가 있어도 답신이 돌아오지 않는 메일 주소만 달랑 쓰여 있기도 했는데, 안내 데스크에 전화해도 전화를 돌리고 돌리다가 그냥 끊어지는 경우도 많았다. 그래도 집요하게 현지 업체 리스트를 만들어 나갔고, 그것을 바탕으로 중국 각지를 돌아다녔다. 그 과정이 쉽지는 않았지만 약간의 성과도 있었고 보람을 느꼈다.

그러다가 분위기가 점차 무르익어 중국 관련 인력도 (위로) 늘어났다. 그만큼 실제 무언가의 일들이 활발하게 벌어졌다. 다만 현장에서는 갈수록 심상치 않은 전조가 보이기 시작했다. 중국으로 가는 길에 점차 모래가 차오르는 듯했다. 마치 그랬다. 그 옛날 중국에서 사막을 건너 인도로 향했다면, 역으로 인도에서 중국으로 갈 때도 결국 같은 곳을 건너야 하는 법이라고 말하는 듯했다. 중국으로 가는 길은 생각만큼 가깝고 편하지 않았다. 어렵사리 일의 진척을 보이다가도 어느 순간부터 기대와 다른 방향으로 흘러갔다. 모두가 원하는 만큼 경쟁은 더 치열했고, 기브 앤 테이크 없이 일방적으로 원하는 것이 많아졌다. 처음엔 반기며 자주 와 달라고 하더니 반응은 점차 뜨뜻미지근해졌다. 약속하고 찾아갔음에도 대기실에 앉혀 놓고 문전 박대하기 일쑤였는데, 그 태도와 자세가 다소 노골적으로 바뀌었다.

가령 '무상 샘플'의 제공이 그 좋은 예일 것이다. 원래 제품의 샘플을 유상으로 주고받는 건 상호 간 협력 관계를 긍정적으로 검토할 의지를 드러내는 것이다. 그런데 중국은 공짜 샘플 제공이 기본이었다. 만나 주며, 샘플을 무상으로 주면 한번 생각해 보겠다고 했는데, 주겠다는 곳은 많으니 거의 억지로 '긍정적인 검토'를 당부해야 할 정도였다. 어떡하든 기회를 만들어야 하는 처지에서 다른 방법이 없었다. 뭐라도 해보려면 울며 겨자 먹기식으로 보내는데, 기본적인 확인 및 검토 결과에 대한 응답조차 주지 않는 경우가 많았다.

점차 기술 유출에 대한 걱정이 커지던 시기였다. 그러나 주지 않아도 상관없다. 주는 곳 많다. 필요 없다는 식의 태도로 나오니, 급한 쪽이 매달릴 수밖에 없었다. 언젠가는 함께 중국에 가서 샘플의 상태를 확인한 엔지니어가 노발대발하며 말했다.

"이거 봐, 다 뜯어서 봤네."

맘대로 뜯어서 꼭 필요한 것만 쏙 꺼내 봤다는 말이었다. 결국 기술만 참고하고 실제 협력 관계로 이어지는 경우는 드물었다. 그건 다른 경쟁 업체도 마찬가지였다. 복도 곳곳에 맘대로 풀어헤친 샘플의 사체가 즐비했다. 모방이 창조의 어머니란 점은 잘 알지만, 결국 얼마 지나지 않아 중국은 그렇게 '시험관 배양'시킨 국산품을 쓰겠다는 분위기가 되어갔다. 언젠가는 불가피한 일이지만, 너무 빠르고 최소한의 의리(상도의)가 없었다. 대체 '중원의 도'는 어디 있냐고 했지만, 애초 그런 건 없으니까 그런 말이 있는 것이라고 누가 그랬다.

가는 것만 있고 오는 건 없었다. 그럼에도 아직 기술의 격차는 있었고, 누군가는 그렇게라도 다리를 잘 놓아두면 좋은 기회라고 믿었지만, 물질을 머금고 기력을 되찾은 중국은 예전과 달랐다. 흔히 하는 '중국은 꽌시(관계)'란 말도 재고해 봐야 했다. 애초 그 정도 관계에 쓸 말도 아닌데, 담당자는 수시로 바뀌거나 (전혀 무관한 분야로) 이직했고, 만나서 어울리며 호형호제해 봐야 말짱 도루묵일 경우도 많았다.

상황이 그러니 형편이 궁색해졌다. 파견을 나갔으나 눈치가 보여 마땅히 앉아 있을 자리 없이 베이징 시내를 하염없이 돌아다니기도 했는데, 한국에 돌아와도 마찬가지였다. 아웃 오브 사이트 아웃 오브 마인드라고, 출장이라며 자꾸 자리를 비우니 그런 데다가 떳떳할 만한 성과가 없으니 돌아와도 가시방석이었다. 사생활이 없다 보니 주위를 챙기지 못해 주변 사람들과도 멀어진 때였는데, 그런 와중에 암담한 마음을 내비치자, 아직 중국에 올인한 누군가로부터 날선 반응이 돌아왔다.

"그럼 넌 인도로 가자는 거야?"

인도가 아니라 이실직고한 것이지만 심기를 건드렸고, 그 결과 파국으로 치닫고 말았다. 애써 만들어 공유한 업체 리스트도 이면지처럼 쳐다봤다. 중국은 그 이상이 있을 것이라고 했지만, 단언컨대 없었다. 그만 '영혼의 산[3]'에서 자진 하산하기로 마음먹었다. 그리고 다시 인도로 향했다.

그래도 중국의 시간을 후회할 리 없다. 개인적으로도 중요한 한 부분을 두고 온 곳이고, 그러한 대가를 치르고서라도 반드시 그래야 했던 것

---

3   노벨 문학상을 받은 중국인 작가 가오싱젠의 장편 소설로 원제는 <영산(靈山)>이다. 작가가 정치적 난민으로 프랑스로 망명해 중국에서는 출판이 금지되었다.

같다. 좀 더 노련했더라면 좋았겠지만, 일찍부터 겁 없이 쏘다녔고 다음을 위한 많은 자양분을 얻었다. 맨땅에 헤딩하며 여기저기 너무 많은 곳을 다닌 덕분에 아직도 그 마일리지가 조금 남아 있을 정도다. <바가바드기타> 식으로 보자면, 네가 해야 할 일을 하라. 그런 무모한 짓도 경험해야 했던 것 아닌가 싶다.

분명 인도와 중국은 다르지만, 그 경험이 인도에서 고스란히 통하는 부분도 없지 않다. 어떤 부분에서 둘은 일치하고 반면교사로 삼을 수 있다. 시간과 공을 들여 직접 경험해야 한다. 그래야 운도 따르고 기회가 온다. 나와 중국의 시간을 함께했던 기업은 이후 법인을 만들어 나갔다고 들었는데, 한때 생사를 함께한 전우로서 건투를 빌 따름이다.

대국의 기회를 추구하는 입장에선 인도와 중국이 별개일 수 없다. 기회를 만들어 가야 하고 기회가 있다면 반드시 붙잡아야 한다. 반드시 인도와 중국만의 이야기도 아니다. 가끔은 영역 싸움처럼 서로를 견제하기도 하는데, 정작 필요한 것은 각각의 뎁스와 다양성은 물론 훨씬 진화된 형태의 퓨전과 하이브리드다. 인도의 마살라든 중국의 샹차이든 가릴 것 없이 서로를 곁들이고 보완하며 넘나드는 것이야말로 중요하다. 그러기 위해 대국에 관한 2번 정의(과거 한국이 중국을 이르던 말)의 재고는 불가피하다. 과거로부터 탈피해 기회의 대국에 관한 폭넓은 감각을 갖춰야 한다.

개인적으로는 중국에서 하산해 다시 인도로 고도를 높이는 사이 필요하다면 어디든 향했다. 다른 업종의 다른 용무이지만 중동이나 동남아는 물론 때때로 중국을 오가기도 했다. 고사하고 말았지만, 인도에서 주재원으로 머물다가 돌아온 이후에도 누군가 이제부터 중국에 같이 가자고 제안했는데, 디리스킹, 디커플링이라며 탈중국을 말해도 어디 중국이 가지 않겠다고 가지 않게 되는가. 하나의 산에서 내려왔다고 대국에 오를 산이 또 없을 리 없다. 잘 헤어지지 않으면 재회가 곤란해지는 곳이기도 하다. 인도 또한 마찬가지다. 그래서 말하건대, 차라리 그 정의에 하나를 추가한다면, '떠나고 싶다고 떠날 수 없는 곳'이 대국이다.

한 가지 더, 대국으로 향할 때 명확히 해둬야 할 것이 있다. 다소 건방져 보이지만 그런 질문을 꺼내지 않을 수 없다.

"정말 갈 생각이 있습니까?"

무엇보다 필요한 건, 의지다. 지금도 과거와 크게 다르지 않다고 본다. 인도와 안면을 튼 지 꽤 오래되었지만, 여전히 비슷한 질문을 받는다. "인도는 어떤 곳이죠?" 아직도 인도는 미지의 선택지에 머물러 있다. 그리고 약간의 의문을 푼 이후엔 장고에 빠지며 다시 물러서기 십상이다. 지금은 아닌 것 같다는 반응이다. 그럼에도 또다시 바람은 분다(대략 5년 주기다). 그때마다 같은 질문이 되풀이된다. 보기에 이것은 인도의 여건과 관련된 문제만은 아니다.

그렇다면 물을 수밖에 없다. 지금도 아닌가 혹은 아니어야 하는가, 적절한 시점이란 과연 언제며, 그것이 우리만을 위한 것일까. 어디든 어려움이 있고, 대국의 기회는 모두가 원한다. 물러설수록 기회의 문은 좁아진다. 친숙하고 낯선 것은 결국 적립된 경험치의 문제일 뿐이다. 그러므로 결국 의지의 문제다. 뚜렷한 의지가 없다면 대국으로 가는 길은 지옥의 사막처럼 막막한 길이 될 수밖에 없다.

만약 의지가 있다면, 계속 주시한다는 말은 애매하다. 긴 호흡으로 하나의 방향을 가지고 지속 가능한 계획을 세워야 간헐적 관심에서 한 단계 진전시킬 수 있을 것 같다. 앞으로 인도가 '무엇'이 될 수 있는가, 라는 물음은 다소 헛되다. 알 수 없는 미래를 점치기보다는 현재부터 모색해야 한다. 구체적인 화두가 없는 한 같은 질문과 답변만 거듭될 뿐이다. 인도는 여전히 멀 것이요, 다룰 만한 알맹이 또한 많지 않을 것이다. 그런 면에서는 오히려 인도를 벤치마킹할 필요가 있다. 인재를 정책적으로 육성하고 기본기를 쌓아 두어야 한다. 일시적 스포트라이트는 반갑지만, 그것으로 전개되는 일은 별로 없다.

'내일은 인도'라고 외치지만 당장 팔을 걷고 움직이지 않는 이상, 내일이 오늘이 되는 날, '오늘의 인도'는 여전히 내일의 카테고리에 머물러 있을 것이다. 인도를 배운 사람이 없다기보다는 인도를 배웠으나 기회가 없어 중도에 손을 놓은 사람 또한 적지 않다. 막상 필요해진 시기가 되어 준비하기엔 시간이 기다려 주지 않는다. 지금부터라도 '오늘은 인도'가 되어야 내일이 보일 것이다.

5-2 　　　　　　　　　　　　　　　　　　　　　　　인도는 인도다

① 별개의 대국, 하나의 꿈

"인도는 인도로만 다뤄야 합니다."

어딘가에 쓴 글에 그런 반응이 돌아왔다. 인도의 무엇이 어딘가의 무엇과 닮았다는 비유에 대한 날선 비판이다. 지당한 말씀이다. 인도의 이야기만을 오롯이 다루지 않는다는 답답함을 느낄 만하다. 비유를 통해 고유한 본질을 흐리는 것에 대한 반발이고, 이해를 돕기 위한 수단이라고 한들 그런 애매한 표현으로 뭉뚱그리면 곤란하다. 따끔하다.

그건 인도에 중국을 비벼 놓은 이 글에 대해서도 해당하는 말일 수도 있다. 인도는 인도, 중국은 중국이어야 한다. 비유된 부분에 초점이 맞춰지며 의도와 다르게 해석되지 말아야 한다. 무엇과 이미 가깝다면 가까운 것으로 기울어지기 쉬운데, 아직은 한쪽으로 많이 기울어 있다. 접근법 또한 전혀 다르다. 그러므로 부족한 쪽에 관한 관심을 끌어올려 균형을 맞춰야 한다. 중국과 별개로 그와 동등한 인도만의 관점을 가질 수 있어야 한다.

그러므로 요즘 들어 '인도가 중국의 대안으로 떠오르고 있다'고 하지만, '대안'이라는 말이 그리 바람직한 표현은 아니다. 그만큼 중국을 의식한다는 말로 중국으로 인해 다시금 주목받는 인도지만, 사실 인도는 늘 거기에 있었다. 세계가 지극한 관심을 가지고 오랜 세월 탐닉해 온 곳이다. 이미 '중세의 무수한 글로벌 기업'들이 인도를 탐했고, 우리에게(만) 새로운 것을, 일반화할 순 없다. 또한 중국을 자극하는 말이다. 가령 식민지 시대엔 중국의 대안으로 인도를 차(茶)의 생산지로 만들었다. 이러한 주목을 받는 인도 또한 내심 수탈의 과거를 기억하지 못할 리 없다. 결국 어느 쪽에도 유쾌한 표현은 아니다(특히 경험상 인도보다 중국을 몹시 자극할 말이다. 자극하지 않으며 실리를 취해야 한다).

한 손이 하는 일을 다른 손이 모를 리 없다면, 차라리 담백하게 표현하는 편이 낫다. 너도 좋지만, 형편상 저쪽도 만나야 할 뿐이다. 이처럼 사소한 말꼬투리를 물고 늘어지는 이유는, 그만큼 세심한 접근이 필요하기 때문이다. 우리는 목적하는 바가 같을지언정 대상은 다르고 어차피 과거의 구애 전략이 통할 리 없는데, 굳이 둘 사이에 오해할 만한 위치로 포지셔닝해 저울질하는 듯한 인상을 주는 우를 범할 필요 없다.

한편 꽤 많은 시간이 흐른 지금, 중국에 대해서도 냉정히 되돌아볼 필요가 있다. 정말 중국이 과연 우리가 생각한 만큼 가까웠느냐에 대한 얘기다.

경제 교류의 관점에서 보자면, 물론 우리만의 강점과 경쟁력이 있었고 그런 이점을 바탕으로 기회에 잘 대응했으나, 중국은 거의 모든 글로벌 기업의 각축장이기도 했다. 이들과 어깨를 나란히 하며 치열한 경쟁을 하는 사이 중국은 그 이점을 십분 활용했다.

중국의 태도는 점차 변했다. 우리에게 무언가를 보장하고 약속한 적은 없지만, 말로는 우리가 남이냐(이웃 아니냐)며 한국에게 러브콜하던 중국의 말과 행동이 점차 바뀌기 시작했다. 중국을 선점(?)하고자 과열 경쟁을 한 부분도 있었지만, 비교의 지렛대로 삼아 일방적으로 좋은 조건의 거래를 요구했는데, 슬슬 중화사상(중국 중심적 사고 방식)이 다시 고개를 들었고, 필요에 따라 혐한의 분위기도 조성했다. 이것은 국가 관계에 있어 쓰면 안 될 '치트키'나 다름없었다.

그리고 (마치 사이드미러의 문구처럼) '사물(위험)'은 생각보다 가까운 곳에 있었다. 제조업을 예로 들면, 중국은 주요 거점 도시마다 정부 주도의 신생 기업이 우후죽순 설립되었는데, 처음엔 해외 기업과의 협업으로 완제품 혹은 주요 부품을 수입해 조립 생산했다. 이를 위한 기술 교류에 이어 국산화 또한 예정된 수순이었다. 문제는 사실상 법적 책임을 묻기 어려운 중국이 수단과 방법을 가리지 않고 기술 확보에 매달려 빠르게 국산화에 성공한 다음이었다. 아직 어설픈 수준이라도 가격 경쟁 자체가 어려운데, 국가 차원에서 국산품 도입을 우선시하며 그간 공을 들인 해외 기업은 점차 설 자리를 잃었다. 필요한 기술을 취했고, 서로 오간 것이 있으니 '중원의 도'는 지켜야 하는데, 대국의 배신, 아니 역공이었다. 분위기가 묘하게 흐르는 것을 모를 리 없지만 함부로 말하기 어려웠다. 가만 생각해 보니, 이미 많은 것을 걸었으니 그런 이야기는 불편해할 만했다.

냉정히 말해 중국은 불투명하다. 필요에 따라 언제든 정책의 방향을 틀 수 있는 곳이다. 알고 보니 피해 의식도 컸다. 한국에 대해서도 한 수 배웠다는 것에 대해 큰 불쾌감을 숨기고 있었는데, 대의를 위해 잠시 속으로 감내해 왔다. 결국 어떤 문제든 중국, 아니 공산당의, 공산당에 의한, 공산당을 위한다는 점도 분명히 해 둬야 한다. 그 필요에 따라 의도를 가지고 주변을 밀고 당긴다. 그렇다면 중국은 정말 기회였는가…… 오해는 하지 말아야 한다. 다시 말하지만 그럼에도 멀어지고 싶어도 멀어질 수 없는 곳이 중국이다.

인도와 비교하자면 일장일단이 있다. 인도가 미국에 버금가는 대규모의 선거(총선)가 열리는 세계 최대의 민주주의 국가라면, 중국은 공산당 일당의 사회주의 국가다. 독립 이전까지 사실상 여러 군소 왕국의 집합체라고 할 수 있었던 인도는 중앙 정부와 지방 정부로 나뉜 지방 분권인 데 반하여, 중국은 공산당과 중앙 정부가 모든 것을 주도하는 국가다. 따라서 중국은 빠르고 강하게 정책을 밀고 나갈 수 있었던 것과 비교해, 인도는 매사 정반합의 사회적 합의를 바탕으로 느리게 점진한다.

다른 한편으로 앞날의 인도가 눈여겨봐야 할 곳이 다름 아닌 중국이라고 본다. 급속한 경제 발전 이후 중국 사회는 원래의 이상과 아득히 멀어져 있다. 일부가 부와 권력을 독점하며 그 목적은 기득권 유지에 있다. 특히 안타까운 건 오히려 퇴보하는 문화다. 2000년대 초반까지 경제 성장과 함께 중국 문화가 앞으로 보여줄 미래에 상당한 기대감이 있었으나, 이제는 그렇지 않다. 다양한 목소리와 가능성은 줄어들었고, 또 다른 '빅브라더'에 의해 좌지우지되며 과거의 영광 위에 오늘을 덧칠하고 있다.

대중문화는 그런 세태를 고스란히 반영한다. 가령 오늘날 중국 영화가 그렇다. 그 어느 때보다 자본이 몰렸으나, 영화인지 선전물인지 알 수 없는 경우도 많다. 그 천재적인 감독과 훌륭한 작품은 다 어디로 간 것일까,

<붉은 수수밭(원작 홍까오량 가족)>은 석양에 붉게 빛나다 사라져 간 것일까. 다른 생각을 가진 학자나 작가는 숨죽이고 있거나 고국을 떠났다. 찬란한 역사와 문화를 자랑하는 중국은 잠들어 있고 다양성은 사라진 지 오래다. 가오싱젠의 <영혼의 산>이나 위치우위의 <중국문화기행>엔 그런 애수가 담겨 있다고 느낀다. 한때 거침없이 총을 쏘고 피를 흘리며 세상을 향해 발악하던 홍콩 영화 또한 죽었다. 남은 사람은 본토의 비위를 맞춰야 했고, 절이 싫은 중은 떠나야 했다. 학식이 뛰어남에도 학문의 연구란 필요한 논리를 만들어 내는 데에 그치고, 언론이란 나팔수 같은 말을 외치며, 교육이란 (어디에서도 어울리지 못할) 중국 중심적 사고관으로 자부심을 고취한다.

마찬가지로 동북 공정, 일대일로…… 모두 각기 의도하는 바가 있다고 하지만, 한 가지 공통적인 건 인민의 콧날이 높아질 내용을 담고 있으며 직면한 문제를 보지 못하도록(중국 인민 스스로 깨어나지 못하도록) 눈을 가린다. 세련되지 못하지만, 의도한 바엔 충실하다. 중국인은 도리어 우릴 왜 싫어하는지 모른다고 되묻지만, 스스로 돌아보지 못하게 된 것이 그 아쉬움의 출발점이다. 그러한 현상을 가벼이 여길 수 없다. 의도하는 대로 사회는 통제되고 있기 때문이다.

중국몽은 '근대 이래로 중국인들이 꾸고 있는 가장 위대한 꿈'이라지만 꿈은 꿈일 뿐이다. 그것이 대국의 거짓말이라고 표현한다면, 이제 나는 더 이상 중국 입국이 어려울지도 모르겠다. 그러나 (믿거나 말거나) 중국을 힐난하는 건 아니다. 갑자기 그 꿈이 바뀌길 기대하지도 않는다. 결국 꿈은 꾸는 자의 몫. 다만 어쩌면 위대해질 수 있었던 꿈에 대한 아쉬움이고, 꾸었던 꿈과 드러난 현실 사이, 달라진 '꿈의 해석'에 따라 각자 다른 길을 모색해야 할 수 있다.

그리고 꿈에 대해서는 인도 역시 다르지 않다고 본다. 꿈을 이용한다. 대국은 모름지기 많은 모순과 거짓을 품고 덩어리를 이룬 곳으로 그 큰 덩치를 굴리기 위해 힘을 하나로 모으는 것이 그 꿈이다. 달콤한 꿈을 꾸게 만든다. 하지만 꿈꾸게 한다는 건, 언젠가 꿈에서 깨어나 적나라한 현실과 마주하게 될 거란 의미이기도 하다. 문제가 없는 곳은 없다. 인도와 중국, 두 나라 모두 기회만큼 문제를 안고 있다. 인도 역시 중국과 유사한 문제를 또 다른 형태로 가지고 있다. 다만 급행열차를 탔던 중국은 미뤄둔 문제가 조금씩 불거지는 반면, 인도는 연착된 '열차의 도착'을 알리기 전부터 이미 조목조목 드러나며, 유권을 가진 국민들의 지지와 심판을 받는다.

다시 말하지만, 인도는 중국의 이점이 없다. 하지만 다르게 말해 중국과 같은 이점을 가진 곳은 또 없다. 중국이 아닌 곳에서 중국을 찾으면 곤란하다. 오히려 인도의 상대적인 이점에 주목할 만하다. 일단 영어를 공용어로 쓴다는 건, (비즈니스 등) 만국 공통의 문법에 따라 대화가 통한다는 의미다. 또한 폐쇄적이지 않은 정치 체제라는 점에서 손바닥을 뒤엎듯 상황이 격변할 위험성은 적다. 진입의 시점에 있어 중국과 같은 여건을 기대할수 없으나, 인도는 꾸준한 적금과 비유할 수 있다.

누군가는 차곡차곡 적금을 들고 있다. 그만큼 어느 정도 숙고와 숙련의 과정 또한 필요하고 담금질 없이 단번에 결과물을 빚어내기 어렵지만, 돈으로 사기 어려운 성공과 실패의 노하우를 쌓아 가고 있다. 간과하지 말아야 할 것은 그런 경쟁 상대다. 가령 중국도 인도에서는 경쟁 상대다. 짧은 시간 고속 성장을 이룬 뒤 정체한 중국의 돌파구도 딱히 다른 곳에 있지 않다. 국경 분쟁 및 남아시아의 패권을 두고 서로 아웅다웅하지만, 인도는 엄연히 중국의 주요 수출국으로 냉정과 열정 사이를 오가는 이웃한 두 나라다.

물론 아직 인도 내에서 중국의 이미지나 중국산(기업과 제품)에 대한 평가는 좋지 않다. 또한 격변하는 정치 외교 상황에 따라 핵심 분야에 있어서 중국의 참여를 배제하는 등 기본적으로는 서로 견제하며 밀고 당기는 관계가 이어지고 있다. 그러나 '메이드 인 차이나'의 가격 태그를 보면 인도로서도 조금 솔깃해진다. 글로벌 기업이 기술과 인지도라면 중국 기업은 가격 면에서 비교 대상이 될 수 있는데, 경험한 바로 인도는 한국의 품질과 빠른 대응을 선호하는 한편, 가격에 대한 압박도 적지 않게 주었다. 많은 글로벌 경쟁사가 인도 시장에서 저가의 라인업을 따로 갖추는 것도 같은 이유다. 우리는 그 부담을 고스란히 안을 가능성이 있다.

그렇다면 자문해 봐야 할 것이다. 우린 준비가 되어 있는가. 거듭 강조하지만, '오늘의 인도'부터 실천하지 않으면 '내일의 인도'는 요원하다. 이제 더 이상 내일로 미룰 수 없는 오늘이 다가왔을 때는 이미 늦다.

나도 대국의 꿈을 꾸었다. 지금도 그렇다. 그곳으로 향하는 꿈은 나를 움직이는 원동력이다. 다만 대국의 꿈이란 늘 아름답지만은 않다. 아주 좋은 꿈을 꾸는 만큼 악몽을 꾸고, 가위에도 눌린다. 또 가만히 생각해 보면, 그건 내가 꾸는 꿈이다. 꿈꾸는 건 자유지만, 혼자만의 꿈에 사로잡혀도 곤란하다.

② 인중(印中)의 교차점

인도는 인도, 중국은 중국이다. 그러나 현실의 응용에 있어서는 인도와 중국을 따로 떼어 보기란 어렵다. 인종이 같고 문화가 유사하며 지리적으로 인접해 우리와 불가분의 관계에 있는 것이 중국이라면, 인종과 문화는 달라도 지리적으로 인접하고 많은 이해관계가 얽혀 중국과 불가분의 관계가 있는 것이 인도다. 중국은 인도에 지극한 관심을 두고, 우리 역시 친구의 친구(?)에게 마음이 가지 않을 수 없다. 그만큼 상호 작용하는 부분이 많고, 둘을 동시에 나란히 두고 살펴야 할 경우가 생긴다. 그러므로 중국만큼 인도에 관한 관심을 끌어올려 중국과 대등하게 인도를 볼 수 있어야 하고, 그 변수까지 고려해야 한다. 셈법은 까다로울 수밖에 없다. 가령 두 국가와 남반구의 국가들 간의 상관관계에 대해 이미 '글로벌 사우스'를 언급했는데, 이는 단지 양국의 경쟁을 넘어 또 하나의 질서에 관한 문제다. 또한 세계로 무대를 넓혀 바라볼 대목으로 이미 모두가 주목하고 있고, 이는 우리도 마찬가지의 입장이다.

다만 우리처럼 인도에 관한 관심이 정체한 곳이 드물다는 점은 냉정히 돌아볼 일이다. 물론 모든 분야에 해당하는 이야기는 아니다. 가령 학문적 연구와 학술 분야의 교류는 꾸준히 이어져 왔고, 외교, 경제 등 특정 분야의 교류 또한 앞으로가 기대된다. 다만 저변이 넓다고 말할 수 없는데, 그곳을 알아야 무엇이든 도모한다는 점에서, 인도 문화에 대한 일반적 관심과 이해의 수준은 아직 턱없이 낮은 것이 현실이다.

　　이러한 관심 부재의 이유를 문화적 괴리감만으로 보기는 어렵다. 유사한 조건에서 (인도와 맞닿은) 중국은 물론 일본 등 동아시아 문화권의 이웃 나라와도 상당한 차이를 보이기 때문이다. 중국과 일본은 이미 일찍이 다양한 분야에서 오랜 시간 관심을 기울이며 인도 이해에 공을 들여왔다. 문화 교류의 수준 또한 마찬가지다. 가령 인도 대중문화를 대표하는 영화를 예로 들면 분명한 차이를 보이는데, 중국에서는 인도 영화가 극장에서 상영하며 상당한 흥행을 거두기도 했다. 이를 두고 중국 내 유사 문화권의 수요로 해석할 수도 있으나, 기본적으로는 지피지기(知彼知己)의 관심에서 기인한 것이다.

　　반면 우리는 그렇지 못한 현실이다. 특정 영화제를 제외하면, 세계 두 번째 규모의 인도 영화를 우리의 극장에서 상영한 건 아주 오래전 일이 되었다. 소수의 마니아가 존재하고 '알만한 사람은 안다'의 영역에서 관심을 두지만, 일반적으로 인도 영화는 배스킨라빈스의 서른한 가지 맛에도 들지 못해 전 세계적인 흥행작도 한국에서는 만나 보기가 어렵다. 물론 인도 영화만의 문제가 아니고, 특정 인기 상업 영화에 대한 쏠림 현상은 인도에서도 마찬가지로 그건 곧 관객의 니즈에 따른 것이지만, 그 맛조차 한번 보기 어렵다는 점은 다양성의 결여와 연관된 문제로 기호에 따른 문화의 편식이 있다고 볼 수 있다. 인도에 대해 가장 알기 쉽고 무난한 콘텐츠가 외면받는 셈이다. 2013년부터 인도 영화에 글을 기고했고 강연도 했지만, 처음과 달라진 점은 많지 않다. 중간중간 춤과 노래가 나오는 '별미'의 영화일 뿐이다. 자꾸 이런 표현을 써서 죄송하지만, 한 해 30억의 관객을 동원하는 영화가 '별미'일 수는 없다.

대중의 기호가 그런 걸 어떻게 하냐고 할 수 있지만, 한 나라를 이해하는 키워드는 결국 그러한 문화에 있다. 문화 단체의 전통문화 교류 등 기품 있는 방식도 중요하지만, 일반에 닿아야 한다. 가령 어디를 가야 한다면 흔히 언어부터 배우지만, 언어는 문화를 알기 위한 도구다. 언어를 배운다는 것 또한 그 문화 콘텐츠를 접함으로써 한층 성숙해지는데, 언어는 어려워도 그 과정을 통해 그곳의 문화를 어느 정도 이해하고, 꺼낼 화두 또한 많아진다.

　　그러한 관심이 누적되지 못한 까닭에 우리 안의 질문은 겉돈다. 만나도 딱히 할 말이 없어 말이 끊기는 경우를 자주 보는데, 중국 문화는 평소 어떠한 방식으로든 자주 접해 서로 쉽게 통했던 반면, 인도는 친숙한 것에 기대지 않는 노력이 필요하다.

한편 중국이 그렇듯 인도 역시 인정받기를 바란다는 점에 주목할 필요가 있다. 알아주기를 원한다. 그러한 국가적 자부심 고취의 이면엔 역사적 이유가 있고, 이는 중국은 물론 우리와도 일면 통하는 부분이다. 자신을 존중하고 인정하는 상대일수록 크게 반긴다. 그런 의미에서도 우리를 알리고 인정받는 것 이상으로 그들을 알기 위한 노력이 필요한 것이다. 현지에서 겪는 대개의 문제 또한 상대에 대한 무지와 존중의 부족에서 기인한다는 점 또한 상기할 부분이다.

때로 인도에서 널리 인정받는 우리의 브랜드도 막상 한국 것인지 인지하지 못하더라는 이야기를 듣곤 한다. 사실 알만한 사람은 다 알고, 모르더라도 딱히 다른 이유보다는 아직 잘 모르기 때문이지만, 기꺼이 우리에게만 손을 내밀 거라는 기대는 말아야 한다. 우리만 원할 리 없고, 간다고 예전처럼 반기지만은 않더라는 건 중국에서도 이미 겪은 일이다. 블루오션이라고 생각하지만, 막상 가 보면 치열한 레드오션이다. 그럼에도 가지 않고는 다른 방도가 없다는 것이 대국의 아이러니다.

한 가지 덧붙이면, 어디든 티 나게 한쪽으로 급격하게 쏠려도 곤란하다. 가령 중국의 상인은 여기저기 알아보며 상점을 바꾸고 다니는 사람에겐 (그것을 알면) 물건을 내놓지 않기도 한다. 회자정리 거자필반(會者定離去者必返), 즉 만나면 헤어지고 떠나면 다시 만나니 다음을 위해서라도 신중해야 한다. 그런데 사실 이것은 중국만 해당하는 이야기라고 할 수 없다. 회자정리 거자필반은 불교 법화경(法華經), 다시 말해 산스크리트어 경전 속 내용이니, 원래 인도에서 비롯되었다. 둘은 서로 그렇게 이어져 통하는데, 이것을 다만 한자로만 아는 것도 시사하는 바가 있다. 이로써 둘 사이의 균형을 맞춰야 할 이유를 짐작하리라 본다.

③ 문제가 없는 곳은 없다

글의 초입에 나온 "왜 인도인가."라는 질문의 바른 교정은 "왜 아직 인도는 아니었나."일 것 같다. 거듭 망설인 사이, 여전히 멀다. 바야흐로 인도가 주목받으며 청신호가 밝아 오지만, 그럼에도 적기를 기다린다면 묘한 일이다. 그 이상이 있을까, 그렇다면 과연 우리가 인도로 향해야 할 적절한 시기란 오지 않을지도 모른다.

인도가 풀어야 할 숙제는 여전하다. 시간의 흐름에 맡기며 완전한 해소란 요원해 보이는 문제도 있다. 당장의 발전과 성장에 모두가 만족할 수 없고, 사회 불균형의 해소나 성과의 분배와 같은 문제는 계속 눈앞에 어른거릴 것이다. 전체 파이는 커져도 당장 나누면 별것 없고, 이는 내부의 불만과 분열로 이어질 수 있으니, 시선을 다른 곳으로 돌리기 위해 때로는 위험한 도박을 감수할 수도 있다. 거듭된 발전 속에도 대국이 품고 있는 딜레마란 뒤에 숫자 '0'을 덧붙이며 무한하게 이어질 수 있는데, 늘 고민이 깊을 것이다.

하지만 문제가 없는 곳은 없다. 그리고 인도의 성장점에도 숫자 '0'을 거듭 덧붙일 수 있다. 우리는 지금껏 인도가 멀다고 했으나, 사실 기회를 논하자면 인도를 빼놓을 수 없다. 당장은 다른 판단을 내려도 관심과 준비는 미룰 수 없는데, 닭이 먼저냐 달걀이 먼저냐는 인도로 가는 길에 마주할 불변의 화두이기도 하다.

"성과도 없으면서, 맨날 거창해."

한때 자주 그런 말을 들었다. 그러면 회의를 느꼈고 때로 '성난 젊은이'가 되기도 했다. 그럼에도 지금껏 같은 길을 가는 이유가 있다. 바라는 대로 일이 풀리지 않더라도 길이 다시 인도로 이어졌기 때문이다. 나 혼자만의 몸부림은 아니었고, 결국 모두가 인도를 그냥 지나칠 수 없었기 때문이다. 그렇다면 아직도 같은 질문을 되풀이하며 망설일 이유는 없다.

처음부터 확신을 가지면 좋겠으나 현실이 그렇지 못한 반면, 인도엔 분명 기회가 있다. 가령 콜럼버스가 그랬듯, 인도로 가는 길이 또 다른 '발견'으로 이어질 수도 있다. 얼마나 간절했으면 콜럼버스가 인도와 전혀 무관한 곳의 사람들을 인디언으로 불렀는지 모르겠으나, 망설임 없는 그런 간절함의 모색이 전혀 새로운 길로 이어졌다.

한편 가서 시야를 넓히는 사이 계속된 기회를 포착하는 곳이 인도라고도 본다. 예를 들어 경제 교류의 측면도 그렇다. 인도는 당장 제조 산업의 육성에 여념이 없으나, 전통적으로 서비스 산업의 비중이 크고 성장 가능성이 높다는 점을 주목할 수 있다. 도소매업과 공공 서비스업 등 기존 비중이 높았던 분야 및 주목 받아온 IT 소프트웨어 분야 외에도 최근 연구개발(R&D), 장비 대여업, 데이터 관리, 마케팅 등의 사업 지원 서비스 분야, 그리고 금융 및 보험, 교육 서비스업 또한 주요 분야로 떠오르고 있다. 물론 아직 우리는 인도에서 주로 제조업(과 그에 따른 서비스) 중심에 치우쳐 있고, 서비스업의 경우 제조업보다 현지에 더욱 밀착되어야겠으나, 그처럼 다방면에서 길을 모색해 볼 수 있다는 의미다.[4]

월드컵이 열리던 해, 나의 여정은 어느덧 강가(갠지스)강을 거쳐 황하강으로 이어지고 있었다. 그 일의 발단에 관해서는 이미 앞서 이야기한 바 있다. 연말에 인도로 떠나 해가 바뀌어 남인도 '점령'에 모든 걸 쏟아부은 다

---

[4] <인도 서비스 산업의 성장과 한-인도 협력 전략, 한형민, 대외경제정책연구원 경제안보팀, 남아시아 이슈페이퍼 25, 2024> 참조

음, 구정 연휴 즈음 귀국한 나는 3월이 되기 전, 중국 시안으로 향했다. 말 그대로 배낭을 내려놓고 옷을 갈아입은 뒤 캐리어 짐을 하나 꾸려 공항으로 갔는데, 딱 그 모습 그대로가 앞날의 예고편이었다고 했다.

솔직히 중국도 가기 전에 이미 심신이 너덜너덜해진 기분이었다. 생략했지만 남쪽 끝의 칸야쿠마리로 내려가기에 앞서 델리에 머무는 사이 북쪽의 나이니탈까지 올라가기도 했으니, 무리는 무리였다. 하지만 어떡하나, 이미 비행기는 떴다.

그렇게 시안에 이르자 어리둥절했다. 나는 누구, 여긴 어딘가. 인도 여행으로 꽤 자신이 붙어 있었는데, 중국은 또 새로웠다. 마치 큰 조류에 연달아 휩쓸린 듯했는데, 갈수록 나란 존재는 작아 보였다.

① '홍콩 간다'는 흔한 말

좀 더 정확히 하자면, 중국 땅을 밟은 것이 처음은 아니었다. 몇 주 전 인도에서 귀국하며 홍콩(샹강)을 경유했다. 당시 홍콩은 반환(1997년)된 지 얼마 되지 않아 우리보다 더 화려했고, <영웅본색>의 바이브나 <열혈남아>의 낭만이 아직 살아 있었다. 남사스럽지만, "홍콩 간다."라는 흔한 말도 그때의 표현이다. 숙박비가 (비싸고) 아까워 하룻밤을 꼬박 새워 야심한 밤의 홍콩섬을 헤매는데, 마치 기시감을 느끼듯 모든 장소가 어디선가 본 듯했다. 워낙 손바닥만 한 곳이고 모두 영화 속에 스쳐 갔던 풍경인 탓이다.

그렇게 두 발로 걸어 다니며 하염없이 홍콩의 밤을 보내는데, 어떤 젊은 남성 두 명이 다가와 여권을 보여달라고 했다. 움찔하니까 경찰이라고 안심시키는데, 막 인도에서의 긴 여정을 마치고 온 길이라 몰골이 좀 그렇긴 했다. 하지만 사복 차림이라 의심하며 주저하자 장국영 닮은꼴(?)이 괜찮다고 웃어 보이며 배지를 내밀어 보였다. 어쩔 수 없이 여권을 꺼내 건네 주고 긴장하며 서 있는데, 무슨 말을 해 보려 해도 광둥어를 하는 곳에서 나의 (저렴했던) 만다린은 무용지물이었다. 하지만 경찰도 여권을 확인하자 딱히 긴 말은 필요 없는 듯했다. 여권을 돌려주며 말했다.

"위험하니까, 이런 후미진 곳은 돌아다니지 마세요."

짧지만 강렬했던 홍콩과의 첫날밤이었다. 이후로 홍콩이 몹시 마음에 들었고, 일이든 여행이든 몇 차례 더 가 보았지만, 그때 그 느낌은 더 이상 남아 있지 않았다. 한때 홍콩은 희귀성이 있었다. 이색적인 문화 접경지이기도 했다. 그러니까 지나온 시간이 달랐다면, 중국도 이러한 모습이 될 수 있었다는 의미다.

하지만 중국 본토에서 보기에는 인도가 고아에 대해 그랬듯 그곳은 아픔의 유산일 뿐이다. 인도가 군사 작전(비자이 작전)을 통해 포르투갈령이었던 고아를 힘으로 되찾았다면, 홍콩은 영국 스스로 반환했는데, 물론 이유 없이 내놓은 건 아니었다. 또한 당시 중국 본토의 형편은 한국보다 홍콩과 차이가 더 컸는데, 상하이가 새로운 홍콩이 되어야 할 이유는 그것으로 이미 충분했다. 서서히 이단아의 숨을 죽인 다음 본토에 동화시켜 나갈 것이었다.

반환이야 거스를 수 없는 일이지만, 홍콩 사람들에겐 애석한 일이었다. 어찌 되었든 자유롭게 의사를 표현하며 살아왔던 사람들인데 낙동강 오리알이 되었다. 예고된 반환 날짜를 앞두고 선택의 기로에 놓였고, 남거나 떠나야 했다. 하지만 삶의 터전을 버릴 수 없었던 대개의 경우 다가오는 디데이를 속절없이 기다리며 초조하고 불안할 뿐이었는데, 그런 감정을 표출하고 해소한 것이 바로 <영웅본색>과 같은 누아르 영화였다. 오로지 의리를 지키기 위해 호랑이굴로 들어가 (상대는 맞으면 죽지만) 몇십 발 총알을 맞고도 살아남아야 했던 기분을 이해한다.

그 시기가 홍콩 영화의 황금기이기도 했다. 하나의 흥행작이 나오면 그 아류가 무수히 만들어졌고, 심지어 원작의 주연 배우가 아류작에 다시 등장하기도 했다. 찍을 감독이 모자랄 정도였다. 그래서 원래 시나리오 작가였다가 그 기회에 메가폰을 잡은 사람이 왕가위 감독이다. 누아르를 찍으라고 했더니, 기라성 같은 배우들을 데리고 멜로를 찍어서 당시 극장의 관객들은 야유를 보냈는데, 그것이 곧 <열혈남아>고, 이후로도 '저주받은 걸작'으로 일컬어지는 작품들로 평단의 극찬을 받았다. 특히 한국에서도 선풍적인 인기를 끌었는데, 그가 보여 준 영상적 표현 기법은 지금도 우리가 광고 등을 통해 흔히 접하고 있다. 그때 만해도 홍콩은 참 좋은 시절이었다.

② 월드컵 유감

그렇듯 홍콩에 이어 시안을 보았으니 느낌은 정확할 것이다. 산시성의 성도이자 중국의 천년고도 시안(장안)의 첫인상은 당시만 해도 좀 삭막해 보였다. 중국에서도 북서부니까 당연한 얘기일지 모르지만, 지금은 그때와 비교할 수 없이 발전했다는 점에서 당시만 해도 대국의 활기가 그곳까지 충분히 닿지는 않았던 셈이다. 사실 시안으로 간 것은 그 때문이기도 했다. 많은 유학생들이 베이징과 상하이로 가니까, 오히려 한국 사람이 적은 고도에 머물고 싶었다.

그런데 가 보니 이미 중국은 어디든 유학생 천지였다. 인도를 다녀오느라 남들보다 조금 늦게 입국했는데, 유학생 기숙사엔 이미 다양한 국적의 적지 않은 외국인들이 머물고 있었다. 그 가운데 미국 친구들은 아직철이 들기 전이었고, 영국 친구들은 축구 얘기에만 눈이 반짝였고, 일본친구들은 조용히 소곤댔으며, 독일 친구들은 다소 울적해 보였고, 이탈리아와 카자흐스탄 친구들은 유독 여자를 밝혔다(인도 사람은 없었다).

그리고 한국 동학들은…… 딱히 가리지 않았다. 처음엔 일본인 친구들과 룸메이트도 하며 친하게 지내더니 (나눠 피우지 않는 담배) 문화 차이 때문에 곧 멀어졌고, 미국 친구들과 친해지더니 월드컵이 열리자 서로 내기를 걸었다. 내 앞방에도 그런 미국인 내기꾼이 하나 살았는데, 늘 시끌벅적했고 그들답게 주로 옥상에서 파티를 열었다. 쩐주가 부족한지 내게도 딱 한 번 문을 두드려 돈을 걸라고 했는데, 웃으며 고개 저으니 "굿 럭!" 하고는 다시 찾아오지 않았다.

한편 나는 한국 사람과의 교류가 거의 없었다. 다들 좋은 사람 같고 딱히 유감은 없지만, 어떻게 왔는데……. 한국말은 돌아가서 실컷 할 수 있었다. 그러다 보니 주로 혼자 다녔고, 그래서 일본인 친구들은 내가 동향인 줄 착각했을 정도다. 수업보다는 주로 먹고 살 궁리에 주변 시장이나 상점을 어슬렁거리는 것이 일이었는데, 흥정하며 덩달아 중국어도 조금 늘었다. 가까운 곳에 루쉰의 흉상이 하나 서 있어 저녁엔 그곳을 기점으로 넓은 캠퍼스 안팎을 산책했고, 휴일엔 틈틈이 시안 시내와 주변 유적지를 찾아다니기도 했다.

물론 밤엔 중국인 친구와 호형호제하며 술잔을 부딪쳤다. 그런데 그로부터 수개월이 지나 하루는 그 친구가 굳이 중국 학생들의 술자리에 나를 이끌고 갔다. 술자리라고 해 봐야 낮엔 학생 식당이었다가 밤이 되자 그 앞마당에 낮은 테이블과 의자를 가져다 놓고 화로에서 막 구운 양꼬치를 내놓는 곳이었다. 외국인은 나 혼자였는데, 내가 낄 자리가 아니라는 듯 상석에 앉은 녀석이 마뜩잖은 표정으로 나를 노려보았다.

"이 사람은 괜찮아."

하지만 정말이지 괜찮지 않은 표정이었다. 외국인 아니, 한국인을 꼭 집어 경계하는 듯했다. 엉덩이가 따끔할 정도였는데, 한동안 그들의 공세에 가까운 질문에 답해야 했다. 요컨대, 한국인은 왜 그러냐는 것이었다. 나중에 들어 보니 한국인들과 어울리는 문제로 나의 중국인 친구와 의견이 크게 부딪쳤다고 했다. 일종의 배신자로 취급했고, 너는 중국인이 아니라 한국인이냐며 빈정댔다던데, 여기서 차마 표현은 못 하겠으나, 한국인은 다 그렇다. 아니다, 다 그런 건 아니란 요지로 이어진 말다툼이었던 모양이다. 그래서 한국인을 옹호하다가 왕따 비슷한 것을 당하고 만 중국인 친구가 자기 쪽 증인으로 하필 나를 심판대로 불러 놓은 것이었다. 맙소사.

그래도 한국과 중국 모두 통하는 묘수가 하나 있었다. 싸움은 하수다. 따가운 말에 웃으며 고개를 끄덕이는 사이, 술은 이내 많은 문제와 갈등을 블랙홀처럼 삼켜 주었다. 그리고 술자리가 무르익자 내게도 화해의 잔을 건네더니, 술자리가 끝날 즈음엔 서로 호형호제하며 헤어졌다. 어쨌든 그들보다는 내가 형이었으니 "따거(大兄)"라고 불렀는데, 무협 영화에서 자주 들었다고 너무 좋아할 립서비스는 아니지만, 그냥 "시아오띠(小弟)"라고 화답하며 또 보자고 했다. 물론 녀석들과 또 볼 일은 없었다.

처음 시안에 들어갔을 때만 해도 그런 분위기는 아니었다. 후샹방주(互相幇助)라고 상부상조 과외도 해 주고 가려운 데를 긁어 주며 필요한 바를 돕기도 했으니, 처음부터 서로 그렇게 날이 서 있었던 건 아니다. 그런데 날이 갈수록 보고 느끼기에 점차 관계가 벌어진다는 것을 느꼈다. 나름 우려하는 바도 있었는데, 마음에 걸렸던 장면이 하나 있다.

월드컵이 한창이었다. 로비에 TV를 가져다 놓고 모두들 모여 자신의 국가를 응원하는 분위기였는데, 나도 어지간히 스포츠를 즐기는 편이지만 어쩐지 그러는 건 썩 내키지 않아 그냥 동갑의 친구 하나와 기숙사 방안에서 치맥을 하며 한국의 선전을 응원했다. 어쨌거나 처음엔 모두의 축제였다. 본선 진출국의 친구들은 평소보다 목청이 커지며 적극적으로 감정을 표출했고, 발로 하는 축구엔 그다지 관심 없던 미국 친구들도 이때다 싶었는지 로비와 방을 오가며 열심히 판돈을 올렸다(카자흐스탄 친구들은 풀밭에 앉아 구슬프게 기타를 퉁기며 축제의 이른 탈락자들을 반겼다).

물론 처음 월드컵 본선에 나온 중국도 축제 분위기였다. 기대감이 가득했다. 하지만 중국팀이 1패, 2패, 3패를 하자 점차 분위기가 달라졌는데, 그래도 그때까지는 괜찮았다. 세계의 벽이 너무 높았을 뿐이다. 그런데 중국팀의 부진보다 더 심기가 불편했던 건, 아무래도 예상치 못한 나라들의 선전 때문인 듯했다. 한국이 그렇게까지 높이 올라갈 지 누구도 예상치 못했는데, 특히 중국이 예민하게 반응했다. 이유인즉슨, 당시 처음으로 축구 복권이 생겼는데, 예상을 훌쩍 벗어난 변수 때문에 축구도, 복권도 모두 꽝이 되었다는 얘기다. 더군다나 튀르키예는 다크호스의 약진이라도 해도 한국이 4강을 갔다는 것은 부럽기도 하고 다소 자존심이 상하는 일이었다.

하지만 그것도 하나의 명분에 불과했다고 생각한다. 무엇보다 중국은 한국의 거리 응원을 두려워하는 눈치였다. 천안문 사태 이후로 인민이 광장에 모여 집회를 벌이는 것을 극히 경계해 온 곳이 중국이다. 그런데 TV 속 한국 사람들은 거리를 빨갛게 물들이고 있으니, 그 질서정연한 새로운 위협에 중국의 위정자들은 속이 뜨끔할 수밖에 없었다.

그런 까닭인지 중국에선 한국 경기가 끝나면 곧바로 중계 화면을 스튜디오로 돌렸고, 대강 짐작만 할 뿐 한국이 그런 분위기인지는 나도 잘 몰랐다. 급기야 중국 방송은 한국에 져 탈락한 이탈리아를 조명하며(화면을 흑백 페이드아웃 처리했다) 크게 슬퍼했다. "아쉽게도 이태리팀이 탈락했습니다." 잘못 본 것이 아니라면, 분명히 여자 아나운서는 눈물을 훔쳤던 기억이고, 그것으로 흘러가는 분위기를 대강 알 수 있었다.

그런데 사태의 심각성은 더 가까이에서 느낄 수 있었다. 갑자기 창밖에서 엄청난 환호성이 들려왔다. 어디서 구했는지, 한국인 유학생들이 대형 태극기를 머리 위로 올린 채 넓은 캠퍼스를 행진하며 외치고 있었다.

"대~한민국, 짜자~자 짝짝……"

타지에서 제대로 기쁨을 나누지 못하는 학생들의 악의 없는 행동이었을지 몰라도, 제대로 건드렸다. 아까 얘기한 술자리에서 내게 한참 눈을 부라렸던 중국인 녀석이 말했다. 남의 나라에서 너무한 것 아니냐고.

중국인들은 자부심이 높고 자존심이 세다. 그렇게 교육을 받았고 그래야만 했다. 그렇지 않으면 무엇으로 대국이 내재한 불합리를 이겨낼 텐가. 주위를 둘러보면 상대적인 박탈감을 느끼지만, 그 분노는 안이 아닌 밖으로 향해야 한다. 형편이 여유로워 보이는 한국 유학생들이 마침 적당했다. 그래 봐야 우리도 서민이지만, 중국은 물가가 상대적으로 저렴한 까닭에 친분을 쌓고자 호의로 한턱을 내도 그 끝맛이 달지만은 않다. 그렇다고 시기나 질투를 드러내는 것은 자존심이 상한다. 한국은 왜 그러냐는 말로 대신한다.

그런 의미에서 혐한은 어느 정도 계산된 것이다. 다시 말하지만, 중국에 있어 한국의 무언가는 경계 대상이다. 한국이 필요하면서도 물밀듯 들어오는 한국 상품과 문화 모두 위협적이다. 월드컵의 광풍은 그 수위를 조절하는 계기가 되었다. 우리 입장에서는 본인들이 탈락한 걸 우리가 무슨 잘못이냐고 할 수 있지만, 대국은 자신을 탓하는 경우가 드물다. 그런 의미에서 시안의 대형 태극기는 몹시 서툴렀던 셈이다. 응어리진 감정을 우리에게 표출할 기회를 주었는데, 이후로도 혐한은 필요한 시기, 수위를 조절하며 다양한 모습으로 반복된다.

물론 중국인 모두가 그런 건 아니다. 아직도 그때의 중국인 친구와는 돈독한 사이다. 자주 보진 못해도 한 번 맺은 좋은 인연은 오래도록 이어진다. 또 우리 입장에서야 이탈리아를 위해 눈물을 흘리기보다는 축하한다는 한마디 건네 주면 좋았을 테지만, 이후 중국이 그곳의 의류 산업을 접수한 것을 보면, 과연 그런 것만도 아니다. 그때 우리가 태극기를 휘날릴 수밖에 없었던 것처럼 말이다.

얼마 후, 아직 모두가 월드컵의 단꿈에서 깨어나지 못할 때였다. 그곳에서 한·중·일 축구 대회가 열렸다. 나는 인원수가 부족하다는 이유로 강제 차출당했는데, 회비를 걷어 유니폼까지 맞춰 입었다. 국가 대표 유니폼을 입은 한국 동학들은 숨을 몰아쉬며 말년 병장의 축구를 선보였다. 반면 일본엔 선출이 섞여 있었고, 평상복 차림의 중국 친구들도 생각보다 뛰어난 소림 축구를 과시했다.

결과는 4강 진출국의 완패였다. 중국과의 1차전을 패하고 일본과의 2차전, 선출에게 된통 당하는데, 더 이상 골을 먹을 수 없다는 생각에 끝까지 쫓아갔고, 본의 아니게 태클이 늦고 말았다. 덕분에 상대의 무릎이 깨져 경기는 잠시 멈췄다. 물을 건네며 사과했지만, 그는 내 손을 뿌리쳤고, 대신 심판을 보던 중국 친구에게 다가가 퇴장이라며 강하게 어필했다. 각오하고 있었다. 하지만 어쩐 일인지 중국 심판은 경고만 주었다. 혹시 한중 홈그라운드 어드벤티지? 아무튼 이후로 일본 친구들도 내가 그쪽 사람이 아니란 건 분명히 알게 되었다.

③ 물의 의미

또 한 가지 기억에 남는 순간이 있다. 우연한 기회에 중국 남학생 기숙사 안을 들어가 볼 수 있었다. 남녀 기숙사는 물론 유학생과 내국인 기숙사가 엄격히 분리되어 있었고 각각의 현관을 경비가 지키고 있었다. 하지만 중국인 친구가 중난하이(中南海, 담배 브랜드)[5] 한 갑을 건네자 그냥 들여보내 주었는데, 늦은 시간에 중국인이 유학생 기숙사를 오가는 방법도 그와 같았다.

---

5   베이징시 중심부에 위치한 옛 황실 정원으로 현대 중국의 정치 일번지를 뜻하기도 한다.

유학생 기숙사는 대개의 원룸처럼 잘 갖춰져 있지만(독방이나 에어컨은 추가 비용이 붙는다), 내국인 기숙사는 아주 열악했다. 한 방에 여덟 명이 머물렀고, 머릿수만큼의 벙커 침대에 책상은 두 개뿐인데 쓰레기는 방 한가운데로 던져서 모아두었다. 또한 화장실은 층에 하나씩만 있었고, 샤워나 목욕 시설은 별도의 큰 건물로 떨어져 있었다.

그제야 중국 학생들의 대이동에 관해 이해할 수 있었다. 매일 아침과 저녁으로 각자 물통이나 바구니를 하나씩 들고 무수한 학생들이 오가길래 무슨 일인지 궁금했는데, 다름 아닌 목욕재계의 거대 물결이었다. 물이 귀했고 씻는 건 일이었다. 그런 '물의 의미'를 직접 두 눈으로 확인한 셈인데, 지금의 중국은 많이 발전했다 하더라도 그보다 더 증가한 인구에 치수는 늘 중요한 법이다.

'친한 외국인의 숙소에 와서 샤워하고 가는 것도 무리는 아니네.'

언젠가 중국 사람들처럼 노상에 나가 문이 휑하게 뚫린 어두운 공공 화장실에 쪼그려 앉아 있자니 그런 생각이 머릿속을 훑고 지나갔다. 그런 환경에서 벗어나 바깥에서 따로 자취하는 경우도 있었다. 물론 거기엔 다른 목적도 있었다. 학교에서는 금하지만, 당시의 우리보다 오히려 개방적이어서 연인과 동거하기 위한 것이었다. 다만 전국 각지에서 모인 학생들의 주머니 사정이 대개 그렇게 여유가 있을 리 없고, 그래서 매일 늦은 밤 루쉰의 흉상 앞에 가 보면 주변 풀숲 사이로 신원 미상의 남녀가 지저귀는 속삭임이 나지막이 들려오곤 했다.

한편 수양제가 대운하를 건설한 마음도 충분히 이해할 수 있었다. 그것과는 또 다른 유통과 교통의 목적이고 그것이 곧 몰락의 계기가 되었지만,

물을 다스려야만 했다.

실제로 대운하를 본 것은 그로부터 얼마 뒤 중국의 연휴 기간이었다. 중국을 한번 돌아보고 싶었지만 미리 여정을 준비하지 않았고, 수억 인구의 민족 대이동이 일어나는 판국에 연휴가 다 되어 갑자기 기차표를 구할 수 있을 리 만무했다. 하지만 (인도처럼) 찾으면 또 길이 보였다.

중국인 친구의 친구 아버지가 역무원이었다. 물론 올바른 방법이라고 할 순 없다. 다만 자식의 외국인 친구에게 편의를 베푼 것이고, 중국은 그런 방식으로 일이 풀렸다. 물론 그에 상당하는 푯값은 지불해야 했다. 철도 역사의 약속된 지점으로 가자, 뒷문을 열어 주었고, 열차에 올라 현장에서 매표한 뒤 여행을 떠날 수 있었다. 그렇게 시안에서 출발해 쑤저우까지 기차로 대륙을 횡단한 뒤 다시 통통배로 갈아타고 운하를 따라 항저우로 내려갔다.

'물의 길'을 따라가는 사이, 인도 생각이 났다. 물이 귀하기는 인도도 매한가지다. 인도의 물은 석회질 성분이 많으니 가급적 생수를 사 먹어야 하고, 같은 이유로 양치 또한 가급적 생수로 하는 것을 권한다. 외국인이니까 그렇게 하고, 그럴 수 있는 것이다.

하지만 외국인도 그런 물 사정에서 완전히 자유로울 수는 없다. 저렴한 숙소에 머물면 뜨거운 물을 데워 바구니로 주는데, 자리에 쪼그려 앉아 아껴 쓰며 몸을 씻는다. 가끔 창 너머로 작은 수건에 물을 적셔 몸을 닦는 인도 사람들도 보인다. 그리고 물의 길을 따라 성지 순례를 가면, 너도나도 혼란스러운 색깔로 빛나는 강물 속에 몸을 담그는 모습을 목격한다. 아무리 인도와 친해지더라도 따라서 들어가지 않는 것이 바람직하다.

인도와 중국을 다닐 때만큼은 그들처럼 물 앞에 겸손해지게 된다. 어찌 보면 그건 이제 인도와 중국의 문제만도 아니다. 한 번은 미국에 갔는데, 그랜드 캐니언의 수위는 많이 낮아져 있었고 캘리포니아에서는 급수

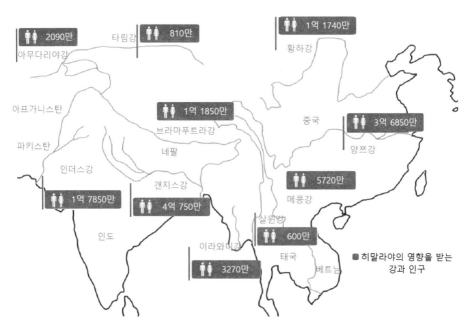

그림 48 히말라야로부터 발원한 물의 길(출처: 조선일보 자료 재편집).

제한을 두었다. 어쩌면 물이란 대국의 공통 민원 사항이다.

④ 다 기억한다(後果)

사람이 좀 씻지 못할 수도 있다. 나도 인도에서는 야인에 가까워진다. 그것이 대국 속으로 내가 무리 없이 잠입하는 파트릭 쥐스킨트의 '향수'다. 물론 직접 보고 경험해 온 사람이라 상황을 이해하는 것이지, 때로 오해를 사는 경우도 없지 않다. 문제는 상대도 그런 반응을 인지하며 모멸감을 느끼는 것인데, 절대 잊지 않는다. 인도가 '업'에 의해 다음 생이 결정된다고 했는데, 중국에 대해 다음의 이야기도 하나 덧붙이고 싶다.

　월드컵의 해로부터 꽤 시간이 흘러 처음 중국 전시회에 참가하게 되었을 때의 일이다. 이미 언급했듯 거기서 나는 통역 역할을 했는데, 전시회 부스로 중국 업체의 손님들이 찾아왔다. 남쪽의 광저우에서 베이징까지 올라온 것이니, 어찌 보면 우리보다 훨씬 먼 길을 온 사람들이었다. 그만큼 한국 기업과 일할 기회를 원했는데, 그때만 해도 중국이 더 적극적이었다.

　다만 그 사람들의 행색이 비즈니스맨치고 좀 남루하긴 했다. 특히 머리를 감지 못한 듯했는데, 회의하던 중 우리 쪽 책임자가 참지 못하겠다는 듯 자리를 박차고 나갔다. 전시회는 성료였고, 찾아오는 중국 업체는 꽤 많았다. 기회는 많으니 조금 대화를 해 보고 그다지 실속이 없을 것 같으면 빨리 관두려 했다.

　"네가 적당히 이야기하고 보내."

　냄새가 난다는 듯 책임자는 얼굴을 좀 찌푸렸다. 서로에 대한 예의가 아니라고 생각했을 수 있지만, 두고두고 후회할 일이었다. 머지않아 그 업체는 해당 분야에서 중국을 대표하는 업체로 성장할 것이었다.

　그렇게 시간이 흘러 반대로 우리가 그 업체에 적극적으로 다가가야 할 입장이 되었다. 광저우 출장을 갈 때면 반드시 연락하고 약속을 잡으려 했는데, 잘 만나 주지 않았다. 우리 쪽 책임자는 그때의 일을 기억하지 못하는 것인지 매번 그 업체를 꼭 만나 보라고 했다. 하지만 만나도 성의 없이 담배와 차를 권하며 이런 대화를 하는 것이 다였다.

"어떻게 샘플 테스트 좀……."

"어떡하죠? 지금도 진행하고 있는 업체가 많아서 말이죠."

서로 입장이 완전히 뒤바뀌었다. 그리고 유독 우리를 밀어냈던 이유를 알게 된 건 그로부터 한참의 시간이 더 지난 뒤였다. 나 역시도 소속과 맡은 바 업무가 달라진 뒤였는데, 회사의 필요에 따라 억지로 연락해 찾아가 보니, 이번에도 회의 중이라며 한참을 로비에서 기다리게 하다가 결국 만나(는) 주었다.

"오랜만이네요."

만나 보니 예전의 사장은 이미 회장이 되었고, 실무 담당자가 사장석에 앉아 있었다. 그리고 새로운 사장은 전시회의 일을 명확히 기억하는 듯했다.

"시간이 참 많이 흘렀죠?"

새어 보니 7년 정도였다. 하지만 나는 여전히 실무고 그는 사장이었다. 그리고 그는 옛날과 비교가 안 될 정도로 용모가 단정해져 있었다. 국가 기관에서 출발한 그 기업은 이미 그 분야에서 지역을 대표하고 있었고, 전국으로 진출할 참이었다. 원래 한국 기업이 아닌 다른 글로벌 기업의 핵심 부품을 썼는데, 그 기업은 과거 한국에 기술을 전수한 곳이기도 했다. 그리고 그 핵심 부품마저 곧 국산화하는 모양이었다. 예전처럼 내게 담배 한 개비를 던져 주고(오해하지 말 것은 손님에 대한 호의다) 함께 차를 한 잔 마셨는데, 얼굴을 마주 보고 한동안 이런저런 이야기를 나눴지만, 내심 떳떳하기가 어려웠다. 그땐 그랬지. 마찬가지로 그다지 실속 있는 만남은 아니었다.

인도에 관한 글에 이처럼 중국에 대한 에피소드를 다루는 이유는, 사실 매한가지란 의미다. 인도만이 아니라 중국에서 쌓은 '업' 또한 반드시 돌아오게 되어 있다. 대국은 자부심이 높고 자존심이 세다. 노골적으로 말하면 좀 쪼잔하다. 굳이 정의를 내리진 않겠으나, 땅이 넓다고 마음이 넓은 건 아니다. 대국을 사랑하면 보통 이런 이야기는 삼가겠으나, 스스로를 돌아보고 사랑하려면 이와 같은 이야기도 반드시 해야 한다고 믿는다.

한편 인도에서는 인도의 업보를 쌓았다. 첫 출장에 관한 기억인데, 한국 업체에서 사람이 간다고 하자 한 업체에서 공항까지 버선발로 마중을 나왔다. 그렇게 며칠을 데리고 다니며 볼 일을 편하게 봤다. 본사와 연구소를 방문했고 전시회를 참관했으며 심지어 공장이 있는 다른 도시까지 함께 가자고 권하기까지 했다. 끝까지 신경을 써주었고, 서로 긍정적인 대화를 나누며 희망을 품은 채 헤어졌는데, 이미 앞서 말했듯, 돌아가 보고를 한 뒤로 아무것도 진행되지 않았다. 물론 비즈니스까지 문제로 삼으면 쌓이는 업보에 버틸 재간이 없겠지만, 그것이 나름 내가 그때 남긴 업보다.

출장 첫날 저녁도 인상 깊은 기억으로 남아 있다. 극구 사양하는데 굳이 호텔 라운지 바까지 데리고 가서 술과 고기 안주를 내 주었다. 한국에 한 번 다녀간 적이 있었고 나름 알기에 한국인은 저녁에 꼭 술을 한잔해야 하는 줄 알았던 모양이다. 술도 그렇지만 고기 안주는 인도에서 무척 신선해 일단 지켜봤는데, 내가 먹는 것을 부담스럽게 바라볼 뿐 술이나 안주 모두 본인은 손대지 않았다. 그러면 그렇지 싶었다. 그만큼 상대에게 유연하게 응대한 것이고, 고맙게도 내게 그런 정성스러움을 내비친 것이었다(그러니 업보가 아닐 수 없다).

물론 오해의 소지는 없어야 한다. 인도는 절대 술을 마실 수 없는 지역

(주로 성지)과 마시지 말아야 할 시기가 있다. 반대로 엄연히 술을 파는 매장이 있고, 술을 마시는 사람도 있다. 일반적인 식당에서는 닭이나 양고기를 먹고 맥주도 마시지만, 소는 힌두교에서 신성시하고, 돼지는 이슬람교에서 금기시한다. 간혹 한인 식당에 가면 물소 고기를 먹지만, 맛이 좋은 편은 아니고 인도에서 소를 먹다니 오프 더 레코드다. 하지만 공표하진 않아도 길거리에 방치된 성스러운 소들을 관리하고 지정된 장소에서 도축도 하니, 그만큼 유연성을 발휘한다는 얘기다.

바람직한 것과 유연성은 다르다. 종교적 믿음의 문제거니와, 괜히 채식하며 음식의 대부분을 기름에 튀겨서 먹는 건 아니다. 현지 환경상 위생의 문제이기도 하다(박카스처럼 즐겨 마시는 짜이 또한 인도의 환경상 매우 적합하다고 했다). 그러므로 몇몇 인도 사람이 호기심에 한국인을 따라 술과 고기를 맛볼 순 있지만, 누구든 그런다고 여겨서는 안 된다. 모르고 권했다면 일단 실례를 범했다고 할 수 있다.

굳이 첫 출장의 기억을 꺼낸 이유는 그나마 가벼운 업보이기 때문이다. 이후로도 인도에서 일하며 그런 개운치 못한 일들은 많이 겪었다. 특히 주재원으로 일하면서는 늘 업보를 쌓았던 것 같다. 때로는 우리의 필요에 따라 그들이 이해하기 어려운 것을 관철해야 했고, 아슬아슬한 순간도 겪었다. 중간에서 가교 역할을 하는 사람이 있더라도 실수하거나 실패할 수 있다. 다만 그것을 가볍게 여기며 묵과하면 곤란하다. 무엇보다 존중하지 않는다는 오해는 쌓이지 않도록 해야 한다. 그래서 공분을 사면 그때는 이야기가 전혀 달라진다. 문제는 걷잡을 수 없이 커질 수 있다. 반드시 과거의 실책을 교훈으로 삼을 필요가 있다.

생각건대, 그래도 우리와 인도 사이엔 누적된 감정이 별로 없다. 중국의 경우 (마찬가지로 인도와 중국 사이가 그렇듯) 서로 가까이 붙은 탓에 쌓인 것이 많지만, 인도와의 관계는 그렇지 않다. 그것은 충분히 가까워지지 못했다는 의미이기도 하지만, 그만큼 서로 새롭다는 이점이 있다고 본다. 시작부터 잘 만들어 볼 수 있는 관계다. 그리고 중국과의 해묵은 일들을 여기서 언급하는 것 또한 아직 무르익지 않은 인도와의 앞날에 참조하기 위함이다. 거듭 말하거니와 인도는 인도고 중국은 중국이지만, 우리를 반기게 만들어야 하는 건 어디든 같다.

아직 공유할 만한 것이 많지 않다면 일단 같은 입장에 서는 것이 좋은 시작점이 되어주리라 믿는다. 동병상련, 서로 비슷한 시기에 고난의 세월(식민지 시대)을 겪었고 독립의 동기 동창인 동시에 전쟁의 아군이자 전우였으니 공감대를 형성할 만하다. 물론 우리를 볼 때 돌아보기 싫은 과거의 아픔이 아닌 아픔의 극복을 상기하게 만들어야 할 것이다. 마침 인도는 한국의 성공담에 관심을 가진다.

마지막으로 인도 역시 트라우마가 있다는 점을 간과하지 말아야 한다. 한때 굴욕을 겪었기에 인정받고 자부심을 되찾는 일은 중요하다. 우리도 잘 안다. 우월감, 측은지심 따위는 전혀 도움이 되지 않는다. 공감을 바탕으로 존중하며 관계를 쌓아 나가면 좋은 분위기는 이어질 것이다. 어쨌거나, 굳이 후회(후환이 될 일)는 남기지(적립하지) 말아야 한다는 의미다.

5-4   **이미지의 모함**

인도에 대해 궁리를 해 보았다면, 이제 인도로 갈 우리 자신에 대해 고민할 차례다. 우리가 인도를 어떻게 바라보는가에 대해서는 반드시 재고가 필요하다. 인도에 관한 희소식과 여러 가지 긍정적인 면보다 우리에게 많이 알려진 것은 사건 사고 소식 그리고 서로 다른 문화를 곡해한 모습이

다. 그 또한 우리 스스로 진지하게 인도를 조명한 것이 아니라, 외신이나 소셜 미디어에서 가져온 토막들이 대부분이다. 그 의도는 무엇일까. 어쨌든 그것을 바탕으로 우리는 인도를 이해하게 된다. 오해와 편견이 없을 수 없고, 그것이 반복되는 이상 우린 인도에 대해 공전하는 마차 바퀴로 머물 수밖에 없다.

인도를 다녀와서도 이런 말을 하는 경우가 적지 않다.

"우리도 한때 이랬어."
"한 한국의 70~80년대 정도라고 보면 돼."

그것은 첫인상일 뿐 거기서부터 더 깊고 넓게 들여다봐야 옳지만, 그렇듯 개인적인 향수(노스텔지어)로 쉽게 둔갑한 무용담이 주변에 영향을 끼치고, 채워야 할 이해의 공간에 인도는 그렇다는 단정적 인식이 지배적으로 자리 잡는다. 최신식 아파트와 재래시장이 바로 담 넘어 공존하고, 고급 세단과 길거리의 소가 나란히 도로 위를 다니는데, 과거와 현재가 공존한다고 아무리 강조해도 정보는 변질되고 만다. 그러다가 화성 탐사를 했다는 소식에 도무지 인도가 어떤 곳인지 감이 잡히질 않는데, 선무당이 '인도' 잡는 꼴이다.

개인적인 경험에 따른 감상과 해석은 자유지만, 관점을 전파하기 이전에 검증해서 정확한 메신저가 되어야 인도에 대한 오해도 없다. 다양성의 인도를 해석하는 것은 차분히 방대한 다타(데이터)를 기반으로 종합해야 하고, 간단히 행간을 메우면 필히 왜곡이 생긴다.

① 춤추지 않는 인도
보이는 표면에서 더 나아가지 못해 이해의 발목이 잡히는 경우는 많은데,

이번에도 간단하게 영화의 예를 들어 보면 좋겠다.

　가령 한국에 처음 소개된 인도 영화는 <춤추는 무뚜>다. 이 영화는 콜리우드(타밀어) 지역 영화로 일흔이 넘은 지금까지 활약하며 남인도를 대표하는 배우 라지니칸트 주연의 흥행작인데, 당시 인도에서 큰 성공을 거두며 우리에게도 알려지게 되었다. 그런데 <춤추는 무뚜>가 한국에 소개되자, 인도 영화는 반드시 춤과 노래가 들어간다는 선입견이 자리 잡았다.[6] 물론 문화적 배경을 바탕으로 두드러져 보이는 특징의 하나이긴 하지만, 그것만이 전부는 아님에도 인도 영화의 이미지를 상징하게 되었다.

　먼저 그 특징에 관해서는 몇 가지 해설이 가능하다. <베다>에서 다뤘듯 인도의 가무란 예로부터 종교의식에 뿌리를 두는데, 단지 대사만이 아니라 춤과 노래라는 전달 방식을 통해 흥(興)과 한(恨)을 표현하고, 인물의 감정과 극의 분위기 전환을 꾀하는 식이다. 언어가 다양한 인도의 환경에서 마치 바디랭귀지와 같은 역할도 하는데, 글을 읽지 못하는 계층에겐 자막도 무용하므로 매우 유용한 방식이다. 춤과 노래를 통해 관객과 소통하고, 결정적인 장면에서는 다 같이 자리에서 일어나 노래를 따라 부르며 몸을 들썩이니, 직접 체험했던 일을 소개하며 비유가 아닌 말 그대로 '춤추는 영화관'이라고 표현한 바 있다. 한 영화에 몇 번의 춤과 노래가 나오기도 하는데, 그러다 보니 러닝타임이 세 시간을 훌쩍 넘어 버리고, 옛 영화들처럼 중간에 인터미션(쉬는 시간)을 두는 것이다. 다만 그건 절대적 규칙이 아닌 하나의 특징일 뿐이다. 처음부터 접목된 방식이 아니고 이후 MTV 등의 영향도 받았다.

6　물론 일반 극장 관객에 관한 이야기다. 그 이전부터 인도 영화는 알려져 있었고, 일부 마니아층을 형성하기도 했다.

한편 영화의 역사와 거의 함께해 온 인도 영화의 세계는 매우 광활하다. 힌디어와 영어로 제작되는 전국구의 발리우드 외에 지역 언어별로 각기 고유의 영화권(시네마 컬처)을 형성해 왔다. 각 지역을 대표하는 배우 또한 서로 다르다. 흔히 향신료처럼 여러 가지 장르를 버무린 상업 영화를 마살라 영화[7]라고 하지만, 춤과 노래가 빠지지 않는 오락 영화부터 정색하고 이야기를 풀어 나가는 예술 영화까지 제작되는 영화는 다채롭다. 지역 영화권을 중심으로 일찍이 예술성을 주목받은 인도 영화는 이미 50년대부터 세계 영화사에 길이 남을 걸작을 내놓았고, 여러 국제 영화제를 통해 그 작품성을 인정받은 바 있는데, 국내에서의 상업적 성공 및 영화 산업의 성장과 함께 이제는 전 세계로 그 영향력을 넓혀 나가고 있다.

그 가운데 한국에서 대중적으로 첫선을 보인 <춤추는 무뚜(1995년)>는 인도에서 재미와 작품성의 두 마리 토끼를 동시에 잡은 수작이긴 하나, 처음 인도 영화를 접하는 관객이 쉽게 교감하며 공감대를 형성하기엔 다소 난해한, 취향을 탈 수 있는 '선택'이었다고 할 수 있다. 이후 춤과 노래는 인도 영화라면 뚜렷한 특징으로 기억되는데, 그렇다고 그것이 이질감의 근본 원인이라고 할 수 없다. 그 이유는 그와 같은 특유의 요소가 포함되어 있더라도 관객이 기꺼이 반길 만한 인도 영화는 찾아보면 많기 때문이다. 발리우드의 세계적인 성공과 더불어 인도 영화의 흥행작 가운데는 좀 더 보편성을 가지는 작품도 많은데, 가령 한국에도 불었던 <세 얼간이(2009년)>의 열풍은 한국에서 인도 영화의 가능성을 증명한 바 있다.

---

7 마살라는 인도의 혼합 향신료로 마살라 영화는 로맨틱 액션 스릴러처럼 다양한 장르를 뒤섞은 상업 영화를 뜻한다.

그림 49 '춤추는 무뚜'의 한 장면.

다만 지역 영화인 <춤추는 무뚜>는 진한 향신료처럼 처음 대면하는 우리가 처음부터 소화하기엔 다소 버거웠던 셈이다. 아직 모든 게 낯선 관객은 그 독특함에 주목하며 강렬한 이미지가 굳어진 결과, 더 많은 인도 영화에 관한 관심으로 이어지지 못했다. 그것이 2000년이었다. 그리고 (의도한 바는 아니지만) 인도 영화에 대한 일반적인 인식, 이미지는 아직도 상당 부분 거기에 머물러 있다. 처음부터 너무 진한 맛을 보여 주는 것은 위험한데, 일이 이렇게 되었으니 일단 더 잡숴 보라고 권할 뿐이다.

② 빈자(貧者)의 이미지

이미지에 관한 문제에 좀 더 주목해 본다. 늘 가난하고 도와줘야 할 나라라는 이미지는 과연 누가 무엇을 위해 만들었을까. 이미지라는 것은 참 무섭다. 긍정적 신호를 보내도 부정적이고 비판적인 신호로 되돌아오곤 한다. 인도의 입장에서 보면 못 나온 사진만 널리 퍼지는 꼴인데, 그만큼 인도가 더 나은 곳이 되어야겠으나, 한번 각인된 이미지는 좀처럼 바뀌기가 어렵다.

지금 우리의 머릿속에 빈곤은 인도에 대한 '섬네일(견본 이미지)'로 각인되어 있다고 할 수 있다. 인도 가기를 꺼린다면 한 번쯤 돌아볼 일이다. 그래서 인도는 도저히 못 갈 곳처럼 이야기하지만, 정작 그보다 훨씬 가난하고 열악한 곳을 그렇게만 보지 않는 경우도 있다. 대체 어떻게 그런 이미지가 각인되었는지, 설마 아픈 부분을 들춰내 우월감을 표출하는 건 아닐 테고, 혹 좋은 건 혼자만 알려는 것인지 궁금하다.

사실 인도의 빈곤 이미지란 서구적 시각에서 비롯된 것이다. 일찍이 영국은 인도를 자신들이 가서 계몽해야 할 나라로 보았고, 식민지 시대 이후 많은 작가와 사상가들이 그 이미지 조성에 크고 작은 영향을 끼쳐 왔다. 그들은 인도의 사상과 철학에서 영감을 얻기도 했으나, 태생적 종교관에서 자유롭지 못한 까닭에 공정하지 못한 시선으로 인도를 투영한 결과, 편견을 조장했다.

그들의(외부의) 시선으로 볼 때, 인도는 불합리하다. 가난하고 안쓰러워 보인다. 사진은 병들고 가난한 사람들에게 포커스를 맞추고, 다큐멘터리는 사회의 어두운 면을 다룬다. 인도엔 좋은 곳도 수두룩하다. 하지만 그렇게 가지 말라고 말려도 빈민가의 중심에 들어가서 인도의 현실을 고발한다며 느낌표를 남발한다. 인도를 무대로 한 사진작가들의 작품을 봐도 대체로 그렇다. 그 안에서 가장 자극적이고 기이한 장면을 잡아낸 것을 진짜 인도라고 한다. 심지어 극적 효과를 위해 필요한 부분만 잘라내기도 한다. 하지만 인도의 현실이란 과연 무엇인가. 그 또한 한 단면일 수 있지만, 그것이 인도를 대변하진 못한다.[8]

문제는 우리도 그 관점에 의존하는 경우가 많다는 점이다. 한 예능 프로그램을 보고 경악을 금치 못한다. 그 다채로운 모습 중에 굳이…… 화면에선 연기자가 도비왈라(세탁을 업으로 삼는 사람들로 하층민)의 삶을 체험하고 있다. 맙소사. 두손 두발을 다 들고 만다. 인도가 저런 곳이구나 싶다. 웃자고 만든 걸 죽자고 달려들 생각은 없다. 하지만 엄청난 양의 손빨래를 기가 막히게 잘한다는 점을 빼면, 과연 무엇을 보여 주려는지 의도를 알 수 없다. 그저 웃음이 목적일 뿐이라기엔 장소가 너무 극적이다. 혹시 은연중에 빈국의 이미지와 빈자의 삶을 드러내고, 그 고단한 삶을 직접 체험하는 모습을 연출하려는 걸까. 꼭 그런다. 다들 인도에 가면 자극적인 장면을 만들어 온다. 일상은 일상인데 평범하지 않은, 극적인 일상이다.

물론 아파트 앞집에 사는 은행원의 일상은 그림이 나오질 않는다.

빠지지 않고 꼭 등장하는 건 아이들의 미소다. 그런 환경에서도 순박한(?) 미소를 짓는 모습을 비춘다. 하지만 카메라를 들이미니까 그런 것이지, 웃는 게 꼭 웃는 것만은 아니다. 다른 곳에서 그 웃음은 다르게 해석되기도 한다. 누군가 가난해도 행복하다고 했지만, 가난해서 행복한 사람은 어디에도 없다. 솔직히 웃음도 나오지 않는다. 다른 건 몰라도 그 독한 세탁물에 연기자를 들여보낸다는 것이야말로 인권의 문제다.

심지어 평소 아무렇지 않게 오가며 촬영할 곳도 아니다. 가급적 가지 말라고 조언하는데, 굳이 들어간다. 그런 곳을 부주의하게 다니다가 험한 일을 겪는다는 점을 알아주었으면 한다. 개인 방송의 시대, 겪은 험한 일을 무용담으로 삼는 사람은 꽤 많다. 왜 그랬는지, 오해는 없었는지, 본인에게 문제는 없었는지, 되묻지 않는다. 한 가지 더해, 빈자의 이미지가 진짜 인도라고 믿는다면, 그 또한 겨우 며칠 경험한다고 원하는 바를 얻을 순 없을 것이다. 가령 테레사 수녀는 평생을 바쳤고, 앞서 책망한 서구의 시선조차 상당한 시간과 공력을 들였다.

---

8   물론 순수한 의도와 다르게 해석된 경우도 없지 않다. 현지에서 헌신하며 인도에서는 성인으로 기억되는 빈자의 어머니 테레사 수녀(1910~1997년) 또한 본의 아니게 인도의 빈곤을 퍼뜨렸다. 하지만 이유는 다르다. 구호 기관의 운영 헌금을 마련하기 위해 인도의 가난한 현실을 어필하는 사진을 활용했던 것인데, 테레사 수녀의 모습을 촬영한 한 사진가(메리 엘런 마크)는 그녀가 사진기 앞에서 제대로 포즈를 잡을 줄 알았다고 했다. 한편 "가난은 아름답다."라고 발언한 일이나 유명인, 정치인, 독재자(아이티의 프랑수아 뒤발리에)와 사진을 찍은 일로 비판받기도 하는데, 특히 크리스토퍼 히친스(1949~2011년)는 테레사 수녀의 저격수로 불렸다. 그는 저서 <자비를 팔다>에서 교회의 정치화, 선전 도구화, 우상화에 대해 비판했는데, 빈민 구호보다 선교 사업에 중점을 둔다고 보았고, 가난을 구조적 문제 혹은 풀어야 할 사회 문제가 아닌 순순히 받아들여야 할 것으로 본다고 주장했다. 다만 비판할 만한 점이 있더라도 분명히 해야 할 건, 당사자인 인도 사람들이 그녀를 칭송한다는 사실이다.

그들은 그게 한계일지라도 우리에겐 다른 선택지가 있다고 본다. 거듭 강조하지만, 환상을 심어 줄 필요는 없다. 그건 그 나름대로 오해와 편견을 불러일으켜 왔다. 그렇다고 일상의 현실이 굳이 불편한 한쪽으로 기울 이유도 없다. 조명해야 한다면 고르게 할 필요가 있다. 진짜 인도를 말하고자 한다면 다면신(많은 얼굴의 신)을 떠올려야 마땅하다.

그러한 면에서 미디어의 역할은 중요하다. 자극적인 사건 사고와 사회 문제 외에도 시선을 두어야 한다. 못 하는 것, 안 되는 것도 있으나 인도가 잘하는 것, 뛰어난 것에 주목해야 한다. 사상과 철학이 바탕을 이루는 교육, 백년대계에 따른 계획과 실천, 탄탄한 기초 과학, 달과 화성에 우주선을 쏘아 올리며 우주 패권에 도전하는 우주 기술, 끊임없이 양성되어 각계 각층을 선도하는 인재 등…… 화려한 옛 무덤과 빈민가의 현실보다 주목할 점은 많다.

인도가 해결해야 할 문제보다는, 우리가 알아야 할 것을 인지하고 저변으로 이해의 폭을 넓혀 남들과 같은 우를 범하지 않도록 하는 것이야말로 생산적이다. 다방면에 걸쳐 꾸준한 관심이 필요하고, 주요 외신 등 타인의 시선에 의존하지 않는 나름의 관점을 만들어 나가야 한다. 현지의 식견을 빌리더라도 가벼운 예능에 등장하는 인도인의 말보다는 고견이 필요하다. 가깝지 않으니 더 관심을 기울이고 바라보는 수고가 절실히 필요하다.

인도를 알고 싶은데, 알 길이 없다고도 한다. 그러한 부분은 필요할 때 뚝딱 만들어질 수 없다. 관심을 가지는 만큼 만남은 필연적이고 상호 교류는 다양한 영역에서 활발해질 것이다. 그러한 단계에 이르면 적어도 인도를 몰라서 무엇을 못 하진 않게 된다. 인도에서 우리의 잠재적인 경쟁자들이 어떠한 관심을 기울이는지 알고, 위기의식 또한 느껴야 한다. 그에 대한 비교 접근과 분석도 필요하다. 그래서 누군가에게 의존하지 않고 스스로 균형 잡힌 시선으로 바라볼 수 있다면, 그 자체로 벌써 우리만의 차별성을 가지게 된다. 그것이야말로 기회가 왔을 때 힘껏 움켜잡을 수 있는 '인도 준비 운동'이다.

그만한 가치가 있다는 건 곧 알게 될 것이다. 비록 한때 궁핍한 시기를 보냈어도 인도는 존중받아 마땅한 또 하나의 훌륭한 문화를 이룩해 온 곳이다.

③ 요약의 딜레마

이제 마지막으로 고민을 함께 하고 싶은 부분이다.

"그래서 핵심이 뭡니까?"

그 대목에서 늘 고민한다. 이토록 할 말이 많으니, 중간에 말을 끊고 들어오는 질문이다. 아직 속 시원하게 다 이야기하지 못했다. 인도는 본디 사상과 철학부터 아포리즘의 정절을 보여 주는 곳이다. 핵심만 추려서 알고 싶겠지만, 그런 왕도는 없다. 쉽게 한 번에 정리가 안 되더라도 있는 그대로 모두 이야기해야 제대로 된 답변이 된다고 생각한다. 다만 듣는 사람이 원하는 바가 아닐 수 있다.

아쉽게도(?) 인도에 대해 간추려 말하는 건 별 소용이 없어 보인다. 개인적으로도 필요에 따라 인도와 관련된 수많은 요약을 시도해 왔으나, 태생적으로 단순한 것이 하나도 없으니 아이러니하게도 간결한 요약일수록 (다양한) 인도의 정체성을 배신하는 셈이다. 가령 흔한 강연을 보면, 수많은 개황 자료에 "인도는 무엇무엇이 다양하다."라고 요약하는데, 그로부터 현실적으로 쓸 만한 건 아무것도 없다.

물론 시간은 금이고, 세상은 일목요연하게 요약된 것을 요구한다. 매사 빠르고 간결한 것이 미덕이다. 나 역시도 어지간히 급한 성격이다. 하지만 인도에 대해 궁금해한다면, 나는 책임감을 느끼고 느릿해질 수밖에 없다. 그렇게 정성껏 설명을 이어가다 보면 어느 순간 혼잣말을 하고 있을 때도 많다. 물론 화자의 능력이 부족한 것이다. 그래서 누군가는 이렇게 말한다.

"그냥 와서 직접 해 보면 압니다."

간단할수록 거기엔 함정이 존재할 것이다. 함의가 많은 인도다. 섣불리 단정하는 지점에서 실책과 오류가 나온다. 가령 요약된 정보만으로 무언가 결정을 내리기도 하는데, 그 속엔 많은 의문점이 있고, 얼마 뒤 (거의 '반드시'라고 할 만큼) 문제가 되어 그대로 돌아온다. 개황 자료는 그만 찢어 버려도 좋다. 거기서 한참은 더 가지를 치고 들어가야 한다. 그래야 도움이 된다. 가령 인도에 진출한 기업의 경우, 곧 모든 것을 하나씩 세심하게 살펴봐야 한다는 것을 깨닫는다. 설마 하며 간과한 까닭에 후회할 만한 일도 겪는다. 잘 인지하고 있다면, 문제가 발생해도 대처가 수월하다.

앞서 이미지에 대해 다뤘던 것과 동일하게, 여기서도 일부의 경험과 의견에 의존하는 것은 위험하다. 각각의 경험이 문제가 아니라 다양한 경우의 수를 포괄하지 못하기 때문이다. 두루두루 참고하되, 차라투스트라가 아닌 이상 "나는 이렇게 말했다."라고 단정할수록 한 번 더 의문을 품을 일이다. 각자의 필요에 맞게 숙고할 필요가 있다. 인도를 너무 크게만 보는 것 아니냐고 지적할 수 있지만, 실제로도 인도는 한목에 담기 어려울 만큼 매우 큰 나라다. 단순명료한 것은 거의 없다. 그러므로 비법을 묻지만, 간결하고 쉬운 설명엔 해답이 없다. 정공법이 최선이다.

서로의 관계는 아직 미미하다고 볼 수 있다. 오늘날의 아요디아(아유타)가 그 아유타국인지는 모르나, 삼국유사에서 금관가야의 시조 수로왕의 왕후 허황옥이 인도에서 왔다는 이야기가 있고, 광복군이 인도 임팔 지역에서 대일 작전에 투입되었다는 점, 그리고 한국 전쟁에 인도군이 파견되었다는 점 등이 우리가 언급할 수 있는 인도와의 인연이다.

하지만 인연이란 만들어 나가면 된다. 앞서 말했듯 이미 인연이 있다는 건 알 것 모를 것 없이 다 안다는 의미인 반면, 인도와는 새롭고 신선한 관계를 맺을 수 있다. 말하자면 그만큼 긍정적인 가능성이 남아 있다는 의미이기도 하다. 일면식에 불과하지만 서로 호감을 품고 대할 수 있다. 또한 인도가 먼저 손짓하기를 기다리기보다는 먼저 다가서면 좋을 것이다. 문화적 거리감이 있다고 하지만, 생각의 차이는 그리 크지 않을 수 있다. 인도는 힌두교, 우리는 불교로 본다는 차이가 있으나, 우리의 기준만으로 해석하지 않는 한 사상적으로 통하는 부분이 있다. 거리는 좁히면 된다.

글의 시작을 코끼리 신 가네샤와 함께했으니, 거리를 좁히기 위해 이쯤에서 또 다른 신을 소환하면 좋을 것 같다. 인도엔 원숭이 신 하누만도 있다. 하누만은 대서사시 <라마야나>에서 용맹과 충의로 람(라마)을 보필하는 재능꾼이다. 가네샤처럼 어디에나 하누만을 모시는 사당이 있고, 곳곳에 조형물이 세워져 있는데, 택시의 백미러에 슈퍼맨 피규어처럼 걸어놓기도 한다.

<라마야나>에서 람은 계모와 이복형제에게 밀려나 동생 락슈만(마찬가지로 이복동생이다), 아내 시타와 함께 자청하여 유배길을 떠난다. 그렇게 숲에서 머물던 중 악마 라반에게 아내 시타가 납치되는데, 이때 라반의 본거지 랑카(스리랑카)까지 다리를 놓는 것이 바로 하누만이다. 이야기의

상징성을 고려하면 그건 원숭이를 숭배하는 부족으로도 볼 수 있는데, 실제 인도에서는 원숭이를 흔히 볼 수 있다.

한편 우리(불교)의 시각으로 보자면 인도의 원숭이는 손오공이다. 마치 사람처럼 돌아다니는 수많은 인도 원숭이를 보면 <서유기>의 손오공을 떠올리게 된다. 옛 인도 '천축'으로 향해 순례를 떠난 현장, 즉 삼장법사의 견문록인 <대당서역기>를 바탕으로 쓴 소설이 바로 <서유기>라고 했다. 여기서 인도와 중국 그리고 한국이 한 데 만난다.

재능꾼이라는 점에서 하누만과 손오공의 캐릭터는 상당 부분 겹친다. 인도 길거리의 원숭이들이 꽤나 방정맞다는 것도 그렇다. 가끔 사람을 때릴 수도 있으니 한 손엔 바나나를 다른 손엔 원숭이 떼를 쫓을 막대기를 들고 다녀야 한다. 어쨌거나 각기 이야기에서 중요한 역할을 맡으니, 인도나 우리나 그들을 대하는 시각은 엇비슷하다.

한편 원숭이를 하누만으로 보느냐, 손오공으로 보느냐에 따라 시각의 차이가 드러난다고도 볼 수 있다. 인도는 세계 종교인 불교가 태동한 곳이고, 인도는 달마(다르마)가 동쪽으로 간 까닭을 이해할 수 있는 불교의 중요한 순례지다. 스님이나 불교도라면 불교의 원류를 찾아 반드시 순례지를 답사할 것이고, 꼭 불교인 아니더라도 몇몇 곳은 마음에 품고 찾아가 볼 것이다. 그러다가 인도 속으로 잦아들고 더 나아가 인도의 전모를 논하게 된다면 힌두교 안의 불교가 보이고, 바라보는 시야는 또 달라진다.

다만 현재 인도에서 불교의 존재감은 미미하다. 인도에서 불교를 볼 수 있지만, 불교만으로 인도를 모두 이야기할 수는 없다. 1%로 100%의 인도를 해석하기란 어렵다. 분명 차이는 있다. 그러나 다름보다는 같음에 주목하는 것이 이득이다. 게다가 정신세계의 일부를 공유한다는 건 의미 있는 교집합이다. '거리'를 좁히기에 용이한 지점이다. 우리는 태어나 자

그림 50 하누만과 인도 원숭이.

라며 어떤 식으로든 불교의 영향을 받았고, 인도는 불교를 존중한다. 그런 면에서 마찬가지로 우리도 시작은 불교의 시각으로 접근할 수 있되 그 다양성을 존중하는 것이 마땅하다. 그러면 이해의 한계에 다다르지 않는다.

우리와 인도 사이의 '거리'에 대해서는 짧은 에피소드로 갈음하고 싶다. 나 역시 인도와 아주 거리가 멀었던 적이 있다. 그러니까 입시생 시절, 모두에게 가깝고 익숙한 과를 놔두고 지원서에 '인도'를 적겠다고 했더니, 진학을 지도했던 담임 선생님은 "정말?"이라고 되묻고는, 한 번 더 고민하라며 '인도'라는 단어를 연필로 써 주었다. 친구들의 반응도 마찬가지였다. "정말?" 그래서 오기가 생긴 나는 그 위에 볼펜으로 '인도'를 두껍게 덧썼고, 그것이 인도와 나 사이, 관계의 시작이었다. '거리'에 대한 답은 단지 거기에 있다고 본다.

인도를 원한다면, 인도를 바라보는 관점부터 갱신이 필요하다. 때로는 안다고 생각했던 것을 깨끗이 버리고 다시 시작하는 것도 좋다. 지금보다 관심을 기울이는 것은 물론이고, 긍정적인 면모에 주목해야 한다. 반대로 부정적인 면모에 주목한다면, 여전히 망설일 만한 이유는 얼마든지 많다. 그만큼 인도로 가는 길은 요원해 보일 뿐이고, 그래서 다음을 기약하지만, 적절한 다음이란 없을 수 있다. 앞날의 기회 또한 우리의 것은 아니며, 인도는 늘 가능성의 저편, 사막의 신기루에 머물러 있을 수밖에 없다. 결국 인도를 현실로 가져오는 것은 자신의 몫이다. 여러 가지 어려움이 있다고는 하나, 목표를 가지고 직접 겪는 이상 무엇이든 대처할 방법은 있다. 그렇게 수업료를 지불하며 노하우를 쌓는 사이 인도는 현실이 되고, 흐름을 따라 기회에 동참할 수 있다. 잠재적인 미래의 가능성으로만 볼 때, 인도가 실제 현실이 된 경우는 보지 못했다. 늘 언저리에서 인도가 궁금할 뿐이다. 더 이상 그런 과거를 답습할 필요 없다.

언덕 위의 경배 : 재능의 신과 함께

많은 세월이 흘러 다시 자이푸르로 향한다. 이제는 배낭 대신 슈트를 걸치고 기차 대신 승합차에 오른다. 자이푸르는 이미 수차례 방문한 곳이다. 글의 초입에 말했듯, 초행에 어리바리하다가 비로소 첫발을 내디뎠던 곳, 감히 신의 등에 얹혀 언덕 위의 요새까지 올라갔다가 바로 후회했던 그곳이다. 다음 여행에서도 서쪽으로 향하며 반드시 거쳐 가야 했을뿐더러, 최근 수년간 현지에서 진행한 사업의 납품처 가운데 하나이기도 했다.

첫인상에 대해 밝혔듯 그다지 애착을 가진 도시라고 할 수 없다. 그럼에도 인도에 오면 꼭 한 번은 거쳐 간다는 느낌이다(각자 그런 장소가 하나씩 있을지도 모르겠다). 다만 여행으로는 이제 간에 기별이 가지 않는 목적지다. 인도는 넓고 갈(가야 할) 곳은 많다. 알수록 더 많아져 아무리 다녀도 결코 배부를 리 없는데, 꽤 다녔다고는 하지만 아직 가보지 못한 곳이 수두룩하고, 인도를 '베이스캠프'로 삼는 입장에서 좀 싱거운 면이 없지 않다. 어디든 새롭게 가 봐도 좋고, 아니면 차라리 휴양을 즐겨도 괜찮은데, 마침 한국에서 가져온 바지 허리가 주먹이 들어갈 정도가 되었으니, 옛 여행 때 그랬던 것처럼 해변에 가서 며칠 쉬었다가 오는 것도 환상적일 것 같다.

하지만 또 자이푸르인 이유는, 인도에서의 일이 거의 끝나가기 때문이다. 내게 인도는 비로소 내일의 가능성이 아닌 오늘의 현실이 되었고, 나름의 무언가를 이뤘으니 감개무량할 일이 아닐 수 없었다. 그래서 단지 맡은 일의 책임과 의무가 아니라 애착을 가지고 사력을 다한 기분이다. 다만 모든 일엔 끝이 있기 마련이다. 가능한 한 이어지길 바라지만 바람의 방향이란 언제든 바뀐다. 약간의 미련이 남은 내게 누군가 어깨를 다독이며 말한다.

"결정한 대로 밀고 나가. 다 흘러가게 되어 있어."

그러니 떠나기 전에 가 보지 않을 수 없다. 다시 한 번 회자정리 거자필반(會者定離 去者必返)이다. 만나면 헤어지게 마련이라도 떠나면 반드시 돌아오기를 원하니, 얼른 떠오르는 곳이 자이푸르였다. 인도의 첫걸음마를 뗐던 곳이고, '끝'이 또 다른 '시작'으로 이어지기를 바라니 그랬다. 그곳에서 일종의 이별 의식으로 지금 헤어지지만(끝나지만), 다시 만날(시작할) 것을 기약하기로 한다. 물론 코끼리를 탈 생각은 전혀 없다. 대신 다른 곳으로 가 볼 생각이다. 가는 길에 겸사겸사 마투라와 아바네리의 찬드 바우리를 거쳐, 해가 저물고 난 뒤 자이푸르에 도착한다.

잘 마할 근처의 숙소에서 하루 묵고 다음 날 아침, 구불구불 산길을 올라가 사방이 확 트인 곳에 차를 세운다. 자이가르 포트다. 시간이 좀 이른지 아직 입장 불가다. 조금 기다리는데, 입구의 앞모습만으로는 마치 영화 <시네마 천국> 속 토토와 알프레도의 극장 같다. 얼마 지나지 않아 경비원이 쪽문을 열고 나온다. 개장은 좀 더 기다려야 하지만 그냥 경비원을 설득해 미리 안으로 들어간다.

입구에서 가까운 성벽에 이른다. 그곳에 잠시 서서 길게 숨을 내쉬며 산등성이를 따라 멀리 지평선을 바라본다. 이곳은 진짜 요새다. 굳이 코끼리의 등에 타지 않아도 멀리 내다볼 수 있다. 황금색으로 치장한 암베르 포트가 화려함으로 관광객을 유혹하지만, 진정한 성배란 오히려 화려하지 않다는 것을 새삼 느끼게 만든다.

　해야 할 일은 한다는 말을 잠시 곱씹어 본다. 그러며 꼼꼼히 발자국을 새기듯 끝에서 끝까지 걸어 보기로 한다. 대개의 관광 명소라면 핵심적인 곳만 얼른 보고 물러날 때도 많지만, 어지간히 마음이 동한 모양이다. 그렇게 천천히 걷다가 클라이맥스로 서서히 다가간다. 자이푸르 시내와 암베르 포트가 훤히 내려다보이는 망루다. 그런데 그곳으로 향하다가 바로 그들과 마주친다.

정말 사람처럼 생긴 인도 원숭이 두 마리가 지나가는 통로 양쪽에 걸터앉아 보초를 서고 있다. 멀리 이곳저곳 분주하게 뛰어다니는 원숭이 병사들도 보인다. 보초를 선 두 마리는 나와 눈이 마주치자 일단 길을 막아서며 경계한다. 이쪽으로 넘어오지 말라는 신호다. 하지만 난 반드시 끝까지 가 보고 싶다. 바로 그때다.

　"야, 걘 그냥 보내 줘."

　멀찍이 홀로 상석(?)에 앉아 있던 두목 원숭이가 외친다. 원숭이 말을 알아들을 리 없지만 내 귀엔 그렇게 들린다. 그와 동시에 두 마리의 보초병이 길을 열어 주었기 때문이다. 상상 속에 두목 원숭이는 손오공, 아니 하누만이다. 나는 감사의 표시로 그에게 경배한다. 그리고 보초병 사이를 지나 계속 망루로 향하는데, 착각이겠지만 언뜻 그도 살짝 고개를 끄덕여 화답한 기분이다. 오냐, 지나가거라.

또 한 번 진한 인연을 맺고 떠날 무렵, 원숭이 신의 허락을 구한 셈이다. 아직은 지금처럼 글을 쓰기 전이고, 그다음엔 무엇을 해야 할지 몰랐지만, 약간의 재능이 있다면, 거기에 충실할 생각이었다.

그림 51 자이푸르의 자이가르 포트.

끝맺기 위해 시작을 되새겨 본다.

인디라 간디 국제공항에 내려 입국 심사를 마친 뒤 짐(정신)을 찾고 밖으로 나선다. 밖은 이미 새까맣다. 주위로 호객꾼들이 몰려드는데, 다가오는 건 뿌리치고 멀리 선 오토릭샤를 한 대 붙잡아 가격을 흥정한 뒤 시내로 향한다. 사위가 어둡지만, 릭샤가 털털거리며 밀도 높은 공기 속을 내달리는 사이, 두 눈은 무엇 하나 그냥 놓칠세라 혼란하게 떨린다. 이명 같은 경적 소리가 끊임없이 귀를 자극하고, 바람과 함께 밀려온 향냄새가 후각을 마비시킨다.

그것이 처음 인도에 도착했던 순간의 기억이다(그렇게 기록되어 있다). 그렇게 한밤의 델리에 도착해, 몇 군데 숙소를 찾아다닌 끝에 마침내 한 곳에 똬리를 틀었다. 허기를 달래려 바로 근처의 허름한 식당으로 들어갔는데, 향신료의 맛이 잠시 혀끝을 어지럽혔지만, 결코 싫지는 않았다. 대신 잠이 쏟아졌다. 숙소로 돌아가 기어이 왔단 생각을 하며 몸을 뉜 곳에서 그대로 잠들었다.

그랬던 순간들이 지금도 파노라마처럼 눈앞에 두서없이 펼쳐지곤 한다. 심지어 릭샤가 급히 방향을 꺾어 좌우로 쏠린 몸을 버티려 붙잡은 녹슨 프레임의 감촉까지 모두 생생하다. 그땐 너무 한꺼번에 쏟아진 감각의 정보량에 압도되어, 그냥 흐르는 대로 몸을 맡겼는데, 지나 보니 한 가지만은 분명하다. 다르고 모를 뿐 틀리고 잘못된 건 아무것도 없었다.

인도는 판단해야 할 새로운 대상이 아니다. 어딘가를 대신하지도 않는다. 인도는 아주 오래전부터 거기 그대로 있었고, 우리가 그곳에 다가가려 할 뿐이다. 당장은 막막할 수 있다. 적응이 어렵고 때로 실패할 수도 있다.

하지만 한 가지만 알면 된다. 인도에 들어선 이상 당신의 차크라(정신적 힘의 중심점)도 단련되고 있다. 그러니 너무 걱정할 필요 없다. 언뜻 혼란해 보이지만 인도는 결코 무질서하지 않고, 차근히 나름의 호흡을 유지한 채 앞으로 나간다. 14억이 사는 곳에서 당신의 바퀴 또한 굴러가지 않을 리 없다. 이해와 극복 그리고 성취의 순간은 반드시 찾아온다.

나의 경우 세상 만물이 생동하는 인도의 길거리에서 처음 힌트를 발견했던 것 같다. 그 속에서 나름의 규칙을 보고 균형을 찾으며 좀 더 눈을 크게 뜨고 주위를 살피게 되었다. 이후부터는 부족하면 부족한 대로 코끼리 신의 지혜를 구하고, 원숭이 신의 재능을 빌릴 뿐이다.

무미건조하게 나열된 지식과 정보를 전달하는 것보다 인도를 대하는 전체적인 접근 방식을 공유하고 싶었다. 어쩌면 그간 인도를 배우고 여행하고 일하며 글을 써 온 총합이라고 할 만한 이 글은, 그러한 고민에서 출발했다. 어떤 분야를 심도 있게 탐구하거나 시의성 있는 주제를 다루는 것도 중요하지만, 인도로 가는 길에 흔들리지 않는 각자의 중심을 찾게 되기를 바라는 마음이다. 그러면 필요한 나머지는 자석처럼 붙게 되리라고 본다.

부디 눈에 보이는 것만이 여러분이 인도로 향하는 길을 가리지 않기를 바라며.

참고 문헌

국내

고경희 (2003), 《인도의 외교정책과 국제관계》, 인간사랑.

권기철 (2019), 〈인도의 국가 농촌 고용 보장 사업(NREGS)이 농촌 임금에 미친 영향 분석〉《인도연구》, 24(1), 1-37, 한국인도학회.

기탄잘리 콜라나드 (2016), 《세계를 읽다-인도》, 정해영 역, 가지출판사.

나라 야스아키 (1990), 《인도불교:문화사적 탐구》, 정호영 역, 민족사.

남유진 (2023), 〈인도 스마트시티 미션(Smart Cities Mission)의 주요 내용과 시사점〉《세계경제포커스》, 6(30), 대외경제연구원.

데이비드 웨인스 (2011), 《이븐바투타의 오디세이》, 이정명 역, 산처럼.

마이클 우드 (2018), 《한 권으로 읽는 인도의 모든 것_인도 이야기》, 김승욱 역, 살림출판사.

신민하 (2017), 〈1910년대 초반 영령 인도의 신수도 입지 선정 과정에 내재된 정치적 함의에 관한 연구-델리도시계획위원회의 설립과 활동을 중심으로〉《역사와 담론》, 83, 165-208, 호서사학회.

이광수·김경학·백좌흠·박정석 (2002), 《카스트-지속과 변화》, 소나무.

이균호 (2023), 〈인도의 우주개발 역사 및 시사점〉《남아시아 이슈페이퍼》, 통권 제21호, 한국외국어대학교 인도연구소.

임덕순 (1997), 〈인도의 과학기술 체제와 정책〉《과학기술정책》, 7(5), 71-84, 과학기술정책연구원.

자와할랄 J. 네루 (2004), 《세계사 편력》, 남궁원 역, 일빛.

장 피요자 (2000), 《인도철학》, 정광흠 역, 한길사.

정인채 (2016), 《발로 쓴 인도 백과사전-인도에는 인도가 없다》, 조갑제닷컴.

정인채 (2017), 《13억 市場 인도 비즈니스 실전 가이드-인도는 다르다!》, 조갑제닷컴.

정인채 (2019), 《역사보다 오랜 神들의 이야기-인도는 이야기다》, 조갑제닷컴.

정인채 (2022), 《인도와 사람-인도로 떠난 사람, 인도를 지킨 사람: 사람으로 보는

인도사》, 이모쳐. https://ebook-product.kyobobook.co.kr/dig/epd/
ebook/E000002973351

조길태 (2012),《인도사》, 민음사.

조원득 (2024),〈인도의 글로벌 사우스 전략과 시사점〉《남아시아 이슈페이퍼》, 통권
제25호, 한국외국어대학교 인도연구소.

최종찬 (2009),〈인도무슬림의 특성〉《남아시아연구》, 15(2), 81-107, 한국외국어대학교
인도연구소.

하인리히 침머 (2002),《인도의 신화와 예술》, 이숙종 역, 대원사.

김우조. <인도 문화사 관련 강의 자료>, 한국외국어대학교.

기타《남아시아연구》,《인도연구》,《남아시아 이슈페이퍼》,《인도 인문 포커스》게재
논문 다수 참조.

해외

M. K. Gandhi 〈An Autobiography or The Story of my experiments with
trurh〉, *Navajivan Publishing House*. https://www.mkgandhi.org/ebks/
An-Autobiography.pdf

Ranbir Vohra (1997), *The Making of India: A Historical Survey*, Routledge.

Francis Watson (1979), *India: A Concise History*, Thames and Hudson.

Christoppher C. Doyle (2013), *The Mahabharata Secret*, Om Books
International.

Steven J. Rosen (2002), *The Hidden Glory of India*, Bhaktivedanta Book
Trust.

張謳(장구) (2018),〈印度 風物記(인도 풍물기)〉, 香港三聯書店. 등

G3인도, 코끼리의 시간

초강대국 인도의 두 얼굴

발행일 2025년 5월 14일

지은이 정인채 펴낸이 황윤억

편집 윤석빈 김순미 황인재 마케팅 김예연 디자인 알음알음

발행처 인문공간/(주)에이치링크

주소 서울 서초구 남부순환로333길 36, 4층(서초동, 해원빌딩)

전화 마케팅 02)6120-0258 편집 02)6120-0259 팩스 02) 6120-0257

ISBN 979-11-990614-4-6 13320

◆ 열린 독자가 인문공간 책을 만듭니다.
◆ 독자 여러분의 의견에 언제나 귀를 열고 있습니다.

전자우편 pacademy@kakao.com 영문명 HAA(Human After All)

◆ 책값은 뒤표지에 있습니다.
◆ 잘못된 책은 교환해 드립니다.